Michael Grünbart

Das Byzantinische Reich

Geschichte kompakt

Herausgegeben von
Kai Brodersen, Martin Kintzinger,
Uwe Puschner, Volker Reinhardt

Herausgeber für den Bereich *Mittelalter*:
Martin Kintzinger

Beratung für den Bereich *Mittelalter*:
Heribert Müller, Bernd Schneidmüller, Stefan Weinfurter

Michael Grünbart

Das Byzantinische Reich

Die Deutsche Nationalbibliothek verzeichnet diese Publikation
in der Deutschen Nationalbibliografie;
detaillierte bibliografische Daten sind im Internet über
http://dnb.d-nb.de abrufbar.

Die Herausgabe des Werkes wurde durch
die Vereinsmitglieder der WBG ermöglicht.
Redaktion: Kristine Althöhn, Mainz
Satz: Lichtsatz Michael Glaese GmbH, Hemsbach
Einbandgestaltung: schreiberVIS, Bickenbach
Karten: Peter Palm, Berlin
Gedruckt auf säurefreiem und alterungsbeständigem Papier
Printed in Germany

Besuchen Sie uns im Internet: www.wbg-wissenverbindet.de

ISBN 978-3-534-25666-2

Elektronisch sind folgende Ausgaben erhältlich:
eBook (PDF): 978-3-534-73449-8
eBook (epub): 978-3-534-73450-4

Inhaltsverzeichnis

Geschichte kompakt

In der Geschichte, wie auch sonst, dürfen Ursachen nicht postuliert werden, man muss sie suchen. (Marc Bloch)

Das Interesse an Geschichte wächst in der Gesellschaft unserer Zeit. Historische Themen in Literatur, Ausstellungen und Filmen finden breiten Zuspruch. Immer mehr junge Menschen entschließen sich zu einem Studium der Geschichte, und auch für Erfahrene bietet die Begegnung mit der Geschichte stets vielfältige, neue Anreize. Die Fülle dessen, was wir über die Vergangenheit wissen, wächst allerdings ebenfalls: Neue Entdeckungen kommen hinzu, veränderte Fragestellungen führen zu neuen Interpretationen bereits bekannter Sachverhalte. Geschichte wird heute nicht mehr nur als Ereignisfolge verstanden, Herrschaft und Politik stehen nicht mehr allein im Mittelpunkt, und die Konzentration auf eine Nationalgeschichte ist zugunsten offenerer, vergleichender Perspektiven überwunden.

Interessierte, Lehrende und Lernende fragen deshalb nach verlässlicher Information, die komplexe und komplizierte Inhalte konzentriert, übersichtlich konzipiert und gut lesbar darstellt. Die Bände der Reihe „Geschichte kompakt" bieten solche Information. Sie stellen Ereignisse und Zusammenhänge der historischen Epochen der Antike, des Mittelalters, der Neuzeit und der Globalgeschichte verständlich und auf dem Kenntnisstand der heutigen Forschung vor. Hauptthemen des universitären Studiums wie der schulischen Oberstufen und zentrale Themenfelder der Wissenschaft zur deutschen und europäischen Geschichte werden in Einzelbänden erschlossen. Beigefügte Erläuterungen, Register sowie Literatur- und Quellenangaben zum Weiterlesen ergänzen den Text. Die Lektüre eines Bandes erlaubt, sich mit dem behandelten Gegenstand umfassend vertraut zu machen. „Geschichte kompakt" ist daher ebenso für eine erste Begegnung mit dem Thema wie für eine Prüfungsvorbereitung geeignet, als Arbeitsgrundlage für Lehrende und Studierende ebenso wie als anregende Lektüre für historisch Interessierte.

Die Autorinnen und Autoren sind in Forschung und Lehre erfahrene Wissenschaftlerinnen und Wissenschaftler. Jeder Band ist, trotz der allen gemeinsamen Absicht, ein abgeschlossenes, eigenständiges Werk. Die Reihe „Geschichte kompakt" soll durch ihre Einzelbände insgesamt den heutigen Wissenstand zur deutschen und europäischen Geschichte repräsentieren. Sie ist in der thematischen Akzentuierung wie in der Anzahl der Bände nicht festgelegt und wird künftig um weitere Themen der aktuellen historischen Arbeit erweitert werden.

Kai Brodersen
Martin Kintzinger
Uwe Puschner
Volker Reinhardt

Das Römische Reich unter Justinian
(527–565)
Atlantischer Ozean
REICH DER SUEBEN
WESTGOTENREICH
Hispania
Corduba
Malaca
Carthago Nova
ad Septem
Baleares
FRANKENREICH
Austrasia
Neustria
Aquitania
Burgundia
Thuringia
Alamanni
Liguria
Mediolanum
Parma
Luna
Pisae
Classis
Firmum
Volsinii
Rom
Neapolis
Corsica
Sardinia
Pannonia
Gepidae
Sirmium
Singidunum
Pola
Salona
Adria
Apulia
Tarentum
Hydruntum
Rusciana
Croton
Panormus
Messina
Sicilia
Syracusae
Carthago
Membressa
Tricamarum (?)
Gaulus
Melita
Caput Vada
(Landung am 31.8.533)
Tripolis
Slawen
Avares
Sclavini
Anti
Cutriguri
Avares
Utiguri
Chersonesos
Schwarzes Meer
Thracia
Philippopolis
Herakleia
Konstantinopolis
(Abfahrt im Juni 533)
Abydos
Sigeion
Dyrrhachion
Kassandreia
Thermopylai
Zakynthos
Methone
Kalinupolis
Malea
Creta
Ephesos
Mittelmeer
Zypern
Antiocheia
Seleukeia
Beroia
Karrhai
Dara
Nisibis
Kallinikon
Sura
Dura
SASANIDENREICH
Alexandreia
Aigyptos
Rotes Meer
Flottenfahrt des Belisar (Juni/Augsut 533)
Afrika-Feldzug (533)
Ostgotenkriege (535–555)
Spanien-Expedition (552–555)
Perserkriege (530–532; 540–545; 549–557)
Schlacht
Römisches Reich
Erwerbungen Justinians
0 200 400 600 km

Vorwort

Als von der WBG die Einladung kam, eine kurze Einführung in die Geschichte der byzantinischen Welt zu verfassen, nahm ich diese gerne an, wenngleich es vermessen klingen mag, mehr als 1000 Jahre des oströmischen Kaisertums auf knappem Umfang zu verdichten.

Wenn man vom oströmischen bzw. byzantinischen Reich spricht, dann meint man gemeinhin die Zeit von Konstantinos I. bis Konstantinos XI. Palaiologos, also die Periode von der Wahl Byzantions zur kaiserlichen Residenz bzw. der Stadteinweihung am 11. Mai 330 bis zur Eroberung Konstantinopels am 29. Mai 1453 unter dem osmanischen Sultan Mehmed II. Den Zeitgenossen war klar, dass mit der *Halōsis* (dem Fall) Konstantinopels ein politisches Gebilde, das mit Konstantinos I. begonnen hatte, zu einem Ende gelangt war. Das oströmische Kaisertum war erloschen und die orthodoxe Christenheit hatte keinen weltlichen Schutzherrn mehr.

Die Anfänge des byzantinischen Gemeinwesens werden in der letzten Zeit intensiv diskutiert, es werden immer markante, richtungsweisende Ereignisse gesucht, die erst in der Rückschau Wendepunkte darstellen, von den Zeitgenossen als solche aber nicht wahrgenommen wurden. Der Zeitraum vom 4. bis zum 6. bzw. 7. Jahrhundert wird als Spätantike, spätrömische bzw. frühbyzantinische Zeit oder als eine Periode des Übergangs bzw. der Veränderung der römischen Welt in ein mittelalterliches Reich charakterisiert. Damit einher geht auch die Abgrenzung zwischen den altertumswissenschaftlichen Fachdisziplinen und der historischen Mediävistik. In der Mediävistik firmiert diese Zeit unter „Frühmittelalter", was manchmal schon für das 5. Jahrhundert verwendet wird. Auf die frühbyzantinische Epoche, also nach der Regierungszeit Iustinianos' oder dem arabischen Einfall in Ägypten 641, folgt die mittelbyzantinische Periode, die bis ins 12. Jahrhundert reicht und mit dem Vierten Kreuzzug 1204 zu einem Ende kommt. In diesem Abschnitt agierte das oströmische Reich als europäische Großmacht. Nach dem Intermezzo des lateinischen Kaiserreichs (1204–1261) schließt die spätbyzantinische und palaiologische Zeit an. Die folgende Darstellung möchte nicht so sehr dieser traditionellen Einteilung folgen, sondern nimmt die Periodisierung nach Herrscherhäusern bzw. Dynastien in den Fokus, wodurch die Kontinuität des Kaisertums klarer wird. Die byzantinischen Personennamen werden durchgehend in der griechischen Form wiedergegeben, generell werden die Regierungsdaten und Amtszeiten mit angeführt. Byzantinische Fachtermini werden kursiv abgebildet (unter Angabe der langen Vokale).

Die Darstellung gründet auf Lehrtätigkeiten in München und Münster. Für den Vorschlag von Martin Kintzinger, eine knappe Darstellung der politischen Entwicklungen im byzantinischen Mittelalter zu verfassen, und für seine genaue Lektüre des Manuskripts danke ich ihm sehr. Das Gespräch mit einem Taxifahrer im nächtlichen, tief verschneiten Wien führte flugs zur Frage nach Byzanz: Ein Erklärungsversuch liegt hier vor. Teile der Arbeit konnten an der Universität Ioannina im Rahmen eines Erasmus-Dozentenaufenthaltes weitergeführt werden. Danken möchte ich den Studierenden, die stets nachfragen. Zuletzt möchte ich Herrn Daniel Zimmermann für seine Geduld und umsichtige Betreuung danken.

Michael Grünbart, Münster, 29. Mai 2013

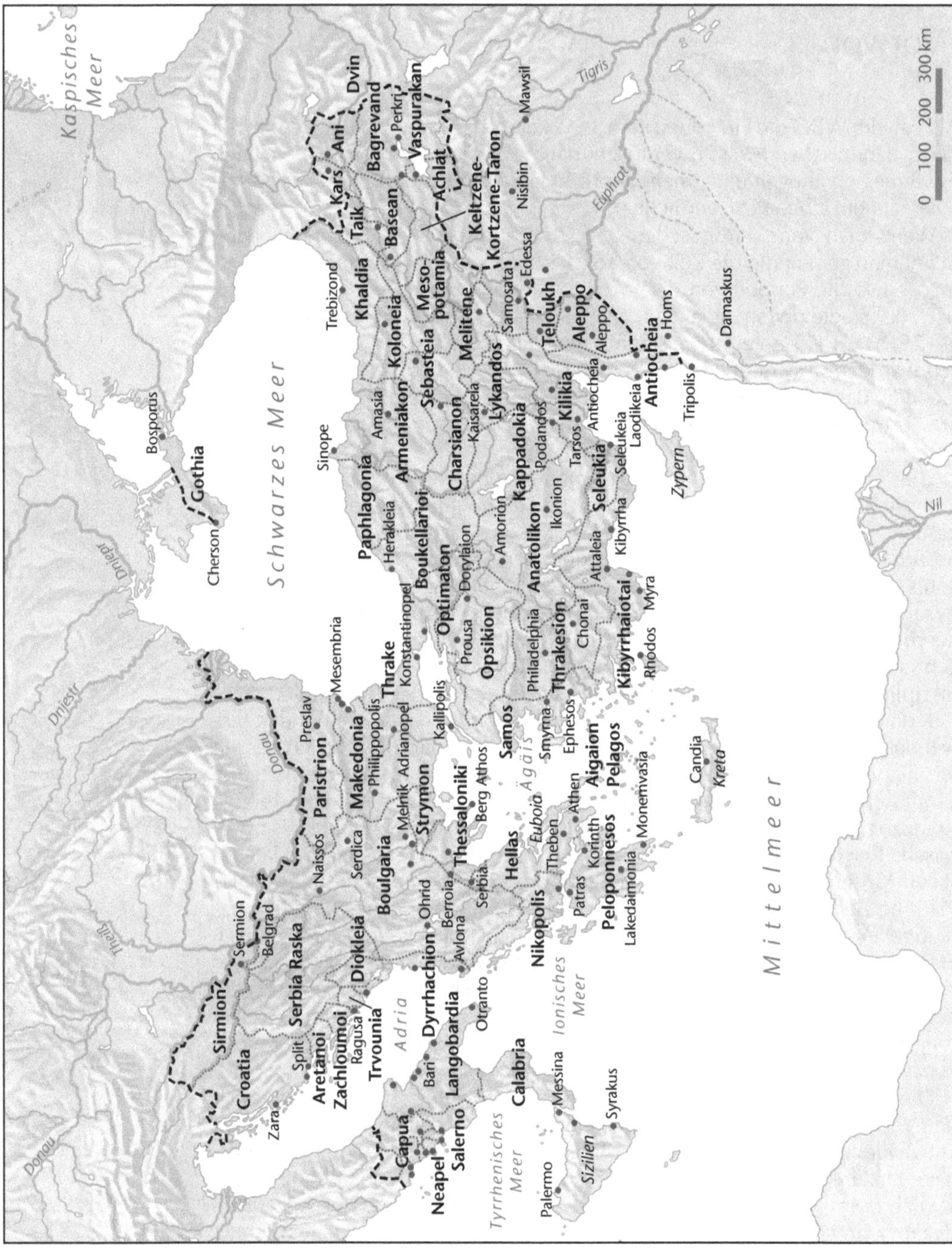
Kaspisches Meer
Schwarzes Meer
Mittelmeer
Adria
Ionisches Meer
Tyrrhenisches Meer
Ägäis
Donau
Dnjestr
Dnjepr
Theiß
Tigris
Euphrat
Nil
Gothia
Bosporus
Cherson
Sinope
Trebizond
Khaldia
Kars
Ani
Dvin
Taik
Bagrevand
Perkri
Vaspurakan
Basean
Achlat
Keltzene-Kortzene-Taron
Meso-potamia
Mawsil
Nisibin
Edessa
Samosata
Teloukh
Aleppo
Koloneia
Sebasteia
Melitene
Lykandos
Armeniakon
Amasia
Paphlagonia
Herakleia
Boukellarioi
Charsianon
Kaisareia
Kappadokia
Kilikia
Podandos
Tarsos
Antiocheia
Laodikeia
Homs
Tripolis
Damaskus
Seleukeia
Seleukia
Zypern
Ikonion
Anatolikon
Amorion
Kibyrrha
Attaleia
Optimaton
Dorylaion
Opsikion
Prousa
Konstantinopel
Thrakesion
Philadelphia
Chonai
Kibyrrhaiotai
Myra
Rhodos
Thrake
Mesembria
Preslav
Paristrion
Makedonia
Philippopolis
Adrianopel
Kallipolis
Samos
Smyrna
Ephesos
Aigaion
Pelagos
Candia
Kreta
Strymon
Melnik
Thessaloniki
Berg Athos
Euboia
Athen
Theben
Korinth
Monemvasia
Peloponnesos
Patras
Lakedaimonia
Hellas
Nikopolis
Serbia
Berroia
Boulgaria
Serdica
Naissos
Ohrid
Avlona
Dyrrhachion
Diokleia
Serbia Raska
Belgrad
Sermion
Sirmion
Croatia
Split
Zara
Ragusa
Trvounia
Aretanoi
Zachloumoi
Bari
Otranto
Langobardia
Calabria
Messina
Syrakus
Sizilien
Palermo
Capua
Neapel
Salerno
0 100 200 300 km

I. Konstantinos I. und seine Nachfolger (306–378) – Die Grundlagen des oströmischen/byzantinischen Reiches

306	Konstantinos zum Augustus ausgerufen
311	Toleranzedikt Galerius'
312	Schlacht an der Milvischen Brücke
313	Mailänder Vereinbarung zwischen Konstantinos und Licinius
324	Sieg Konstantinos' über Licinius
325	Konzil von Nikaia (gegen Arianismus)
325	und 326 Vicennalien Konstantinos' in Nikomedeia und Rom
327/328	Reise Helenas ins Heilige Land
330,	11. Mai Einweihung der Stadt Konstantinos'
337	Tod Konstantinos'
357	Besuch Konstantios' in Rom
362	Rhetorenedikt Iulianos'
375	Tod Valentinianus'

Konstantinos I. (306–337)

Konstantinos leitete die Entwicklung des byzantinischen Reiches ein und gilt nach wie vor als Archeget des christlichen Kaisertums. Er erblickte an einem 27. Februar zwischen 270 und 288 als Sohn der aus einfachen Verhältnissen stammenden Helena und des Militärs Constantius Chlorus in Naissus (Niš) das Licht der Welt. Konstantinos dürfte eine gute Ausbildung erhalten haben und diente in der Reiterei des *augustus* Galerius. Nachdem Kaiser Diocletian abgedankt und seinen Kollegen Maximianus zum Rücktritt gedrängt hatte, zog Konstantinos mit seinem Vater nach Britannien; nach dessen Tod († 25. Juli 306) wurde er zum *augustus* in der nordenglischen Stadt Eboracum (York) ausgerufen. Dieser Akt bedeutete eigentlich eine Usurpation, denn nach den Regeln der zu dieser Zeit noch intakten Regierungsform der **Tetrarchie** („Viererherrschaft") musste ein Konsens über die Nachfolge unter den beteiligten Machthabern gefunden werden.

Tetrarchie

Diocletian (284–305) wollte den chaotischen Zuständen seiner Vorgänger und den raschen Kaiserwechseln ein Ende bereiten. Da er keinen leiblichen Sohn als Nachfolger hatte, bestimmte er den fast gleichaltrigen Offizier Maximianus zunächst zum *caesar*, dann zum *augustus*. Zum 1. März 293 wurden den beiden älteren *augusti* zwei jüngere *caesares* beigestellt, denen die *augusti* nach einer bestimmten Zeit ihre Positionen überließen. Die vier Machthaber bekamen informell vier Kompetenzbereiche zugewiesen, jeweils zwei im Westen und im Osten, wo sie auch ihre Residenzen errichteten (Mailand, Trier, York, Thessalonike, Sirmium und Nikomedeia). Rom büßte seine realpolitische Funktion ein, da eine zentralisiert gesteuerte Regierung des Imperiums nicht mehr möglich war. Prinzipien der Tetrarchie waren der Ausschluss der leiblichen Söhne von der Herrschaftsfolge, die theokratische Ideologie und die Freiwilligkeit der Amtsübergabe. Die Tetrarchen regierten als Stellvertreter der Götter Iuppiter und Hercules. Jeglicher Umsturzversuch galt demnach als Sakrileg.

Galerius, *augustus* des Ostens, tolerierte Konstantinos nur als *caesar.* Im selben Jahr wurde in Rom Maxentius, der Sohn des Maximianus, öffentlich zum Kaiser ausgerufen. Der Akt des Ausrufen eines Kaisers, die *acclamatio,* blieb über Jahrhunderte das wichtigste Element für einen Herrschaftsantritt, fehlte diese, dann stand die Legitimation eines Thronanwärters auf tönernen Füßen. Maxentius versuchte, der Stadt Rom wieder Glanz zu verleihen, die Stadt war ins Hintertreffen geraten, da Diocletian Nikomedeia (İzmit) zu seinem Stützpunkt bestimmt hatte und mit entsprechenden Bauten (Hippodrom, Palast, dazu Waffenschmieden und eine Münzstätte) ausstatten ließ. Um die Spannungen innerhalb der Tetrarchie beizulegen, traf man sich 308 in Carnuntum bei Wien, eine Tetrarchie kurzer Dauer wurde eingerichtet: Galerius regierte mit Maximinus Daia im Osten und Licinius mit Konstantinos im Westen. Der abgedankte Maximianus usurpierte wieder den Kaisertitel, Konstantinos konnte ihn in Massilia (Marseille) in den Selbstmord treiben (310). Über ihn wurde die *damnatio memoriae* verhängt, d.h. sein Name wurde von allen Kaiserbildern und Inschriften getilgt. 311 starb Galerius in Serdica (Sofia), wodurch die Tetrarchie zu Ende ging. Noch kurz vor seinem Tod hatte Galerius ein Edikt zur Duldung der Christen herausgegeben. Das Christentum wurde als *religio licita* („geduldete Religion") eingestuft. Das Machtvakuum auf der südlichen Balkanhalbinsel füllten Licinius und Maximinus Daia aus, als Grenzzone zwischen ihren Verwaltungsgebieten bestimmten sie das Marmarameer. In der Folge kam es zu einer Annäherung zwischen Maxentius und Maximinus Daia sowie Konstantinos und Licinius.

Schlacht an der Milvischen Brücke

Der Auslöser für die folgenreiche und legendäre Schlacht an der Milvischen Brücke (28. Oktober 312) ist darin zu suchen, dass Maxentius Konstantinos des Vatermordes bezichtigte, seinen Vater Maximinian unter die Götter erheben (Apotheose) und daraufhin Statuen des Konstantinos in Rom stürzen ließ. Dadurch provoziert machte sich Konstantinos nach Rom auf, in dessen Nähe er Maxentius, wie es dann erklärt wurde, mit göttlichem Beistand überwinden konnte. Die Schlacht wurde später zu einer Götterschlacht (Theomachie) stilisiert, die Konstantinos im Zeichen des Kreuzes für sich entschied. Die Soldaten Konstantinos' hatten auf ihren Schilden das Christogramm (Chi-Rho, die ersten beiden Buchstaben des Namens Christi) angebracht. Er zog triumphal in Rom ein, verzichtete aber auf einen Besuch des Kapitols, wo die kapitolinische Trias (Iuppiter, Iuno und Minerva) verehrt wurde. Konstantinos ließ sich vom Senat einen Ehrenbogen sponsern und den Titel des rangältesten *augustus* übertragen, was gegen Licinius gerichtet war. Auf dem aus Spolien (bewusst ausgewähltes Bruchmaterial aus älteren Bauten) errichteten Triumphbogen wurde der Sieg Konstantinos über einen anonymen Tyrannen (= Maxentius) dargestellt. Der Erfolg sei *instinctu divinitatis* („durch den Wink der Gottheit") errungen worden. Diese Formulierung erlaubte allen religiösen Lagern, das Denkmal zu akzeptieren. Konstantinos tolerierte zu dieser Zeit zwar schon das Christentum, aber er war noch lange kein aktiver Unterstützer.

Konstantinos und Licinius

Mit Licinius musste er sich über die Kompetenzaufteilung verständigen, da mit dem Ausfall eines Tetrarchen das Gleichgewicht wiederhergestellt werden musste. 313 einigte man sich in Mailand, dass Konstantinos als der *senior augustus* angesehen werden durfte. Es wurde vereinbart („Mailänder Edikt"), dass der Christenverein (*corpus Christianorum*) fortan geduldet und verfolgte Christen entschädigt werden würden. Licinius wurde das Territorium des Maximinus Daia, der mit Maxentius zusammengearbeitet hatte und nach der Schlacht bei Heraclea Pontica aus nicht ganz geklärten Umständen in Tarsos im August 313 zu Tode kam, von Kleinasien bis nach Ägypten zugesprochen. Damit war aus einem Herrscherviergespann ein Doppelkaisertum geworden, denn weder Licinius noch Konstantinos kümmerten sich um die Einbindung jüngerer Kollegen. Konstantinos dürfte früh über eine Alleinherrschaft, eine Monarchie, nachgedacht haben. Spannungen traten 316 offen zum Vorschein: Licinius ließ Bildnisse Konstantinos' in den von ihm kontrollierten Gebieten zerstören; dieser marschierte daraufhin gegen Osten und besiegte die Truppen Licinius' in Sirmium und Adrianopel. Im Zuge des Waffenstillstands wurden Licinius Thrakien, Moesien und Scythia Minor zugesprochen. Konstantinos wählte Sirmium als Basis für Expeditionen Richtung Donaugebiete, wodurch er zwangsläufig in das Gehege Licinius' kam. 317 setzte Konstantinos eigenmächtig drei Caesares (Crispus und Konstantinos II., zwei Söhne von ihm, und Licinianus, Sohn Licinius') ein. Licinius begann, gegen die Vereinbarung von Mailand ab 320 Güter von christlichen Funktionären zu konfiszieren. Konstantinos hatte nun einen Vorwand. Er zog, Licinius brüskierend, gegen die Sarmaten, ein Steppenvolk, das nördlich des Schwarzen Meeres siedelte und sich dem Römischen Reich feindlich annäherte. Nach erfolgreicher Zurückdrängung ließ Konstantinos 323 seinen Sieg durch Goldprägungen feiern, wodurch die Schwäche des Licinius deutlich zum Ausdruck gebracht wurde. Als Reaktion ließ der Gedemütigte die Münzen einschmelzen, was einer Majestätsbeleidigung gleichkam. Konstantinos marschierte daraufhin von Thessalonike nach Adrianopel, wo sich Licinius verschanzt hatte (324). Konstantinos führte hier zum ersten Mal sein neues Feldzeichen, das Labarum, mit. Das Labarum war eine Standarte, die von einem Christusmonogramm (Chi-Rho) bekrönt war (beschrieben bei Eusebius, Vita Constantini, XXXI). Licinius zog sich über Byzantion nach Chrysopolis zurück, wo er aufgegriffen wurde. Die Flotte Licinius' wurde von Konstantinos' Sohn Crispus vernichtet, Licinius wurde zunächst in Thessalonike inhaftiert, ein Jahr später aber getötet, da seine angebliche Rückkehr bei Soldaten Tumulte ausgelöst hatte. Licinius verfiel der *damnatio memoriae* und aus einer Zweierherrschaft war nun eine Monarchie geworden. Am 3. Juli 325 feierte Konstantinos sein 20-jähriges Regierungsjubiläum in Nikomedeia (*Vicennalia*), welche Stadt zu diesem Zeitpunkt noch die bedeutendste in dieser Region war, im nächsten Jahr wiederholte er das Fest in Rom. Nach der Ausschaltung seines Gegners kam es innerhalb der Familie Konstantinos' zu dramatischen Ereignissen. Auf Anstiften seiner zweiten Frau Fausta ließ er Crispus in Pola durch Gift beseitigen. Fausta selbst ließ er in einem Bad ersticken, weitere Verwandte (sein Neffe Licinianus und seine Schwester Constantia) wurden ebenfalls getötet. Möglicherweise fürchtete Konstantinos zu starke Konkurrenz seitens seines Sohnes oder vielleicht störte ihn der Lebenswandel Faustas. Später wurde gemutmaßt, dass Konstantinos sich durch diese Taten zum Christentum bekehren ließ, da heidnische Vorstellungen solches nicht reinigten.

Labarum

„Rom ist, wo immer der Kaiser ist", formulierte schon um 240 der römische Geschichtsschreiber Herodianus, diesem Motto entsprechend richteten sich alle *augusti* und *caesares* Residenzen ähnlich wie am Tiber ein. Wahrscheinlich bereits 324 wurde die Stadt in antiker Tradition „gegründet" und nach dem Herrscher benannt. Angeblich war auch an Troia, Serdica, Chalkedon oder Thessalonike gedacht, doch gaben die geopolitischen Vorteile

Konstantinopel

(Kreuzungspunkt zwischen dem Schwarzen Meer und dem Mittelmeer sowie zwischen Kleinasien und dem südlichen Balkanraum) des historisch eher unbedeutenden Byzantion den Ausschlag. Die Siedlung wies einen sicheren natürlichen Hafen („Goldenes Horn") auf. Zudem konnte von Konstantinopel aus die Donaugrenze und das Sassanidenreich im Osten relativ rasch erreicht werden.

Q

Konstantinopel

(Prokopos von Kaisareia, De aedificiis I 5, 2–3; Übers. O. Veh, Prokop Bauten, München 1977, S. 49–51).

Zu allem Glück hinzu legt sich auch das Meer anmutig dicht um seine Mauern; es bildet Buchten, verengt sich zu Durchfahrten und ergießt sich in die weite See und verleiht so der Stadt einen gar prächtigen Anblick, den Schiffern aber Schutz in windstillen Häfen; es macht sie zu einem Platz, wohl ausgestattet mit Lebensmitteln und auch reich an nützlichen Dingen. Denn zwei Meere, die Byzanz umschließen, das Ägäische und das sog. Schwarze, vereinen sich östlich davon, und indem sie mit dem Wirbel ihrer Flut aufeinander treffen und durch diesen Ansturm das Festland zusammendrängen, verschönern sie ringsum die Stadt.

Von der Stadtbebauung Konstantinos' ist das meiste (bis auf seine Säule) nur durch schriftliche Quellen bekannt. Vor Kurzem wurde im Zuge der Ausgrabungsarbeiten am ehemaligen theodosianischen Hafen allerdings der südliche Endpunkt der von ihm errichteten Stadtmauer entdeckt.

Heroon und Apostelkirche

Ein zentrales Bauwerk war das Heroon, welches bis zum Tode Konstantinos' 337 fertiggestellt war. Es lag auf dem höchsten Punkt der damaligen Stadt eigentlich innerhalb der Ummauerung, was für eine Grabstätte außergewöhnlich ist. Wahrscheinlich unter Konstantios II. wurde die anliegende Apostelkirche fertiggestellt oder erst errichtet (Abtragung durch Sultan Mehmed II. 1461 und Errichtung der Fatih Camii). In der Mitte der zwölf halbkreisförmig aufgestellten Kenotaphe (= leere Gräber) der Apostel stand ein dreizehnter, den er für sich bestimmt hatte. Möglicherweise wollte sich Konstantinos dadurch mit Christus, dem Apostelführer, gleichsetzen. 356 wurden in der Apostelkirche Reliquien des Apostels Andreas sowie der Apostelschüler Lukas und Timotheos deponiert. In den folgenden Jahrhunderten wurden die meisten Kaiser dort bestattet. Auch in Rom initiierte Konstantinos die Errichtung von Kirchen (Lateranbasilika, Petersbasilika sowie die Paulus- und Marcellinus-Kirche).

Bereits 326 taucht das Epitheton *Nea Rhomē* („Neues Rom") auf, wodurch das entstehende urbane Zentrum mit dem Ewigen Rom verglichen wurde. Bei der Stadteinweihung am 11. Mai 330 war noch vieles unvollendet.

Konstantinos und das Christentum

Konstantinos hatte die neue Religion tief greifender durch Ossius oder Hosius, den Bischof von Cordoba (= Elvira oder Iliberri), 309 in Spanien kennengelernt. Bereits 306 hatte in der Hauptstadt der Provinz Baetica eine Synode stattgefunden, auf welcher diskutiert wurde, inwieweit Christentum und Staatsdienst miteinander vereinbar wären. Konstantinos verfolgte im Gegensatz zu Diocletian Christen nicht, sondern versuchte, Anhänger unter ihnen zu finden. Auch nach seinem Erfolg über Maxentius war sein Vorgehen von einem geschickten Lavieren und Konsens zwischen den Lagern geprägt. Er dachte noch an eine Wiederbelebung der alten Religion, gleichzeitig aber auch an die Integration der christlichen Strömung am Kaiserhof. Als ein Zeichen seiner indifferenten Einstellung kann sein Triumphbogen in Rom verstanden werden, auf dem an prominenter Stelle die Sonnensymbolik (bis 322 auch auf Münzen) verwendet, auf eine eindeutig christliche oder heidnische Ausrichtung aber verzichtet wird. In Konstantinopel ließ sich Konstantinos als strahlenbekränzter Herrscher statuarisch darstellen, die Sonnenkrone entwickelte sich in der kaiserlichen Ikonografie zum Nimbus. In der kaiserlichen Lobrede blieb die Sonne ein fixer Bestandteil: Wie diese sieht und überstrahlt der Kaiser alles.

Helena

Die Mutter Konstantinos' konvertierte zum Christentum und bereiste die heiligen Stätten im östlichen Mittelmeerraum wahrscheinlich 327/328. Vielleicht wollte sie dadurch kaiserliche Präsenz zeigen, da Konstantinos verhindert war. In Jerusalem veranlasste sie Grabungen unter einem Venustempel (errichtet von Kaiser Hadrian 135 über frühchristlichen Kultstätten). Gefunden wurden angeblich Reste des Kreuzes Christi, welche zu einem Teil nach Konstantinopel gebracht und dort in der Stephanos-Kapelle im Kaiserpalast verwahrt wurden. Ein anderer Teil gelangte nach Rom (deponiert in Santa Croce in Gerusalemme). Die Legende von der Kreuzesauffindung lässt sich seit dem Ende des 4. Jahrhunderts nachweisen. An der vermuteten Stelle von Golgota und dem vermuteten Grab Christi wurde von Konstantinos eine Basilika errichtet und am 13. September 335 eingeweiht („Grabeskirche").

Donatisten

Eine der ersten kirchenpolitischen Aufgaben für Konstantinos bedeutete die Lösung der Streitigkeiten mit den Donatisten in Nordafrika. Nach Donatus von Karthago sollten seine Anhänger eine Gemeinschaft von Heiligen bilden, die ohne Sünde lebten. Kritisiert wurden Christen, die von ihrem Glauben im Zuge der Verfolgungen abgefallen waren und dann wieder in die Gemeinschaft aufgenommen wurden. Konstantinos ließ eine Synode in Arles einberufen, auf der er persönlich die Anhänger des Donatismus verdammte (314). Trotzdem blieben die Donatisten in Nordafrika aktiv, bis das Christentum insgesamt zurückgedrängt wurde.

Konstantinos' Kirchenpolitik

Die Annäherung zwischen dem Kaiser und den kirchlichen Strukturen ging schrittweise voran. Christen wurden in vielen Bereichen begünstigt. Der Klerus wurde der Steuerpflicht enthoben und ab 321 durften sogar Erbschaften und Stiftungen angenommen werden. Das Asylrecht der Tempel wurde auf die Kirchengebäude übertragen. Am 3. Juli 321 wurde die (bis heute existierende) Sonntagsruhe per Gesetz eingeführt. Dieser Tag galt ursprünglich den Sonnenanbetern als Feiertag; da Christus aber an einem Sonntag auferstanden war, galt Gleiches für die Christen. Am Tag des Sol/Helios durften keine Arbeiten verrichtet werden, ab 386 waren keine öffentlichen Unterhaltungen wie Theater oder Pferderennen mehr gestattet. Konstantinos beging den Sonntag mit einem Gottesdienst am Hof, für heidnische Teile der Gesellschaft wurde ein monotheistisches Sonntagsgebet verfasst. Die sieben Tage der Woche hatten heidnische Namen, wogegen kirchliche Kreise polemisierten. Während des 4. Jahrhunderts verdrängte der *dies dominicus* den *dies Solis*/Sonntag. Der Kirchenvater Augustinus (354–430) schlug vor, die Tage durchzuzählen, was man heutzutage in Griechenland (Kyriake = Sonntag, Deutera [„zweiter Tag"] = Montag etc.) und Portugal (Montag: segunda-feira etc.) findet. Das Fest der Geburt Christi wurde am 25. Dezember begangen (ab 335/337 in Rom nachweisbar). An diesem Tag verehrte man auch die Gottheit *Sol invictus* (seit Kaiser Aurelian staatskultische Funktion). Von Rom gelangte das Weihnachtsfest zunächst nach Ägypten, in Byzanz ist es ab 534 nachweisbar.

Konzil von Nikaia

Nachdem Konstantinos die innenpolitische Lage gefestigt hatte, musste er sich als Beschützer der Kirche abermals einer theologischen Streitigkeit annehmen. Die Christen im Osten debattierten über die Natur Christi. Arius, Priester in Alexandreia († 336), meinte, dass Jesus nicht mit Gottvater gleichursprünglich sei und keine Wesenseinheit mit ihm bilde. Sein Gegner Alexandros, Erzbischof von Alexandreia, verbannte Arius 318. Er begab sich nach Nikomedeia zu Bischof Eusebios. Der Konflikt dauerte an und Konstantinos sandte im Oktober 324 Bischof Hosius von Cordoba als Vermittler – ohne Erfolg – an die Streitparteien. Eine Versammlung von Kirchenvertretern (300 aus dem Osten und sieben aus dem Westen) aus allen Reichsteilen wurde im Mai 325 in Nikaia organisiert. Konstantinos leitete die Verhandlungen dieses Konzils in der kaiserlichen Residenz und betonte damit den kaiserlichen Anspruch, Schutzherr und Fürsprecher in kirchlichen Angelegenheiten zu sein. Neben der Berechnung des Ostertermins, der Bußordnung und der Priesterweihe beschäftigte man sich mit der Formulierung eines Glaubensbekenntnisses. Die orthodoxen Vertreter beharrten auf dem Dogma der Wesensgleichheit des Sohnes mit dem Vater (*homousios tō patri*), während Arius nur eine Ähnlichkeit der beiden akzeptieren wollte (*homoiusios tō patri*). Arius war vom Gedankengut des Origenes (184/185–253/254) beeinflusst, bei dem die Problematik formuliert wird: Wenn Vater und Sohn zwei Personen seien, dann widerspreche das dem Monotheismus, wenn Vater und Sohn gleichen Wesens seien, dann müsse man von zwei Göttern ausgehen. Die Diskussion um die Wesenheit/Wesenseinheit dauerte bis ins 7. Jahrhundert an.

homousios/ homoiusios

Arius und seine Anhänger wurden von dem Konzil verurteilt. Die nikänische Formel löste die theologische Problematik nicht endgültig, denn eine Wesensgleichheit konnte ja auch bedeuten, dass der Sohn keine eigene Wesenheit besitze und gleichsam Teil des Vaters sei. Diese Unschärfe nutzten die Arianer für sich und fanden vor allem in den östlichen Provinzen viele Anhänger. Arius wurde noch von Konstantinos rehabilitiert, sein Nachfolger Konstantios II. war ein eifriger Anhänger dieser Strömung. Kaiser Theodosios I. machte das orthodoxe Christentum zur einzig tolerierten Reichsreligion, die keine Abweichungen duldete, das 2. Ökumenische Konzil von Konstantinopel (381) bedeutete das Ende der Religionsfreiheit im Römischen Reich.

In der Verwaltung setzte Konstantinos auf die Trennung von militärischer und ziviler Gewalt, in der Heeresstruktur führte er Diocletians Reform fort (mehr bewegliche Truppen, *comitatenses*, und Grenztruppen, *limitanei*) und stockte das Heer durch Anwerbung von Söldnern, insbesondere Germanen, auf. Wirtschaftspolitisch erneuerte Konstantinos die Währung (**Solidus**), was letztendlich auch dem Heerwesen zugutekam.

E

Solidus

Schon 309 wurde anstelle des Aureus in der westlichen Reichshälfte der Solidus eingeführt, ab 324 gab es das neue Nominale auch im Osten (Idealgewicht = 4,54 g = 1/72 eines Pfundes, *libra*, Gold). Der Solidus (= Nomisma) war bis weit ins 11. Jahrhundert durch den konstant hohen Goldgehalt die „europäische" Leitwährung.

Außenpolitik

Schon 318/319 vermochte sein Sohn Crispus die Alamannen und Franken am Rhein zurückzudrängen, 328 ging man erneut gegen die Alamannen vor.

332 konnte Konstantinos einen Erfolg gegen Goten an der Donau verzeichnen. Durch ein Vertragsbündnis (*foedus*) wurden sie zur Waffenhilfe verpflichtet. 334 siegten die Römer gegen die Sarmaten.

Tricennalien

Am 25. Juli 335 feierte Konstantinos seine Tricennalien (30-jähriges Regierungsjubiläum) in Konstantinopel. Vor seinem Tod am 22. Mai 337 in der Nähe Nikomedeias wurde er noch von dem arianischen Bischof Eusebios von Nikomedeia getauft.

Sein Leichnam wurde nicht wie bei römischen Kaisern eingeäschert, sondern in einem Sarkophag in dem von ihm errichteten Heroon in Konstantinopel bestattet.

Die Nachfolger Konstantinos' (337–363)

Unmittelbar nach dem Ableben Konstantinos' kam es zu Säuberungen innerhalb der kaiserlichen Familie, die möglicherweise von militärischer Seite ausgingen, die nur leibliche Söhne Konstantinos' als Befehlshaber akzeptieren wollte. Konstantinos hatte seine Söhne Konstantinos, Konstans und Konstantios zwar zu Mitregenten, aber nicht zu *augusti* gemacht. Zunächst wagte es keiner, diesen Titel anzunehmen. Nach einem blutigen Sommer ließen sie sich am 9. September 337 zu *augusti* ausrufen und trafen sich in Viminacium in der Provinz Moesia, wo die Reichsteilung folgendermaßen festgelegt wurde: Konstantinos II. erhielt Gallien, Britannien und Spanien übertragen (seit 328 in Trier residierend), Flavius Iulius Konstantios den Orient mit Ägypten und Konstans Italien, Pannonien und Dakien. Der Neffe Konstantinos' Flavius Dalamatius wurde zum Verwalter von Thrakien und Konstantinopel bestimmt. Konstantios II. und die in Konstantinopel stationierten Truppen anerkannten die Ordnung nicht und brachten den *caesar* Dalmatius um. Der Hintergrund war wiederum, dass das Militär nur die leiblichen Söhne Konstantinos' als Befehlshaber tolerierte.

Zwischen Konstantinos II., dem *senior augustus*, und Konstans schwelten Spannungen wegen rechtlicher Kompetenzen, die 340 zu einem offenen Konflikt führten: Konstantinos marschierte unter dem Vorwand, Konstantios II. gegen die Perser zu unterstützen, nach Italien, wo er in einen Hinterhalt Konstans' geriet und getötet wurde. Das Reich wurde nun von zwei *augusti* gelenkt. Konstans, der in Mailand residierte, war in den folgenden Jahren in Abwehrkämpfe gegen die am Rhein ansässigen Germanen verwickelt und führte 343 als letzter römischer Kaiser einen Feldzug gegen die Pikten im Norden Englands.

Konstans tat sich als eifriger Religionspolitiker hervor, er versuchte zunächst den Ausgleich zwischen Arianern und Orthodoxen, ging dann aber entschieden gegen den arianischen Glauben vor (2. Synode von Mailand 347).

Magnentius

Am 18. Januar 350 usurpierte der *comes rei militaris* Flavius Magnentius in Augustodunum (Autun in Burgund), der flüchtende Konstans wurde erschlagen. Obwohl Magnentius Heide war, ließ er auf seinen Münzen das Christogramm abbilden. Rasch konnte sich Magnentius die Unterstützung im Westen sichern, Konstantios musste seinen Perserfeldzug abbrechen, um gegen ihn bei Mursa (Osijek in Kroatien) zu kämpfen. Der besiegte Magnentius floh nach Gallien, wo er seine Herrschaft noch zwei Jahre aufrechterhalten konnte. Im Juli 353 wurde er in Mons Seleucus (La Bâtie-Montsaléon) zwar besiegt, setzte sich aber nach Lyon ab, wo er sich bedrängt von eigenen Gefolgsleuten das Leben nahm.

Konstantios war nun alleiniger Herrscher im gesamten Reich (Usurpationsversuch des Patricius in Jerusalem 351/352).

Im Mai 357 besuchte und besichtigte er Rom und feierte dort seinen Sieg über Magnentius triumphal. Der Redner Themistios war eigens aus Konstantinopel angereist, um die Festrede zu halten 358 musste er nach Sirmium ziehen, da sich die Quaden und Sarmaten gegen Rom verbündet hatten. In einem Friedensschluss wurde die Einsetzung eines Klientelkönigs besiegelt. Neben den Rhein- und Donaugebieten war auch die Euphratgrenze gegen die **Sassaniden** eine Zone ständiger Auseinandersetzungen.

E

Sassaniden

Die Sassaniden folgten der Dynastie der Arsakiden ab 227, als Pâpak, Nachkomme des Sassan (um 200 Oberpriester des Feuertempels bei Ishtar), den letzten persischen Fürsten stürzte. Sein Sohn Ardašir (224–240) setzte den letzten parthischen Großkönig Ardavar V. ab und gründete das Reich neu (Hauptstadt: Ktesiphon). Unter Diocletian war der obere Teil Mesopotamiens römisch geworden (298): Nach einer kurzen Stagnation ihrer Macht konnte Šapur II. ab 325 wieder eine deutliche Expansionspolitik vor allem gegen oströmisch dominierte Gebiete betreiben. Kurz vor dem Tode Konstantinos' brach Šapur II. den seit 298 (oder 299) bestehenden Friedensvertrag mit den Römern und leitetet einen jahrzehntelangen Konflikt ein (römisch-persischer Krieg, 337–363). Šapur strebte die Rückgewinnung der verlorenen Gebiete an, die persischen Christen ließ er verfolgen, da sie als romtreu galten. Ein Gebiet, das ständig zwischen den Machtblöcken stand, war Armenien. Die dortige Aristokratie schloss sich den Sassaniden an, der von den Römern eingesetzte Klientelkönig Tigranes VII. (ca. 338–350) wurde gefangen und geblendet. Sein Sohn Arsakes III. flüchtete sich 358 zu den Römern und Konstantios installierte ihn wieder in Armenien.

Religionspolitik der Söhne Konstantinos'

Konstans verhielt sich betont orthodox, er begünstigte die Christen und kirchliche Institutionen. Offensiv begegnete er Heiden, Juden und den Donatisten; letztere Strömung ließ er 347 zwar verbieten, hatte damit aber keinen nachhaltigen Erfolg. In dieser Zeit kam es vermehrt zu Tempelzerstörungen, auch der Klerus und militante Mönche beteiligten sich eifrig daran. Eine Auseinandersetzung erbten die Söhne Konstantinos', nämlich den arianischen Streit. Nach dem Tode des Arius und des Kaisers Konstantinos kamen der Anti-Arianer Athanasios und die mit ihm verbannten Bischöfe zurück in ihre Positionen. Im Gegensatz zu Konstans favorisierte Konstantios die Arianer, die zu diesem Zeitpunkt noch Konstantinopel, die westlichen kleinasiatischen und vor allem die syrischen Bistümer dominierten. Der Anführer der Bewegung war Eusebios von Nikomedeia (ab 338 Bischof von Konstantinopel), welcher Athanasios von Alexandreia absetzen ließ und Gregorios zu seinem Nachfolger bestimmte. Athanasios flüchtete in den Westen, wo er vom Papst Unterstützung erhielt. Als Eusebios 341 starb, kam es zu bürgerkriegsähnlichen Auseinandersetzungen zwischen Orthodoxen und Arianern, Konstantios musste aus Antiocheia nach Konstantinopel eilen, um durchzugreifen. Er regte ein Schlichtungskonzil an, das 342/343 in Serdica einberufen wurde. Bischöfe aus dem Westen waren in der Überzahl, die Missstimmigkeiten führten zu gegenseitigen Exkommunikationen. Der Versuch, einem einheitlichen christlichen Glauben zu folgen, endete mit diesem Konzil, es war der Beginn der Auseinanderentwicklung der westlichen und römischen Kirche.

Konstantios bemühte sich um eine Glaubensformel, die alle christlichen Strömungen befriedigen konnte. Das 3. Konzil von Sirmium markierte 357 den Höhepunkt des arianischen Streits. Es wurde die „2. sirmische Formel" gefunden, die gegen die Homoiusier gerichtet war. Man kam zu dem Ergebnis, dass die Begriffe *homousios* und *homoiusios* unbiblisch wären und dass der Vater größer als der Sohn sei. Ein Jahr später wurde in Ankara der Terminus *homousios* erneut diskutiert, das 4. Konzil von Sirmium versuchte nochmals, einen Kompromiss zu finden: Es wurde beschieden, dass Vater und Sohn ähnlich seien (*homoios*).

Gleichzeitig schritt die Christianisierung der Gebiete, die in Kontakt mit dem Römischen Reich kamen, voran. Missionierung wurde in dieser Zeit noch nicht systematisch betrieben, aber durch die ständigen diplomatischen Kontakte kam es auch verstärkt zu einer Einbeziehung von Glaubensfragen in die Außenpolitik. Das früheste Zeugnis für die Christianisierung der Germanen gibt es aus dem Jahre 325, als der gotische Bischof Theophilos am Konzil von Nikaia teilnahm. Bekannter als Theophilos ist **Wulfila**.

E

Wulfila

Zentral war Bischof Wulfila/Ulfilas (* ca. 310), der um 341 von Eusebios von Nikomedeia zum Bischof der Goten geweiht wurde. Wulfila übernahm das homoiusische (arianische) Bekenntnis, was keine tieferen Gründe gehabt haben dürfte, denn die Germanen wussten gar nicht zu unterscheiden, welchem Bekenntnis sie angehörten. Wulfila übertrug das Neue Testament und Teile des Alten Testaments ins Gotische und schuf zu diesem Behufe eine eigene Schrift, die Zeichen aus dem Griechischen entlehnte (z.B. Codex Argenteus, 6. Jahrhundert, 187 Blätter heute in Uppsala). Die Christianisierung der Goten schritt langsam voran, noch 376 gab es heidnische Gotenfürsten, bis 372 verfolgte Athanarich arianische Gläubige auf seinem Herrschaftsgebiet. Als Vertriebener lebte Wulfila nach 348 auf römischem Gebiet südlich der Donau und starb 383 in Konstantinopel.

Im Winter 360/361 heiratete Konstantios zum dritten Mal, mit Faustina hatte er eine Tochter Constantia, welche 374 die Gemahlin Gratianus' wurde. 361 machte sich Konstantios gegen Persien auf, am 3. November 361 starb er in Mopsukrene in Kilikien. Wie sein Vater Konstantinos wurde er kurz vor dem Tod gekrönt und im Mausoleum Konstantinos' an der Apostelkirche beigesetzt.

Die Situation des Reiches hatte sich unter den Nachfolgern Konstantinos' verschlechtert, ein Nebeneinander gleichrangiger *augusti* hatte sich nicht als tragfähige Regierungsform erwiesen. Im Westen überschritten die Franken und Alamannen den Rhein, die Donau die Quaden und Sarmaten, während im Osten die Perser wichtige Städte einzunehmen vermochten.

Im Reich setzte sich die Bürokratisierung fort, zunehmend wurden auch fremdländische Arbeitskräfte in die staatliche Infrastruktur einbezogen (z.B. Söldner aus Germanien).

Mit der neuen Religion kamen öfter religiöse Auseinandersetzungen zum Ausbruch, erst im 9. Jahrhundert hatte sich die Orthodoxie endgültig, theologisch abgesichert, formiert.

Iulianos I. (361–363)

Flavius Claudius Iulianus, Sohn der arianischgläubigen Basilina und des Iulius Constantius, war der letzte männliche Spross aus der Familie des Konstantinos (* 331 oder 332); sein Vater wurde 337 bei den Familiensäuberungen getötet, Iulianos aus Mitleid verschont. Von allen öffentlichen Ämtern ferngehalten, erhielt er auf Betreiben Konstantinos' II. eine umfassende Erziehung. Zunächst ging er bei Eusebios von Nikomedeia in die Schule, bei dem Christen Mardonios lernte er die antike Literatur und die pagane Götterwelt kennen. Nach dem Tod des Eusebios 342 musste er sich sechs Jahre lang in Macellum, einer kaiserlichen Domäne in Kappadokien aufhalten, wo er durch den arianischen Bischof Georgios von Lykopolis mit dem Neuplatonismus vertraut gemacht wurde. Weitere bekannte Lehrer von ihm waren Nikokles, Hekebolios und vor allem Libanios. Ab 351 konnte er sich freier bewegen, als sein Halbbruder Gallus zum *caesar* der östlichen Reichsteile bestimmt wurde. 354 wurde Julian an den Hof in Mailand zitiert, wo ihm Umsturzversuche mit Gallus vorgeworfen wurden. Durch die Fürsprache der Kaiserin Eusebia kam er frei und reiste nach Athen, wo er nicht nur die eleusinischen Mysterien, sondern auch Basileios den Großen und Gregor von Nazianz kennenlernte. Am 6. November 355 wurde er als *caesar* des Westens eingesetzt. Rasch machte er sich einen Namen durch die Befriedung der Rheingrenze, 357 besiegte er etwa die Alamannen bei Straßburg. Er kümmerte sich um die Wiederherstellung der Infrastruktur und um die Straffung der Verwaltung. Zum Ende der 350er-Jahre war die Herrschaft in Gallien wiederhergestellt, die Gebiete rechts des Rheines aber waren germanisch.

Iulianos in Gallien

Im Osten hatte Konstantios II. große Probleme, sich gegen die Perser durchzusetzen. Die ständigen Verluste machte die Entsendung von Hilfskontingenten aus anderen Reichsteilen notwendig. Iulianos schickte sich an, dem Anliegen Konstantios' nachzukommen. Man rief ihn in Paris zum *augustus* aus (Schilderhebung und Aufsetzung des Wendelrings, *torques*). Iulianos berichtete von diesen Vorgängen Konstantios und bat ihn um Anerkennung als *iunior augustus* und den Verzicht auf Truppenentsendungen. Konstantios verlangte die bedingungslose Unterordnung Iulianos', worauf ihn seine Soldaten erneut zum *augustus* ausriefen; er fühlte sich nun gedrängt, Richtung Osten zu ziehen. Nach Militäroperationen gegen die rechtsrheinischen Alamannen (unter Vadomar) machte sich Iulianos donauabwärts nach Sirmium auf. Am 3. November 361 erreichte ihn die Nachricht vom Tod des Konstantios, der ihn zum Nachfolger bestimmt hatte. Iulianos zog in Konstantinopel ein (11. Dezember) und ließ die Leichenfeier für seinen Kollegen abhalten (Beisetzung im Mausoleum des Konstantinos). Dem Senat gestattete er, Konstantios vergöttlichen zu lassen (Apotheose), was den Verstorbenen sicher gestört hätte, war er doch vor seinem Tod getauft worden. Iulianos machte sich engagiert an die Neugestaltung des Gemeinwesens. Ideologisch orientierte er sich an den stoischen Kaisern Mark Aurel und Trajan, was sich auch darin zeigte, dass er einen Bart trug. Das Hofzeremoniell wurde vereinfacht, und die Distanz zwischen Herrschendem und Beherrschten versuchte er durch häufigen Kontakt mit der Bevölkerung zu verringern. Durch seine hellenophile Einstellung förderte er die Eigenständigkeit der Städte und damit eine Dezentralisierung.

Religionspolitik

Iulianos entwickelte eine eigene Theologie, die vor allem aus neuplatonischem Gedankengut gespeist, aber auch von christlichen Vorstellungen verbrämt war. Der Polytheismus wurde verteidigt, da seit dem Beginn der Welt die alten Götter verehrt worden wären. Im Zentrum seines Gedankengebäudes stand die Sonne (Helios), womit er auch die christlichen Anhänger erreichen wollte. Er stellte hohe sittliche Ansprüche an die heidnischen Priester.

Rhetorenedikt

Am 17. Juni 362 wurde das sogenannte Rhetorenedikt (Codex Theodosianus 13,3,5) ausgegeben, in dem der moralische Lebenswandel der *magistri* und *doctores* besonders betont wurde, die rhetorische Ausbildung an zweiter Stelle stand. Befunden über eine Anstellung wurde von der städtischen Kurie und in letzter Instanz vom Kaiser. Durch ein Begleitschreiben Iulianos' wird die Brisanz dieses Erlasses deutlich: Ein Lehrer sei nur dann ehrenwert, wenn seine Aussagen seinen inneren Überzeugungen entsprächen. Christen sollten in ihren Kirchen die Evangelien auslegen, ein Lehrer, der nicht an die alten Götter glaube und etwa Homer interpretiere, sei nicht glaubwürdig. Schroffe Kritik kam aus christlichen Kreisen, aber auch Historiker wie Ammianus Marcellinus hatten dagegen Vorbehalte. Das Edikt wurde nie außer Kraft gesetzt, sowohl im Codex Theodosianus als auch im Codex Iustinianus wurde es als geltendes Recht weiter tradiert.

Antiocheia

Nur kurz während seiner Regierungszeit hielt sich Iulianos in Konstantinopel auf. Schon im Sommer 362 reiste er über das durch ein Erdbeben zerstörte Nikomedeia nach Antiocheia am Fluss Orontes, um dort den Rhetor Libanios zu treffen und einen Einsatz gegen die Perser vorzubereiten. Antiocheia war eine christlich dominierte Stadt, in der unterschiedliche religiöse Strömungen existierten.

Sein unkaiserliches Auftreten stieß bald auf Unverständnis. Dazu kam, dass in der Stadt die Getreidespeicher leer waren und wenig dagegen unternommen werden konnte. Religiöse Spannungen traten hinzu: Sein Halbbruder Gallus hatte das Apollonheiligtum (Orakel) in Daphne bei Antiocheia in eine christliche Kirche umwandeln lassen, wo der Bischof und Märtyrer Babylas bestattet wurde. Iulianos veranlasste eine Entfernung seines Sarkophags (die erste Reliquientranslation!), da der Märtyrer die Orakelfunktion des paganen Heiligtums störte. Iulianos verarbeitete die Stimmung gegen ihn in seinem satirischen Werk *Misopōgōn* („Barthasser").

Nach der Überwinterung in Antiocheia brach Iulianos mit 65 000 Soldaten nach Mesopotamien auf – er hatte sich entschieden, den Frieden mit den Persern nicht durch Gold zu erkaufen. Seinen Feldherrn Prokopios schickte er nach Nisibis, während er selbst entlang der linken Euphratseite nach Ktesiphon zog. Dort erlangte er zwar einen entscheidenden Sieg, belagerte die Stadt aber nicht weiter, sondern entschloss sich zur Umkehr. In einem Scharmützel mit den Persern wurde er verwundet und starb, mit ihm der letzte männliche Vertreter der konstantinischen Dynastie. In Tarsos wurde er wie der letzte Christenverfolger Maximinus Daia beigesetzt, im 7. Jahrhundert wurden seine Gebeine in das von Iustinianos errichtete Heroon nach Konstantinopel überführt. Iulianos' Tod bedeutete einen Schock für die Mittelmeerwelt, christliche Kreise waren erleichtert, während die Heiden zutiefst betroffen waren.

Die Nachfolger Iulianos' I. (363–379)

Iovianus

Die Regierungsgewalt wurde dem Gardekommandanten Iovianus übertragen (27. Juni 363), der mit den Persern in Friedensverhandlungen trat. Die Provinz Armenien wurde dabei aufgeteilt und auf römische Ansprüche jenseits des Tigris wurde verzichtet. Auf seinem Weg nach Konstantinopel starb der neue Kaiser (17. Februar 364).

Valentinianus

Eine Woche später wurde Flavius Valentinianus (364–375) in Nikaia von den militärischen Befehlshabern zum Nachfolger bestimmt mit der Auflage, die Herrschaft zusammen mit einem Kollegen zu führen. Valentinianus entschied sich für seinen jüngeren Bruder Valens als Partner. Die Kompetenzbereiche wurden geteilt. Der dem Konzil von Nikaia verpflichtete Valentinianus residierte in Mailand, während der Arianer Valens den Palast in Konstantinopel bezog. Die unterschiedlichen Glaubenseinstellungen der Herrscher wirkten sich auch auf die Tagespolitik aus: Während Valentinianus gegenüber den Anhängern des paganen Glaubens ein eher tolerantes Verhalten an den Tag legte, wurde Valens in der Bevölkerung rasch unbeliebt, da er die Anhänger des nizänischen Glaubensbekenntnisses bedrängte und kirchliche Würdenträger absetzen ließ. Er folgte der strikten Religionspolitik Konstantios' II.

Prokopios

Iulianos' Feldherr Prokopios usurpierte gegen Valens, nachdem er Thrakien und Bithynien unter seinen Einfluss gebracht hatte, wurde aber am 27. Mai 366 von eigenen Militärs hingerichtet. Valentinianus versuchte, sich gegen die Senatoren in Rom durchzusetzen, die dort immer noch das Sagen hatten. Außenpolitisch bemühte er sich um die Sicherung der Rheingrenze gegen die Alamannen, setzte aber nicht auf große Eroberungen, sondern auf den Ausbau fortifikatorischer Einrichtungen. Nordafrika gehörte auch zu seinem Verwaltungsbereich, wo Theodosius der Ältere (Vater des späteren Kaisers Theodosios) als Heermeister operierte. Seinen Sohn Gratianus bestimmte er 367 zum Mit-Augustus mit Tätigkeitsbereich in den Westprovinzen. Valentinianus starb 375 in Pannonien, als er gegen Quaden und Sarmaten im Einsatz war.

Hunnen

Einen Schwerpunkt der Außenpolitik des Valens bildete die Sicherung der Donaugrenze, 369 wurde nach militärischen Erfolgen ein für die Oströmer günstiger Vertrag (keine Geldzahlungen und Anerkennung der Flussgrenze) mit Athanarich unterzeichnet, der nur kurz gültig sein sollte, denn 375 trafen die Hunnen, ein mongolisches Steppenvolk, im unteren Donauraum ein. Nachdem diese um die Mitte des 4. Jahrhunderts die Alanen und Skythen vertrieben hatten, setzten sie ihren Zug nach Westen fort. Rasch besiegten sie das Ostgotenreich unter König Ermanarich; das Ostgotenreich erstreckte sich von der nordwestlichen Schwarzmeerküste bis zum Baltikum und war bis zu dieser Zeit nicht so stark in die oströmische Politik miteinbezogen worden wie die Westgoten, die seit Konstantinos regelmäßig durch *foedera* in direktem Kontakt mit dem römischen Kaisertum standen. Auf ihrem Ritt in den Westen kam es 376 zu einer Begegnung mit den Westgoten: Athanarich stellte sich ihnen entgegen, Fritigern wurde von Valens aufgenommen und erhielt in Thrakien Siedlungsgebiete. Durch die große Zahl der Zugezogenen entstanden bald offene Konflikte; die vom Kaiser entsandten Truppen wurden bei Markianopolis geschlagen. Valens entschloss sich, selbst einzugreifen: Am 9. August 378 wurden die oströmischen Heeresteile zur Gänze vernichtet, Valens kam um. Der Versuch, Konstantinopel einzunehmen, wurde abgewehrt, da Gratianus aus dem Westen kam und weitere Niederlagen verhinderte. Gratianus war kurz alleiniger Herrscher.

Durch Konstantinos I. verschob sich das Zentrum des Römischen Reiches allmählich nach Osten. Er bestimmte Byzantion zu seiner neuen Residenz (Umbenennung in Konstantinopel). Es schien günstiger, vom Bosporus aus die Donaugrenze und die östlichen Reichsregionen gegen die Perser kontrollieren zu können. Erst um die Mitte des 4. Jahrhunderts setzte ein wirtschaftlicher Aufschwung in Konstantinopel ein; das Christentum verbreitete sich rasch, das Kaisertum verstand sich als Beschützer des rechten Glaubens und Stifter kirchlicher Einrichtungen. Die pagane Reaktion Kaiser Iulianos' mit einer bemerkenswerten monotheistischen Theologie konnte die Entwicklung nicht mehr aufhalten.

II. Die Dynastie Theodosios' I. – (379–457) Die Konsolidierung des oströmischen Reiches

381	Bündnis mit den Goten, 2. Ökumenisches Konzil (Konstantinopel)
382	Vertrag mit den Goten
388	Decennalien Theodosios' in Thessalonike
390	Theodosios' Bußgang in Mailand
395	Kompetenzaufteilung im Römischen Reich (West/Ost)
400	Sturz des Gainas
410	Alarich in Rom
um 412	Beginn des Baus der Landmauer in Konstantinopel
415	Ermordung Hypatias
431	3. Ökumenisches Konzil (Ephesos)
438	Abschluss des Codex Theodosianus
439	Der Vandale Geiserich erobert Karthago
451	Niederlage der Hunnen, 4. Ökumenisches Konzil (Chalkedon)
455	Geiserich plündert Rom

Theodosios I. (379–395)

Der aus einer angesehenen spanischen Familie stammende Flavius Theodosios wurde am 19. Januar 379 von Gratianus in Sirmium zum Mitregenten und Augustus erhoben; sein Aufgabenbereich betraf die östliche Reichshälfte, und er residierte zunächst in Thessalonike (379–380). Eines der dringlichsten Vorhaben war zunächst, die großen Truppenverluste wieder auszugleichen.

Goten

380 zog Theodosios in Konstantinopel ein, wo er am 11. Januar 381 den Gotenkönig Athanarich empfing, der mit ihm ein Bündnis geschlossen hatte. Der König starb plötzlich und der Kaiser ließ ihn prunkvoll bestatten. Der nicht immer friedliche Zuzug von arianischgläubigen Goten konnte nicht mit Gewalt verhindert werden, Theodosios entschloss sich zur Unterzeichnung eines Vertrags (3. Oktober 382), in dem er den Partnern steuerfreies Land auf römischem Reichsgebiet zubilligte. Sie bekamen zwar die Reichsangehörigkeit, nicht aber die Gleichstellung mit den römischen Bürgern zugesprochen. Sie waren zur Waffenhilfe verpflichtet (*foederati*), erhielten dafür aber Sonderzahlungen und ein eigenes Kommando (über ihre gut 20000 Mann starke Streitkraft). Kurzfristig sicherte dieser Vertrag das friedliche Nebeneinander.

Magnus Maximus

Der spanische Feldherr Magnus Maximus usurpierte die Herrschaft gegen Gratianus (getötet am 25. August 383). Gratianus hatte durch seine rigorose Einstellung gegen die Heiden, die sich etwa in der Entfernung des Victoria-Altares aus der römischen *curia* (= Versammlungsgebäude) manifestierte, viele Feinde. Zwar regierte Valentinianus II. (383–392) im Westen, Theodosios akzeptierte zunächst aber Maximus, bis dieser 387 in Italien einmarschierte. 388 feierte Theodosios seine Decennalien in Thessalonike, das heute in Madrid aufbewahrte Silbermissorium (Real Academia de la Historia) zeugt von diesem Ereignis. Zwischen 388 und 391 hielt er sich in Italien auf und überließ die Verwaltung der östlichen Reichsgebiete seinem Sohn

Arkadios. Theodosios ließ den Usurpator Magnus Maximus in Aquileia hinrichten.

Religionspolitik Theodosios'

Schon am 27. Februar 380 erließ Theodosios in Thessalonike ein Edikt, in dem die Einheit aller Christen im Sinne der Glaubensformel von Nikaia betont wurde. 381 berief er eine Versammlung unter Leitung des Meletios, Bischofs von Antiocheia, ein, die sich primär der arianischen Frage und der kirchlichen Ordnung widmete (Mai–9. Juli 381) (1. Konzil von Konstantinopel/2. Ökumenisches Konzil). Es wurden das nikänische Glaubensbekenntnis und die Göttlichkeit des Heiligen Geistes anerkannt. Die Kanones betrafen sowohl die Aufwertung Konstantinopels als zweiten Sitz als auch die Ehrenrangstellung Konstantinopels nach Rom („Neues Rom" wegen seiner zunehmenden politischen Machtstellung).

Mailand 390

Auseinandersetzungen entstanden zwischen dem Mailänder Bischof Ambrosius und Theodosios, welcher gegen orthodoxe Fanatiker vorging. Nachdem ein homosexueller Wagenlenker in Thessalonike in Haft genommen worden war (Erlass vom 14. Mai 390 gegen Päderasten), tötete eine aufgebrachte Menge Butherich, einen gotischstämmigen General des Theodosios; der Kaiser täuschte zunächst Milde vor und ließ die im Hippodrom von Thessalonike versammelte Bevölkerung niedermachen. Als Konsequenz verweigerte Ambrosius Theodosios den Zutritt in die Kirche. Um den Konflikt aus der Welt zu schaffen, musste der Kaiser in einem einfachen Gewand Buße tun (Weihnachten 390), was deutlich macht, dass die kirchliche Autorität jetzt in moralischen Dingen das letzte Wort hatte und auch den nach christlicher Deutung überhöhten Kaiser in die Knie zwingen konnte. Der Vergleich mit dem späteren Canossagang Heinrichs IV. (1076) ist nur bedingt möglich, da es hier keineswegs um die Legitimation des Herrschers ging. Dem Ansehen des Kaisers bzw. des Kaisertums schadete dieser Vorfall nicht. Die antiheidnische Religionspolitik ging weiter, von Konstantinopel aus untersagte Theodosios pagane Opferhandlungen und Besuche von Tempeln. Eine Folge dieses Erlasses waren gewalttätige Aktionen; auch das Serapeion in Alexandreia, der berühmte Tempel mit einer großen Bibliothek, ging in Flammen auf (391), wurde aber als Kirche wiederaufgebaut. Libanios redete erfolglos zum Kaiser, um die Tempel zu schützen.

Eugenius

Im Sommer 392 bestimmte der Heerführer Arbogast den christlichen Rhetor Eugenius zum Nachfolger Valentinianus II., welcher in Vienne erhängt aufgefunden worden war. Eugenius hatte die Unterstützung der römischen Senatsaristokratie, da er einen proheidnischen Kurs verfolgte. Von Theodosios wurde er aber nicht anerkannt. Aus der Aktion Arbogasts wird deutlich, dass die mächtigen Heermeister die politischen Abläufe lenken konnten, aufgrund ihrer Herkunft selbst aber nicht als *augusti* infrage kamen. Am 5./6. September 394 wurde Eugenius am Frigidus (Wippach) an der Grenze zwischen Italien und Dalmatien besiegt. Theodosios erkrankte nach diesem Sieg schwer und blieb nur für kurze Zeit alleiniger Herrscher über alle römischen Reichsteile († 17. Januar 395 in Mailand). Die Leichenrede hielt Ambrosius.

Honorius und Arkadios (395–423/408)

Die Herrschaft war vorsorglich auf seine beiden Söhne Honorius und Arkadios übertragen worden. Aufgrund ihres jungen Alters (Honorius zählte knapp 11, Arkadios etwa 17 Jahre) leiteten erfahrene Persönlichkeiten die Amtsgeschäfte. Der vandalische Heermeister Stilicho betreute Honorius (von 395–408). Arkadios wurde in Konstantinopel zunächst von dem Prätorianerpräfekten Rufinus unterstützt, dann von dem **Eunuchen** Eutropios (396–400), von seiner Frau Eudoxia (400–404) und zuletzt von dem Prätorianerpräfekten Anthemios (404–408).

E

Eunuchen
Eunuchen sind Männer, die durch einen Eingriff meist in jungen Jahren kastriert worden sind. Sie spielten in der spätantiken und byzantinischen Verwaltung als „drittes Geschlecht" eine große Rolle, da sie zwar erfolgreich Politik machen, aber nie eigene Nachkommen protegieren konnten. Oft wurden Angehörige gestürzter Kaiserfamilien entmannt, da sie aufgrund dieser Versehrtheit vom Thron ausgeschlossen waren.

Oft ist von der Reichsteilung 395 die Rede, welche nicht intendiert war, denn die zwei Söhne Theodosios' begannen gemeinsam eine Herrschaft, die sie an verschiedenen Aufenthaltsorten ausübten. Tatsache ist aber, dass sich die beiden Verwaltungseinheiten unterschiedlich entwickelten.

Alarich

Alarich stammte aus der Donauregion (* zwischen 365–370) und führte 394 ein gotisches Truppenkontingent in der Schlacht am Frigidus gegen Eugenius an. Er wurde nicht wie Gainas als *comes rei militaris* ausgezeichnet und zog aus diesem Grund verärgert durch römische Provinzen auf dem Balkan. 396–397 verwüstete er Thessalien, belagerte Theben vergeblich, nahm aber Athen und Korinth ein und stieß bis Sparta vor. 397 verließ Alarich die Peloponnes Richtung Epiros, da Stilicho mit einer Flotte in Lechaion am Golf von Korinth gelandet war, eine offene Auseinandersetzung bei Olympia aber vermieden hatte. Erst Kaiser Arkadios gebot seinen Aktionen Einhalt, indem er ihn zum *magister militum* des Illyricum ernannte. Ab November 401 unternahm er Züge gegen Italien und Stilicho musste abermals gegen ihn einschreiten. Der Kaiserhof verlegte seinen Sitz von Mailand nach Ravenna. Durch die unentschiedene Schlacht von Pollentia (Pollenzo/Piemont) an Ostern 402 (6. April) konnte er Alarich zumindest nach Illyricum abdrängen.

Ioannes Chrysostomos

Ioannes (* ca. um 350 in Antiocheia) wurde unter anderem von Libanios unterrichtet, mit 18 Jahren wurde er getauft und verbrachte dann einige Jahre bei syrischen Eremiten. Nach seiner Priesterweihe 386 wurde der rhetorisch Hochbegabte von Arkadios nach Konstantinopel geholt und als Bischof von Konstantinopel eingesetzt (Weihe am 26. Februar 398 durch Theophilos von Alexandreia). Bald kam es zu Konflikten zwischen dem neuen Ortsbischof und sowohl kirchlichen als auch kaiserlichen Kreisen. Ioannes wollte den Rang Konstantinopels gegenüber Alexandreia aufwerten. Eudoxia, die Gemahlin Arkadios', war eine erbitterte Gegnerin des Kirchenmannes, der nicht mit Kritik an den regierenden Eliten sparte.

402 wurden Anhänger der Lehre des Origenes ausgewiesen, Chrysostomos nahm sie in der Hauptstadt auf. Daraufhin wurde der Bischof abgesetzt, bald aber wieder rehabilitiert, bis er 404 abermals ins Exil nach Komana Pontika (heute Gümenek) geschickt wurde († 14. September 407), seine Gebeine wurden 438 von dort in die konstantinopolitanische Apostelkirche geholt. Teilnehmer des 4. Kreuzzuges (1204) deponierten sie in der Peterskirche in Rom. 800 Jahre später übergab sie Papst Johannes Paul II. dem orthodoxen Patriarchen Bartholomaios I. in İstanbul (aufbewahrt in der Georgskirche im Stadtteil Phanar). Chrysostomos legte Wert auf die Seelsorge und wollte seinen Anhängern den Weg zur Vollkommenheit aufzeigen. In

seinen Schriften rät er zum asketischen Leben, wichtig ist seine in Dialogform gehaltene Abhandlung „Über das Priestertum" und seine göttliche Liturgie.

Gainas

Der Westgote Gainas war von Stilicho beauftragt worden, den Prätorianerpräfekten Rufinus zu beseitigen (395). Er wirkte als *comes rei militaris* und wurde 399 zum *magister utriusque militiae* ernannt. Tribigild, ein Verwandter des Gainas, kommandierte seine Truppen in Phrygien, verbündete sich mit Gainas und zog mit ihm nach Konstantinopel, um den Kaiserpalast zu besetzen. Die antigotische Stimmung mündete am 12. Juli 400 in einem gewalttätigen Ausbruch, als Gainas seine Truppe am Hebdomon (7 Meilen, 10 km, vom Milion, dem Ausgangspunkt aller Meilenmessungen nahe der Hagia Sophia, entfernt vor den Mauern Konstantinopels liegender Platz) versammelt hatte und diese zum Großteil von kaiserlichen Abteilungen niedergemacht wurde. Gainas konnte nach Thrakien fliehen, wurde aber Ende 400 getötet.

Synesios

Eine wichtige Quelle, die die Stimmung in der Hauptstadt wiedergibt, ist der Neuplatoniker Synesios (ca. 370 bis ca. 413), der von der Mathematikerin wie Philosophin Hypatia in Alexandreia erzogen worden war. Nach einem kurzen Aufenthalt in Athen verbrachte er die Jahre von 399 bis 403 als Gesandter seiner Heimatstadt Kyrene in Konstantinopel. Dort entstanden seine Werke *Peri basileias* (*De regno*, eine Rede über die ideale Herrschaft) und „Über die Vorsehung", worin Zustände und Persönlichkeiten in Konstantinopel geschildert werden. 403 heiratete er eine Christin und wurde gegen seinen Willen zum Bischof von Ptolemais (411) bestellt.

Theodosios II. (408–450)

Arkadios starb 408 überraschend und hinterließ das Reich seinem siebenjährigen Sohn Theodosios II. Der Prätorianerpräfekt Anthemios (bis 414 oder 415 in seinem Amt) leitete die Regierung bis zur Volljährigkeit des jungen Kaisers. Er verfolgte eine perserfreundliche Politik und war darauf bedacht, den Frieden an der Ostgrenze zu sichern. Seinem Einfluss ist es auch zu verdanken, dass nicht nur die Hauptstadt eine neue, 5,7 km lange Landmauer erhielt (412 begonnen, spätestens 422 abgeschlossen; noch heute über einige Strecken intakt und İstanbul prägend), sondern auch viele Städte und Landstriche befestigt wurden (z. B. das Hexamilion, die sechs Meilen lange Mauer, die den Isthmus von Korinth sperrte). Die *Notitia urbis* (entstanden 424–430) listet kaiserliche Baumaßnahmen auf und zeigt die rasche Stadtentwicklung.

Am 4. Juli 414 bestimmte Theodosios seine um zwei Jahre ältere Schwester Pulcheria zur *augusta*.

Nach Anthemios' Tod setzte sich Pulcheria gegen ihren Bruder durch und prägte bis zu ihrem Tode im Juli 453 die Reichspolitik – auch in kirchengeschichtlicher Hinsicht – entscheidend. Sie führte ein zölibatäres Leben, und ihr schwebte vor, den Kaiserhof in ein Kloster zu verwandeln, wobei sie der Patriarch Attikos (406–425) unterstützte. Ihr Kurs war eindeutig westlich ausgerichtet, nicht von ungefähr ließ sie eine Statue des Kaisers Honorius († 423) im Senatsgebäude zu Konstantinopel aufstellen.

Athenaïs/Eudokia

Am 7. Juli 421 ehelichte Theodosios II. auf Anraten seiner Schwester Athenaïs, die hochgebildete Tochter des heidnischen Philosophen Leontios aus Athen (Taufname Eudokia). Sie wollte römische/pagane Traditionen am Leben erhalten und eine moderate Religionspolitik ausüben. Eudokia verfasste sowohl profane als auch geistliche Literatur (*Homerocentones*, ein aus homerischen Versteilen zusammengesetztes Werk über das Leben Jesu). Am 2. Januar 423 wurde sie zur *augusta* erhoben. Vor allem sie stand hinter der Neuordnung einer Hochschule in der Hauptstadt im Jahre 425 (Cod. Theod. 14,9,3), an der zehn lateinische und zehn griechischsprachige Grammatiker, drei lateinische und fünf griechische Rhetoren, ein Philosoph und zwei Juristen lehrten. Das Lehrpersonal war von „staatlicher" Seite bevollmächtigt zu unterrichten und erhielt dafür Geld des Gemeinwesens. Für den Lehrbetrieb wurde eine Bibliothek bestückt (Vernichtung durch eine Feuersbrunst 475, 120 000 Bände umfassend). Allmählich wurde Eudokia von Pulcheria zurückgedrängt. Sie reiste mehrmals in das Heilige Land (438 mit Melania der Jüngeren, 443 abermals). Aus Jerusalem brachte sie die Ketten Petri und Reliquien des heiligen Stephanos mit nach Konstantinopel. Eudokia wurde aufgrund ihres karitativen und spirituellen Engagements später als Heilige verehrt (13. August).

Der Codex Theodosianus

Theodosios schuf zusammen mit seinem westlichen Kollegen Valentinianus III. (425–455) eine Gesetzessammlung. Im Reich gab es mehrere Rechtsschulen, die sich in Rechtauslegungen gegenseitig blockierten und so bei Verfahren behinderten. Am 6. November 426 wurde das „Zitiergesetz" erlassen, das festlegte, welchen juristischen Schriften Autorität und Gültigkeit zugebilligt wurde (Cod. Theod. 1,4,3). Zu diesem Zweck wurde eine Kommission (erneuert 435) eingesetzt, die ab 429 alle Erlasse seit 311 sammelte. Die diokletianischen Vorgängerwerke sollten abgelöst und alle Kommentare eingearbeitet werden (438 veröffentlicht und am 1. Januar 439 in Kraft getreten). Die Sammlung enthält mehr als 2500 *constitutiones*, die in 16 Büchern chronologisch angeordnet sind. Latein war die Sprache der Gesetze, wenngleich das Griechische zunehmend eine Rolle spielte. Provinzialrichter durften seit Arkadios Entscheidungen auf Griechisch verfassen (397), ab 439 waren Testamente auch in griechischer Sprache zulässig. Diese Rechtssammlung lebte in den germanischen Nachfolgereichen (z. B. *lex Romana Visigothorum*, 7. Jahrhundert) weiter und wirkte bis weit ins Hochmittelalter nach.

Hunnen

Ein ernst zu nehmendes Problem für das Kaisertum wurde die Ausbreitung des Reitervolks der Hunnen, welche aus Zentralasien kommend (in chinesischen Quellen Hsiungnu genannt) sich Richtung Süden (dort 395 von den Oströmern am Euphrat geschlagen) begeben und im Westen bereits 375 den Don überschritten hatten (Befriedung der Alanen). Sie ließen sich links der Donau im Gebiet der Theiß nieder, wo sich allmählich zentralisierte Gesellschaftsstrukturen herausbildeten. 422 kamen sie unter ihrem König Ruga bis nach Thrakien, Attila (434–453) führte sie zu ihrem größten Einfluss, sodass Theodosios II. 434 gezwungen war, in Margos (Morava) einen Vertrag mit ihnen einzugehen (jährliche Zahlung von 700 Goldpfund, Gefangenenaustausch und unbehinderter Tauschhandel). Attila expandierte nach seinem Vertragsbruch 441 weiter, überquerte die Donau und eroberte wichtige militärische Vorposten und Städte (Viminacium, Margis, Singidunum, Sirmium). 443 erreichte er Philippupolis (Plovdiv) und Arkadiupolis, wo die oströmischen Truppen unter dem Alanen Aspar eine Niederlage erlitten und ein neuer Vertrag geschlossen werden musste (27. August 443). Ab 447 kam es zu einer zweiten großen Offensive seitens Attilas, die ihn in die Provinzen Macedonia und Thracia führte (Eroberung von Markianopolis). Konstantinopel war durch isaurische Verbände unter dem *magister militum per orientem* Zeno, ursprünglich Tarasis, geschützt. Die für ihre ausdauernde Kampfkraft bekannten Isaurier siedelten im Südosten von Kleinasien. Die Hunnen wandten sich trotz des Vertragsbruchs durch Kaiser Markianos Richtung Westen, wo sie 451 auf den Katalaunischen Feldern von dem Westgotenkönig Theoderich I. besiegt wurden. Zurück in Italien plünderten sie Mailand, Pavia und das von der Bevölkerung verlassene Aquileia (452). Rom entging einem abermaligen Sturm durch Schutzzahlungen. Nach Attilas Tod zerfielen die hunnisch dominierten Gebiete rasch. Die Gepiden unter Ardarich profitierten als Erste davon.

Kirchenpolitik

Das 5. Jahrhundert war weiterhin geprägt durch christologische Auseinandersetzungen. Stritt man im 4. Jahrhundert über das Verhältnis zwischen Gott und seinem Sohn, so stand nun die Beziehung von menschlicher und göttlicher Natur in Christus im Mittelpunkt des Diskurses. Es bildeten sich zwei Denkschulen heraus: In Antiocheia war man der Ansicht, dass in Christus zwei getrennte Naturen nebeneinander existierten und Maria nur das von Gott ausgesuchte Gefäß für Christus wäre. Maria sei dementsprechend nicht *theotokos* („Gottesgebärerin"), sondern bloß *christotokos* („Christusgebärerin"). In Alexandreia herrschte die Meinung vor, dass sich im Gottmenschen die göttliche und menschliche Natur vereinigt hätten. Am 10. April 428 kam Nestorios aus Antiocheia auf Geheiß Theodosios' II. auf den Bischofsstuhl in Konstantinopel (bis 431), dem rasch in Kyrillos, Patriarch von Alexandreia (412–444), ein wortgewaltiger und einflussreicher Gegner erwuchs. In der ersten Phase seines Amtes kam es zu Konflikten mit Juden und paganen Kreisen, er stand auch in Zusammenhang mit der Ermordung der Hypatia 415. Seine Schriften richteten sich gegen den Arianismus und befassten sich alsbald mit christologischen Problemen. Kyrillos dachte, dass die Erlösung der Menschheit nur durch die Einheit von Gott und Mensch in Christus möglich wäre. Nestorios formulierte im Gegensatz dazu, dass sich Göttliches und Menschliches nur berührt hätten und in Kontakt getreten seien (*synapheia*). Nach Kyrillos bildeten die beiden Naturen eine hypostatische Einheit (*henōsis kat' hypostasin*). Um die zunehmenden Spannungen zu lösen, berief Theodosios II. ein Konzil mit etwa 150 Teilnehmern ein, die in Ephesos, der Hauptstadt der Provinz Asia, vom 22. Juni bis 22. Juli 431 stattfand. Ephesos genoss durch die Affinität zum heiligen Paulos/Paulus, dem Apostel Ioannes/Johannes, der Jungfrau Maria und den Sieben Schläfern höchste spirituelle Autorität. Kyrillos und die Anhänger des Nestorios tagten in unterschiedlichen Lokalen und bannten sich gegenseitig. Der Kaiser setzte beide ab und inhaftierte sie. Kyrillos konnte sich auch mit Zustimmung des Papstes gegen Nestorios durchsetzen – der Terminus *theotokos* wurde als gültig anerkannt. Der zu spät kommende Ioannes I., Patriarch von Antiocheia, und Anhänger des Nestorios akzeptierten die (zum Teil original erhalten gebliebenen) Beschlüsse nicht, und es kam zu einem Schisma (bis 433). Eine Folge dieses Konzils war, dass Rom und Konstantinopel stärker zusammengingen. Kyrillos entfloh seiner Haft und erlangte mit Bestechung wieder sein Amt in Alexandreia. Eine Nestorianergemeinde blieb in Edessa weiterbestehen, die Perser anerkannten die Glaubensrichtung. Die Nestorianer entwickelten eine ausgedehnte Missionstätigkeit (bis Indien und China, Inschrift aus Xi'an/Sianfu in Schensi, 781). Dioskoros, der Nachfolger von Kyrillos ab 444, folgte seiner Theologie und wollte Alexandreia rangmäßig

Konzil von Ephesos 431

vor Konstantinopel sehen. Zudem unterstützte er den am Hof Theodosios' II. einflussreichen Mönch Eutyches. Seiner Meinung nach seien die zwei Naturen nach der Fleischwerdung zu einer göttlichen Natur geworden, wobei das menschliche Prinzip vernachlässigt wurde; man erkennt hier die Anfänge des Miaphysitismus (der Terminus Monophysitismus kommt erst später, im 7. Jahrhundert auf). Eutyches wurde vom konstantinopolitanischen Patriarchen Flavianus (446–449) als Häretiker verurteilt (22. November 448), Schützenhilfe bekam er von Papst Leo I., der klarstellte, dass auch nach der Fleischwerdung zwei vollkommene Naturen zu unterscheiden seien. Dioskoros betrieb die Einberufung einer Synode durch Theodosios II., neuerlich in Ephesos. Vom 8.–22. August 449 versammelten sich ca. 140 Vertreter der Kirchen, darunter auch Hilarius von Arles. Prima causa (wichtigster Verhandlungsgegenstand) war die Rehabilitation des Eutyches, dessen Ansichten Theologen und kirchliche Autoritäten noch 100 Jahre lang beschäftigen sollten. Die lautstarken Anhänger des Alexandriners schüchterten die Teilnehmer ein und zwangen sie, den Kompromiss zwischen Kyrillos und Ioannes I. zu verwerfen und das miaphysitische Bekenntnis anzunehmen. Wütender Protest des Papstes Leo I. folgte, welcher den Begriff Räubersynode verwendete (*latrocinium*). Theodosios II. anerkannte die Beschlüsse, die auch die Absetzung des von ihm unterstützten Flavianus vorsahen, die Kirche von Alexandreia hatte noch einmal den Sieg davongetragen.

Synode von Ephesos 449

Markianos (450–457)

Am 25. August 450 wurde der streng orthodoxe Markianos von Aspar zum Kaiser gemacht. Der Senat, die anwesenden Zirkusparten und der Patriarch wirkten dabei mit. Pulcheria ging mit ihm eine Josephsehe ein († 453). Der im Westen regierende Valentinianus III. wurde von diesem Wechsel lediglich informiert. Die Kirchenpolitik beschäftigte sofort den neuen Kaiser, da Alexandreia und Konstantinopel weiterhin miteinander stritten. Am 8. Oktober 451 berief er ein Konzil in Chalkedon ein und versuchte, zwischen den theologischen Richtungen zu vermitteln. Der alexandrinische Patriarch Dioskoros wurde abgesetzt und seine Ansichten als miaphysitisch verboten. Man verabschiedete eine Formel, das *symbolum Chalcedonense* oder chalkedonensische Glaubensbekenntnis. Im 28. Kanon wurde Konstantinopel mit Rom praktisch gleichgestellt und das Ostillyricum dem Patriarchat im Osten zugeschlagen. Die Spannungen innerhalb der orthodoxen Kirchen waren damit nicht beendet, es ist vielmehr ein Auseinanderdriften der östlichen Patriarchate festzustellen. In Lechaion am Golf von Korinth ließ der Kaiser die damals größte Basilika in Griechenland errichten (224 m lang) (zerstört durch ein Erdbeben 551).

Konzil von Chalkedon 451

Außenpolitisch konnte Markianos begünstigt durch mit Abwehrkämpfen beschäftigte Nachbarn erfolgreich agieren: Die Einstellung der Tributzahlungen an die Hunnen hatte keine negativen Auswirkungen, da mit dem Tod Attilas die hunnische Vormachtstellung auf dem Balkan gebrochen war. Die Grenze zu den Persern war ruhig, Markianos unterstützte den Lazenkönig und verweigerte den Armeniern Hilfe gegen Isdegeres II. Für den weströmischen Teil des Reiches hatte Markianos weniger übrig; als die **Vandalen** unter Gesnerich 455 Rom 14 Tage lang plünderten, forderte er lediglich, dass Eudoxia, die Witwe Valentinanus' III., und ihre Kinder freigelassen werden sollten.

E

Vandalen
Die Vandalen überquerten 406 den Rhein und bewegten sich Richtung Spanien (409). 429 setzten sie zusammen mit den Alanen bei der Meerenge von Gibraltar nach Africa über und errichteten dort eine Herrschaft, die Valentinianus 435 anerkannte. 439 eroberten sie Karthago, drei Jahre später wurde ein Friedensvertrag mit den Römern geschlossen. In der Historiografie erhielten sie einen schlechten Ruf, obwohl sie in ihrem Königreich (bis 533) bemerkenswerte kulturelle Spuren hinterließen.

Innenpolitisch reformierte Markianos das Finanzwesen, so beendete er die *collectio glebalis* (eine Landsteuer), reduzierte die Antrittszahlungen von hohen Würdenträgern und leitete die Wiederbevölkerung von verlassenen Gebieten ein. Nach seinem Tod (27. Januar 457) wurde er wie seine Frau Pulcheria in der Apostelkirche bestattet.

Mit Theodosios hatte sich das Christentum als einzige anerkannte Reichsreligion (381, Konzil von Konstantinopel) durchgesetzt. Das oströmische Reich war um 400 weniger stark von Einfällen betroffen, da noch immer Rom der Anziehungspunkt für anrückende Ethnien war. Konstantinopel übernahm allmählich auch die ideologische Funktion des alten Rom („Neues Rom") und entwickelte sich zu einem stabilen politischen Faktor im östlichen Mittelmeerraum. Es zeichnete sich ab, dass die weströmischen Gebiete kaum gehalten werden konnten. Zunehmend verschafften sich germanische Söldner und Heermeister in byzantinischen Diensten Gehör, was so manche Krise im oströmischen Kaisertum auslöste. Mit dem Konzil von Chalkedon (451) wurde nicht nur ein Glaubensbekenntnis formuliert, sondern auch der Anspruch Konstantinopels (hierarchische Gleichstellung mit Rom, dem der Ehrenvorrang eingeräumt wurde) auf die Leitung der östlichen Kirchen bekräftigt.

III. Von Leon I. bis Anastasios I. (457–518) – Die Verschiebung des Reichsschwerpunktes

457	Krönung Leons I. durch den Patriarchen
476	Ende des weströmischen Kaisertums
488–493	Auseinandersetzung zwischen Theoderich und Odoaker
484	Akakianisches Schisma (Henotikon bis 519 gültig)
494	Münzreform Anastasios' I.
487/498	Anerkennung der Herrschaft Theoderichs durch Anastasios
506	Friedensvertrag mit den Persern
512	Aufruhr in Konstantinopel (theopaschitische Formel)

Leon I. (457–474)
Der Alane Aspar unterstützte germanische Interessen in Konstantinopel. Zwar konnte er aufgrund seiner barbarischen Herkunft das Kaiseramt nicht anstreben, aber er griff in die Nachfolgeregelung ein. Er ließ Anthemios, den Schwiegersohn des Markianos, übergehen und den Thraker Leon als neuen Herrscher einsetzen. Nach der Schilderhebung am 7. Februar 457 wurde er durch den Patriarchen gekrönt, was auch den Machtzuwachs des kirchlichen Oberhauptes nach dem Konzil von Chalkedon zeigt.

Goten

Die Ostgoten hatten 454 Pannonien den Hunnen abgerungen und verpflichteten die Byzantiner ab 460 zu jährlichen Tributzahlungen (300 Goldpfund). 461 ging Leon mit Valamer ein Bündnis ein. Theoderich, Sohn des Thiudimir, des Bruders des Valamer, wurde als Geisel nach Konstantinopel geschickt, 471 entließ ihn Leon in seine Heimat.

Aufgrund von Versorgungsengpässen zog Thiudimir nach einem Losentscheid mit seinem Sohn nach Thrakien, Vidimer nach Italien. 473 war Pannonien ohne Goten. Nach wie vor sympathisierten die germanischen Heermeister mit den Goten, sodass die Ankunft von Tarasikodissa (oder Tarasis) mit Männern aus Isaurien (466) wie gerufen kam. Isaurier hatten sich schon 447 im Verteidigungskampf gegen Attila verdient gemacht. Tarasikodissa beschuldigte Ardabur, einen Sohn Aspars, des Verrates, Leon schenkte ihm Glauben. Er setzte Isaurier als Anführer der *excubitores*, einer 461 neu geschaffenen Wachabteilung, ein; Tarasis nahm den Namen Zenon an, bekam das Amt des *comes domesticorum* übertragen und erhielt Ariadne (ca. 450–515), die älteste Tochter Leons, zur Frau. Kurz darauf kam ihr Sohn Leon (II.) zur Welt. 467 landeten die Vandalen unter Geiserich in Südgriechenland, gegen die Basiliskos, der Schwager Leons I., einen Kriegszug organisierte (468), der in einem vertraglichen Ausgleich mündete.

Daniel Stylites

Welchen Stellenwert heilige Männer in dieser Zeit hatten, zeigt das Beispiel Daniel **Stylites** (ca. 409–493), der in Syrien sozialisiert, ab etwa 460 in Anaplus bei Konstantinopel auf einer Säule lebte und von dort aus auch den Kaiser beriet. Als strenger Miaphysit beeinflusste er Leon gegen den alanisch-ostgotischen Heermeister Aspar sowie seine Söhne Patricius und Ardabur, die 471 während eines Gastmahls niedergemacht wurden (Leon erhielt daraufhin den Beinamen *Macelles*, „Schlächter"). Zenon rückte an die Stelle des Aspar und verdrängte die Vandalen wieder aus Epiros (Westgriechenland).

E

Stylitentum
Eine Extremform der (Einzel)Askese, die besonders im syrischen Raum belegt ist. Der berühmteste Vertreter war Symeon Stylites, der angeblich 37 Jahre auf einer Säule (*stylos*) verbrachte. Nach seinem Tode wurde in Qal'at Sim'ān das Pilgerzentrum um 470 ausgebaut.

Westen

Anthemios wurde im Januar 467 zum *caesar* ernannt, nach Westen geschickt und am 11. April 467 zum Kaiser ausgerufen; er rüstete mit enormem Geldaufwand sofort gegen die Vandalen; nach anfänglichen beachtlichen Erfolgen auch zur See setzte eine Stagnation ein, man musste nach Sizilien zurückkehren; Anthemios erlebte einen Autoritätsverlust, er wurde als *Graecus imperator* bezeichnet und sah sich auch dem Widerstand der Bischöfe von Rom ausgesetzt, die nicht mehr an einen weltlichen Herrscher in Rom gewöhnt waren. Sein Heermeister Rikimer ließ Olybrius als Gegenkaiser ausrufen und marschierte 472 nach Rom. Leon I. schien ihn fallen gelassen zu haben, Rikimer eroberte die Stadt am Tiber und ließ Anthemios hinrichten (Juli 472).

Zenon (474–491)
Am 18. Januar 474 starb Leon und sein Neffe Leon, Sohn von Zenon und Ariadne, seit 472 *caesar* und seit 473 *augustus*, wurde zum Nachfolger bestimmt (bis November 474). Bereits am 29. Januar 474 wurde Zenon Mitkaiser und erhielt dann den Augustustitel.

In Konstantinopel regte sich antiisaurische Stimmung, der Miaphysit Basiliskos wurde zum Kaiser akklamiert, und Zenon flüchtete im Januar 475 nach Isaurien, wo er Truppen sammelte und mit Unterstützung des Ostgoten Theoderich Strabo und des Isaurers im August 476 wieder auf den Thron zurückkehrte. Basiliskos wurde abgesetzt und nach Phrygien verbannt.

474 gestattete er die Machtübernahme durch Julius Nepos, den letzten von Byzanz anerkannten weströmischen Kaiser (19./24. Juni 474–28. August 475). Nepos war der Neffe des Marcellinus, der in Dalmatien eine nahezu unabhängige Herrschaft errichten konnte. Er spielte bei der Absetzung des Usurpators Glycerius, Nachfolger des Anthemios, im Auftrag des Kaisers Leon I. in Ravenna die entscheidende Rolle (473/474). Der *magister militum* Orestes enthob ihn seiner Kaiserwürde und ersetzte ihn durch seinen Sohn Romulus Augustulus (31. Oktober 475), der vom oströmischen Kaiser nicht anerkannt war. Julius Nepos flüchtete nach Salona und noch 477 versuchte er, Zenon davon zu überzeugen, ihn wieder als weströmischen Kaiser einzusetzen.

Ende Westroms

Doch Zenon zauderte, da er sich mit der Herrschaft des arianischen Heermeisters Odoaker (seit 23. August 476 König) in Italien abgefunden hatte (Beseitigung des Orestes am 28. August und Einnahme Ravennas am 4. September). Odoaker schickte Vertreter des Senats nach Konstantinopel, die Zenon die Insignien des Westkaisers übergaben und darauf hinwiesen, dass man dort keines Kaisers mehr bedürfe. Zeno sollte Odoaker mit dem *patricius*-Titel auszeichnen. Odoaker verzichtete auf den Purpur und anerkannte das oströmische Kaisertum. Gut zehn Jahre später bedrohte Theoderich die Neuordnung in Italien. Dieser war Arianer und wusste sehr gut über die Verhältnisse in Byzanz Bescheid. Die Ostgoten, die in zwei Heere unter Theoderich (dem Großen) und Theoderich Strabo geteilt waren, hielten sich zu dieser Zeit in

Thrakien plündernd auf. Als Theoderich Strabo 481 starb, gebot Theoderich als *rex Gothorum* über die größte Streitmacht auf dem Balkan.

Q

Theoderich
(Prokopios, De bellis libri 1,1,26–29 ed. J. Haury-G. Wirth; Übers.: O. Veh ^{2}1978, S. 13).

Die Insignien und die Bezeichnung eines römischen Kaisers anzunehmen, lehnte er ab. Zeitlebens ließ er sich nur rex nennen – so heißen die Barbaren ihre Führer –, regierte aber über seine Untertanen mit kaiserlicher Machtfülle. ... So war Theoderich dem Namen nach ein Gewaltherrscher, in Wirklichkeit jedoch ein echter Kaiser und stand in keinem seinen berühmten Vorgängern irgendwie nach.

Zenon überzeugte ihn davon, in den Westen gegen Odoaker zu ziehen (488). Am 28. August 488 besiegte er Odoaker am Isonzo, kurz darauf bei Verona, am 11. August 490 setzte sich Theoderich gegen Odoaker an der Adda durch. Es folgte eine dreijährige Belagerung **Ravennas** (Fall am 5. März 493). Eigenhändig brachte er Odoaker bei einem Gastmahl um.

E

Ravenna
In der im Südosten der Po-Ebene liegenden Stadt Ravenna (seit Kaiser Honorius 401 Kaiserresidenz), das zu dieser Zeit noch einen ausgezeichneten Hafen aufwies, richtete sich Theoderich ein und ließ unter anderen Gebäuden einen Palast, die Kirche von San Apollinare in Classe, das arianische Baptisterium und sein Grabmal errichten. In vielen Bauten der Stadt findet man noch heute Wandmosaike, die aus dem 5. bis 7. Jahrhundert stammen.

Theoderich stellte eine wichtige Person für den Kulturtransfer zwischen römischer Antike und dem gotischen Nachfolgeimperium dar; er unterhielt gute Beziehungen zur römischen Aristokratie und intellektuellen Schicht, darunter auch Boethius und Cassiodorus.

Zenon galt als ein moderater Miaphysit und er bemühte sich zusammen mit dem Patriarchen Akakios (471–498) um den Ausgleich religiöser Gegensätze, denn in den östlichen Kirchenprovinzen erlebte die miaphysitische Strömung immer mehr Zulauf. Man sah, dass die religiösen Dissonanzen für das Reich schädlich wurden. Ein Dekret der Einheit (Henotikon) wurde erarbeitet und 482 herausgegeben; darin wurden die Beschlüsse der drei ersten ökumenischen Konzilien anerkannt, das Konzil von Chalkedon (451) aber übergangen und der Disput über die zwei Naturen und die eine Natur in Christo nicht erwähnt. Nestorios und Eutyches wurden verdammt. Nur die Anhänger des Akakios (Akakianer) tolerierten das kaiserliche Dekret. Papst Felix II. (III.) (483–492) jedoch sprach sich entschieden dagegen aus und anathematisierte das Dekret (484). Es kam zu einem formalen Bruch zwischen Ost und West („Akakianisches Schisma"). Offiziell blieb das Henotikon bis 519 gültig, und es gilt als ein seltenes Beispiel dafür, dass ein Kaiser per Dekret versuchte, eine religiöse Doktrin zu erlassen.

Henotikon

Im Osten musste Zenon gegen regionale Machthaber wie den Heermeister Flavius Marcianus (479) vorgehen und die Grenze gegen die persische Großmacht sichern. Das Sassanidenreich hatte eine Hungerperiode durchlitten (464–471) und sah sich von dem Kuschana-Reich bedroht. Mit dem Sassaniden Perozes (457–484) wurde ein bis zu seinem Tod gültiger Friedensvertrag geschlossen. 488 erlangte Kabades in Persien die Herrschaft, der in seiner Innenpolitik den Ansichten des Priesters Mazdak folgte. Dieser sprach sich für gemeinsamen Güterbesitz und Frauengemeinschaft aus. Die persische Aristokratie konnte diesem Programm wenig abgewinnen, Kabades musste ins Exil zu den sogenannten weißen Hunnen (in Samarkand) gehen, kehrte 498 aber wieder zurück.

Anastasios I. (491–518)

Der aus Dyrrhachion stammende Anastasios wurde nach dem Ableben Zenons (9. April 491) auf Betreiben der Kaiserinwitwe Ariadne zum Kaiser gewählt, die er zur Legitimierung seiner Herrschaft auch heiratete. Der 60-jährige Anastasios hatte in der Finanzverwaltung gearbeitet, zuletzt hatte er das Amt des *silentiarius* am Kaiserhof bekleidet. Die isaurischen Kontingente in Konstantinopel wurden direkter kaiserlicher Kontrolle unterstellt, da diese gerne Zenons Bruder Flavius Longinus als Nachfolger gesehen hätten. Longinus wurde nach Ägypten verbannt, und ein namensgleicher *magister officiorum* wurde nach Isaurien zurückgeschickt, der dort aber einen Aufstand organisierte. Nach einem ersten Erfolg Anastasios' bei Kotyaion (in Phrygien) folgten jahrelange Auseinandersetzungen (491–498), die mit der Befriedung und der Verpflanzung Tausender Isaurier nach Thrakien endeten. Die Wirtschaftspolitik Anastasios' förderte die Städte, das von Konstantinos I. eingeführte *chrysargyron* („Gold und Silber", d.h. eine Steuer, die in Geldform zunächst alle fünf Jahre, ab dem 5. Jahrhundert alle vier Jahre zur Bezahlung der Soldaten eingehoben wurde) wurde abgeschafft. Die Steuereinhebung wurde immer weniger von *curiales*, also den lokalen städtischen Honoratioren, durchgeführt, da sie mit ihrem eigenen Vermögen hafteten und sich dieser Verantwortung entziehen wollten. Anastasios stellte in manchen Städten *vindices* („Verwalter des Steuereinzuges") gleichsam als Kommissare ein, die die Haushalte beobachten und die Kurialen unterstützen sollten. Diese Reform kam den städtischen Strukturen zugute, während die Landbevölkerung ihre fiskalischen Verpflichtungen (*annona*) nicht mehr in Naturalien, sondern auch in Geld abzuliefern hatte. Das ökonomische System stellte sich allmählich auf ein nahezu rein monetäres um, die Zentralverwaltung kontrollierte auch die Preisgestaltung. 494 erfolgte eine Münzreform zur Stabilisierung des täglichen Geldgebrauchs. Die einfachen Kupfergeldstücke (*nummus/nummi*) wurden erneuert (40, 20, 10, 5, 1 *nummi*, die auch durch griechische Zahlzeichen M, K, I, E, A gekennzeichnet wurden). All diese Maßnahmen führten dazu, dass am Ende der Regierung des Anastasios ein Überschuss von 320 000 Goldpfund in den Staatskassen lag.

Münzreform

Theoderich

Das Verhältnis zu Theoderich hatte Anastasios auf eine rechtliche Basis gestellt: Er schickte die Insignien (*vestis regia*) zu ihm, welche er schon 490 verlangt hatte. Von nun an trug er den Purpur. Das Herrschaftsverständnis Theoderichs stand in der römischen Tradition, zu dem auch sein Zug nach Rom anlässlich seiner Tricennalien gehörte. Die Politik Anastasios' mit den westlichen Nachfolgreichen gestaltete sich friktionsfrei, da der byzantinische Kaiser den Verlust der Westprovinzen akzeptiert hatte und er dort als ranghöherer Herrscher anerkannt war. So ließ der Merowinger Chlodwig (482–511) Goldmünzen mit dem Konterfei des Anastasios prägen, die Burgunder fühlten sich als *milites imperatoris*, König Sigismund (516–523) wurde mit dem *patricius*-Titel ausgezeichnet. Theoderich griff aber zunehmend in oströmische Einflussgebiete ein. Nach dem Tod des Gepidenkönigs Thraustila besetzte er Sirmium und besiegte im folgenden Jahr die mit den Oströmern verbundenen Bulgaren. Anastasios schickte seine Flotte nach Unteritalien, Sirmium dürfte er 510 aufgegeben haben.

Die östlichen Grenzregionen rückten wieder verstärkt in das Visier der byzantinischen Außenpolitik, da der 498 von den Hunnen zurückgekehrte Kabades einen Krieg gegen den oströmischen Kaiser anzettelte. Seit beinahe 150 Jahren (Kaiser Iulianos) hatte es kaum nennenswerte Auseinandersetzungen mit den Sassaniden gegeben. Kabades unterwarf Armenien und nahm kampflos Theodosiopolis (Erzurum) 502 ein. Dann zog er weiter Richtung Süden durch die Grenzregion Chorzane und erreichte am 5. Oktober 502 Amida (Diyarbakir), welche Stadt Konstantios II. 349 befestigt hatte und stets ein Spielball zwischen Sassaniden und Oströmern gewesen war (359 ging sie an Šapur II., 363 eroberte sie Kaiser Iulianos zurück). Nach monatelanger Belagerung fiel die Stadt durch Verrat am 10. Januar 503. Anastasios ließ daraufhin Areobindos, den Urenkel Aspars, seinen Neffen Hypatios, Patrikios und den *magister officiorum* Keler ausrücken. Die Erfolge der Römer hielten sich in Grenzen, zu unkoordiniert ging man vor, der Versuch, den Krieg in persisches Gebiet zu tragen, scheiterte zunächst. Im September 503 stand Kabades vor der Stadt Edessa, es kam zu Verhandlungen mit Areobindus. Die Perser wagten nicht, durch die geöffneten Stadttore zu schreiten, da **Edessa** angeblich unter göttlichem Schutz stand.

E

Edessa und die Abgarlegende

Edessa war mit der Abgarlegende verbunden. Der schwer kranke König Abgar V. Ukama (4 v.Chr.–7 n.Chr.) hatte mit Jesus Christus korrespondiert und gebeten, zu ihm zu kommen. Jesus hätte geantwortet (entweder schriftlich oder mündlich), einen Jünger zu schicken. Hannan, ein Hofmaler Abgars, hätte Jesus porträtiert und neben dem Brief auch ein Bild Jesu mitgebracht. Andere Überlieferungstraditionen machen daraus einen Abdruck des Antlitzes Jesu in einem Tuch, was in Edessa verwahrt und verehrt wurde (Mandylion). Die Korrespondenz sah angeblich der Kirchenhistoriker Eusebios, der sie aus dem Syrischen übersetzte (Hist. Eccl. 1, 13). Abgar galt auch als erster christlicher König, da er nach syrischer Tradition durch Thaddaios von Edessa konvertiert war; tatsächlich christianisiert wurde die Stadt im 2. Jahrhundert, Abgar IX. (179–216) nahm diesen Glauben an.

Anastasios befestigte Dara/Anastasiopolis (505 begonnen – 507/08) und ging im Sommer 506 einen Friedensvertrag mit den Persern auf sieben Jahre ein, der aber 20 Jahre hielt. Wichtige Fortifikationsmaßnahmen ergriff der Kaiser auch im Westen („**Lange Mauern**").

E

Lange Mauern

Anastasios gilt als Initiator oder zumindest Erneuerer der „Langen Mauern" um 500, welche etwa 65 km westlich von Konstantinopel (zwischen Marmarameer und Schwarzem Meer) liegend einen 56 km langen Sperrriegel gegen Einfälle aus dem Donau- und Balkanraum bilden sollten. Bereits 493 war ein Nomadenvolk aus dem nordwestlichen Schwarzmeerraum aufgetreten, besser bekannt als Bulgaren, die zusammen mit den slawischen Anten die oströmischen Truppen mehrmals überwinden konnten (493, 499 und 502). Auch für die Gegend um Nikomedeia (İzmit) sind Verteidigungsbauten am Baane-See (Sapanca Gölü) bekannt.

Religionspolitik

In seinem Glauben scheint Anastasios zunehmend ein Anhänger des Miaphysitismus – bestärkt auch durch die Erfolge in Syrien – geworden zu sein, wenngleich er vor seinem Amtsantritt seine Rechtgläubigkeit schriftlich bekräftigt hatte. Der Patriarch Euphemios (489–496) hielt das Dokument hartnäckig unter Verschluss, Anastasios ließ ihn durch eine Synode unter dem Vorwurf, er sei Nestorianer und kollaboriere mit isaurischen Usurpatoren, absetzen und nach Euchaita (Avkat) verbannen. Nachfolger wurde Makedonios II. (495–511), der die Beschlüsse von Chalkedon für gültig hielt und gegen das Henotikon war, welches Dokument in den östlichen Provinzen (Antiocheia, Alexandreia) anerkannt wurde. Auch Makedonios stellte die Orthodoxie von Anastasios infrage, dieser setzte nur mit großer Anstrengung den Patriarchen ab und den pro-miaphysitischen Timotheos I. (511–518) ein.

Konstantinopel wurde zum Zentrum ständiger Auseinandersetzungen, da dort wie in allen spätantiken Großstädten die Zirkusparteien (*dēmoi*/**Demen**) ihre uneingeschränkte Wirkung entfalteten (besonders ab der Mitte des 5. Jahrhunderts), polarisierten und auch manipuliert wurden.

E

Demen
Die vier Demen (Zirkusparteien; weiß, rot, blau, grün) unterstützten Wagenrennen im Hippodrom, wobei sich die Blauen und Grünen als die wichtigsten herauskristallisierten. Die Annahme, dass die Gruppierungen auch divergierenden religiösen Strömungen folgten, kann nicht bewiesen werden. Später übernahmen die Demen eine wichtige Funktion bei der Akklamation des Kaisers (meist in Versform gehaltene Parolen).

Aufstand 512

Im November 512 kam es in Konstantinopel zu einem Aufruhr. Auslöser war abermals die Erweiterung des Trishagion. Dieses war ein Hymnos zum Lobpreis Gottes, charakterisiert durch einen dreifachen Ausruf („Heiliger Geist, heiliger Starker [= Gott], heiliger Unsterblicher [= Gott], erbarme dich unser!"), entstanden angeblich in der Zeit des Patriarchen Proklos (434–446). Die orthodoxe Auslegung bezog sich auf die Trinität insgesamt, während die Miaphysiten dieses nur auf Christus bezogen, also rein christologisch betrachteten. 471 hatte Petros Knapheus, Patriarch von Antiocheia, diese Formel mit „der für uns gekreuzigt wurde" erweitert, was die Anhänger des Chalkedonense als Leidensfähigkeit der göttlichen Natur interpretierten (Theopaschismus). Diese Kombination sei nicht möglich, da sie im Gegensatz zur Formel von Chalkedon (siehe oben S. 21) göttliche und menschliche Natur vermische. Trotz aller Gegenstimmen wurde die theopaschitische Formel am 4. November in der Hagia Sophia verkündet. Am 5. November wurden Anhänger des Chalkedonense attackiert und getötet. Die Situation eskalierte, als der Patriarch Timotheos den Klerus anwies, in allen Gotteshäusern der Hauptstadt das Trishagion mit dem Zusatz vorzutragen. Am 7. November

Aerobindos

wurde Anastasios aufgefordert zugunsten des Areobindos, des Mannes der Patrikierin Iuliana Anikia, zurückzutreten; dieser schreckte aber vor einer Usurpation zurück. Geschickt beruhigte Anastasios die Lage am 8. November im Hippodrom, indem er dort ohne Diadem erschien, aber gedrängt wurde, es wieder aufzusetzen.

Vitalianus, der für die Anhänger des Konzils von Chalkedon eintrat, dürfte während der geschilderten Unruhen hingegen tatsächlich zum Kaiser ausgerufen worden sein.

Der in Thrakien einflussreiche Befehlshaber hatte dem *magister militum per Thracias* Hypatios viele Soldaten abgeworben. Hypatios hatte vom Kaiser den Auftrag bekommen, die Verfügungen bezüglich der *annona* durchzuführen. Anastasios versuchte, die Auseinandersetzung als Glaubenskrieg zu definieren, und ließ oberhalb der Stadttore Konstantinopels Bronzekreuze anbringen, um den Kampf zwischen den christlichen Parteien zu erschweren. Den Ernst der Lage unterstrich auch der Erlass Steuerverminderung für Bithynien und Kleinasien betreffend. Falsche Versprechungen ließen Vitalianus abziehen, doch bereits 514 stand er ein zweites Mal vor den Landmauern. Anastasios machte scheinbare Zugeständnisse, zahlte 5000 Goldpfund, dekorierte Vitalianus zum *magister militum per Thracias*. Für den Kaiser unangenehm und das Patriarchat von Konstantinopel brüskierend war der Wunsch, in Herakleia eine Synode abzuhalten. Vitalianus lagerte zum dritten Mal vor Konstantinopel bei Sykai am Goldenen Horn, doch wurde er nun besiegt und musste als Verlierer nach Thrakien fliehen.

Am 9./10. Juni 518 starb Anastasios, der auch den Beinamen Dikoros (doppelpupillig) trug, da seine Augen unterschiedliche Farben hatten. Dieses außergewöhnliche Kennzeichen zog Spekulationen der Zeitgenossen vom nahen Weltende bis zum Kaiser als Antichristen nach sich (491/500 endete nach byzantinischer Zeitrechnung [Beginn 1. September 5508 v. Chr.] das 6. Jahrtausend seit Erschaffung der Welt).

Anastasios konsolidierte durch seine geschickte Politik das Reich und festigte die Anerkennung als einzig verbliebenes Kaisertum im mediterranen Raum. Die Aufgabe Italiens und der Abzug der Goten aus dem südlichen Balkan ermöglichte Ostrom das Überleben. Problematisch stellte sich allerdings die Verwicklung weltlicher Macht in kirchliche Angelegenheiten dar, alle Versuche, einen Ausgleich zwischen den Glaubensrichtungen zu schaffen, scheiterten zunächst. Störungspotenzial hatten nach wie vor die starken gotischen und zunächst auch isaurischen Verbände im Reich.

Mit der Absetzung des Romulus Augustulus (476) blieb nur mehr der oströmische Kaiser als legitimer Nachfolger des Imperium Romanum im Amt. Das oströmische Gemeinwesen fußte auf einer effizienten Verwaltung und einer funktionierenden Wirtschaft. Mit den germanischen Nachfolgestaaten versuchte Ostrom, eine Politik des Ausgleichs zu führen. Innenpolitisch schuf man durch die Anwerbung isaurischer Söldner ein Gegengewicht zu den germanischen Heermeistern. Anders als ihre germanischen Kollegen konnten Isaurer Kaiser werden (Zenon). Nach wie vor stark wirkten sich die kirchlichen Streitfragen auf kaiserliches Handeln aus, öfter wurden Vermittlungsversuche unternommen, um die Patriarchate des Ostens zusammenzuhalten. Kaiser Anastasios reformierte das Münzwesen, stellte das Steuerwesen von Natural- auf Geldabgaben um und investierte in großräumige Verteidigungsanlagen, um die Ausläufer der sogenannten Völkerwanderung abfangen zu können.

IV. Die Dynastie Iustinos' I. (518–602/610) – Der Übergang von der Spätantike zum Mittelalter

519	Beendigung des Akakianischen Schismas
522	Lazenkönig Tzath in Konstantinopel
524–527	Erbauung der Polyeuktos-Kirche durch Iuliana Anikia
525	Papst Johannes I. in Konstantinopel; Iustinianos *consul*
529	angebliche Schließung der Akademie von Athen
532	Nika-Aufstand, Hagia Sophia neu errichtet (bis 537)
534	Triumph Belisars mit dem gefangenen Vandalen Gelimer
535–540	Belisar erobert Italien und besiegt Ostgoten
540	Perser nehmen Antiocheia ein
541/542	Pest im Reich
548	Tod der Kaiserin Theodora
552–553	Narses siegt gegen den Ostgotenkönig Teja
553	5. Ökumenisches Konzil (Konstantinopel)
568	Langobarden in Italien
582	Eroberung Sirmiums durch Awaren
583/584	Slaveneinfall im südlichen Balkan
591	Friedensvertrag mit Chosroes II.
602	Sturz Phokas' gegen Maurikios
603	persische Offensive gegen Ostrom

Iustinos I. (518–527)

Als Nachfolger Anastasios' schied sein Neffe Flavius Hypatius aus, der aufgrund seiner Auseinandersetzungen mit Vitalianus einen schweren Stand hatte. Der *comes excubitorum* Iustinos entschied die Machtprobe gegen Keler, *magister officiorum*, für sich; er wurde am 9. Juli 518 vom Senat zum Kaiser ausgerufen. Ein Gote krönte ihn mit dem Torques (Wendelring) und der Patriarch Ioannes II. (518–520) setzte ihm das Diadem auf. Iustinos stammte aus einfachen Verhältnissen in Bederiana bei Naissus (Niš) (* um 450). Griechisch lernte er nie wirklich, für seine Unterschrift in Purpurtinte benutzte er später angeblich eine Holzschablone mit vier lateinischen Buchstaben. Um 470 flüchtete er nach Konstantinopel, wo er sich bei den Kriegszügen Anastasios' gegen die Isaurier und Perser verdient machte und die Position eines *comes excubitorum* erlangte.

Verheiratet war Iustinos mit der Lupicina/Euphemia, die das Euphemiakloster gründete, wo sie (vor November 524) und dann ihr Gemahl bestattet wurden.

Iustinos stützte sich auf Ratgeber und adoptierte (möglicherweise) seinen Neffen Flavius Petrus Sabbatius, dem er später den Namen Iustinianos gab. Mit Vitalianus verständigte er sich, der nach wie vor mit 60 000 *foederati* in Thrakien stand. Vitalianus erhielt den Rang eines *magister militum praesentalis*, wurde *patricius* und zum 1. Januar 520 *consul ordinarius*, kurz darauf aber ermordet.

Religionspolitik

Der streng orthodoxe (chalkedonensische) Iustinos wich von dem auf Ausgleich bedachten Kurs seiner Vorgänger Zenon und Anastasios ab und ließ ihre Namen aus den Diptycha (Liste von Namen lebender und toter Personen, die während der Eucharistie vom Diakon verlesen wird) entfernen. Der Patriarch Ioannes II. wurde dazu gedrängt, Severos, seinen Kollegen in Alexandreia, zu bannen. Ab Sommer 518 kam es zu intensiven Verhandlungen mit dem Papst Hormisdas (514–523), die zur Kirchenunion führten (25. März 519) und das akakianische Schisma beendeten. Der oströmische Kaiser anerkannte die Suprematie Roms und ließ das Papsttum frei agieren, welches zunehmend eine Vermittlerrolle zwischen dem gotischen Herrscherhof und Konstantinopel einnahm. Gegen Miaphysiten kam es bis etwa 522 zu starken Repressalien. Mit Kaiserin Theodora entspannte sich die Lage ein wenig, als sie bei der Sergios und Bakchos-Kirche (Küçük Aya Sofya Camii) ein Kloster als Exilort einrichten ließ.

Mit dem Gotenkönig Theoderich (511–526) versuchte Iustinos, eine Politik des Ausgleichs zu betreiben, er hatte nichts dagegen, dass Eutharich, der Gemahl der Ostgotenkönigin Amalasuntha und der Schwiegersohn von Theoderich 519 mit ihm zum *consul* bestimmt wurden. Der arianischgläubige Eutharich wirkte bis zu seinem Tod 522 oder 523 im römischen Senat.

Boethius

Eines der prominentesten Opfer innenpolitischer Spannungen wurde der Philosoph Boethius (ca. 480–ca. 524). Im Jahre 507 zum *patricius* ernannt, wurde er unter Theoderich 510 *consul* und entwickelte großen Einfluss am gotischen Königshof (*magister officiorum,* 522–523). Er ergriff für den ostromfreundlichen Senator Albinus Partei. Boethius wurde der Verschwörung bezichtigt, für schuldig befunden und 525 oder 526 mit dem Schwert in Pavia oder in Calvenzano (östlich von Mailand) enthauptet. Während seiner Inhaftierung schrieb er *De consolatione philosophiae,* ein Dialog zwischen ihm und der Philosophie in fünf Büchern. Man bestattete ihn in San Pietro in Ciel d'Oro (Pavia). Einige seiner Werke wurden erst in der spätbyzantinischen Zeit ins Griechische übersetzt (durch Maximos Planudes, Manuel Kalekas und Prochoros Kydones).

Papst in Konstantinopel

Iustinos antwortete mit Verfolgungen gegen gotischstämmige Arianer auf oströmischem Reichsgebiet. Um die Situation zu kalmieren und das Dekret Iustinos' gegen die Arianer zu entschärfen, schickte Theoderich Papst Johannes I. (523–526) gegen seinen Willen nach Konstantinopel (525), wo er beinahe kaisergleich empfangen wurde. Er krönte Iustinos zum zweiten Mal mit dem Diadem. Nach seiner Rückkehr wurde er wegen seiner angeblich antigotischen Haltung verhaftet und starb kurz darauf. Felix III. (IV.) (526–530) agierte als sein Nachfolger im Sinne der Goten. Theoderich starb am 30. August 526.

Hilderich

In Africa folgte Hilderich dem Vandalenkönig Thrasamund (496–523); dieser unterstützte die orthodoxe Strömung, ein katholischer Bischof wurde in Karthago eingesetzt, was die arianische Oberschicht alarmierte. Mit dem Kaiserneffen Iustinianos tauschte er Freundschaftsbezeugungen (hohe Geldsummen) aus und ließ sogar Münzen mit der Nennung Iustinos' schlagen.

Lazika

Nach wie vor blieb der armenisch-georgische Raum ein Zankapfel zwischen Ostrom und Persien. Die Region Lazika, an der südöstlichen Schwarzmeerküste gelegen, entwickelte sich zu einem wichtigen Handelspartner der Oströmer (Ende eines Teils der Seidenstraße, wertvolle Bodenschätze). Der lazische König Tzath erschien 522 in Konstantinopel und wurde dort vom Kaiser selbst getauft; er nahm die Aristokratin Valeriana zur Frau und kehrte mit Herrschaftsinsignien und Geschenken nach Hause. Der persische Großkönig Kavadh I. (Kabades, 488–496/499–531) protestierte dagegen auf diplomatischem Wege und bemühte sich bei Iustinos um die Adoption seines Sohnes Chosrau (Chosroes, pers. Ḫosrau). Der Kaiser lehnte dies aus Furcht vor persischen Ansprüchen auf den byzantinischen Thron ab. Kavadh versuchte, die neue Allianz zwischen Byzantinern und Lazen zu stören, indem er die Iberer (Georgier) und die persischen Armenier (Persarmenier) gegen sie zu instrumentalisieren versuchte. Kavadh trachtete danach, sie zum Zoroastrismus (= monotheistische Religion, bei der das heilige Feuer verehrt wird) zu bekehren. Die Byzantiner errichteten an der Küste von Lazika die Festung Petra, die die Perser 542 einnahmen.

In Konstantinopel festigte Iustinos seine Herrschaft durch die (Be)Förderung seines Neffen Iustinianos (519 zum *comes*, 521 *magister equitum et peditum praesentalis* und *consul*). 521 wurde das Gesetz aufgehoben, das die Verheiratung eines Angehörigen der senatorischen Klasse mit einer Frau aus niedrigerem Stande (z.B. im Theatergewerbe) unter Strafe stellte. Dieser Erlass ermöglichte es Iustinianos, nach dem Tod der Kaiserin Euphemia (vor November 524) die Schauspielerin Theodora († 548) zur Frau zu nehmen.

Iuliana Anikia

Noch in die Regierungszeit von Iustinos fiel die Errichtung der Polyeuktoskirche durch die Patrizierin Iuliana Anikia (524–527). Während der Ausgrabungen in den 1960er-Jahren wurde das Stiftungsepigramm entdeckt, das die Identifizierung ermöglichte (Anthologia Palatina I 10). Die aus altem senatorischem Geschlecht stammende Anikia hatte versucht, ihren Mann Areobindus (512) und ihren Sohn Olybrius (518) auf den Kaiserthron zu bringen. Mit ihren Stiftungstätigkeiten (Wiener Dioskurides) wollte sie möglicherweise auch ihre Opposition zu den neuen Machthabern ausdrücken. Iuliana war pro-chalkedonensisch eingestellt, pflegte enge Kontakte zum heiligen Sabas (Gründer des ältesten Klosters Palästinas 483, Mar Saba, ab 511/12 in Konstantinopel) und wirkte auch bei der Beendigung des akakianischen Schismas mit.

526 begann sich der Gesundheitszustand Iustinos' zu verschlechtern und die Ablöse an der Macht schien nur mehr eine Frage der Zeit zu sein.

Iustinianos I. (527–565)

Als Kaiser Iustinos am 1. August 527 starb, rückte Iustinianos (seit April 527 auch Mitkaiser) nach. Gekrönt wurde er im Kaiserpalast und nicht, wie sein Vorgänger, öffentlich im Hippodrom.

Iustinianos stammte, wie sein Onkel, aus einfachen Verhältnissen und war in dem illyrischen Dorf Tauresion (Taurisium) aufgewachsen, welches sich in der Nähe der von ihm ca. 530 gegründeten Stadt Iustiniana Prima (Caričin Grad) befunden hatte.

Schon während seiner Mitherrschaft wurden einige mögliche Gegner im Streben nach dem Kaiserthron ausgeschaltet (z.B. Vitalianus 520), was sich auch nun fortsetzte.

Neuordnung des Rechts

Eine Überarbeitung der Rechtssammlung des Theodosios schien dringlich zu sein. Am 13. Februar 528 wurde ein Team von zehn Juristen für dieses Projekt eingesetzt. Am 7. April 529 wurde das für das gesamte Reich geltende Werk unter dem späteren Titel *Codex Iustinianus*, welcher die Konstitutionen enthielt, veröffentlicht, doch mussten weitere römische Rechtsschriften gesichtet und geordnet werden (begonnen wurde mit den Erlassen des Kaisers Hadrianus). Erneut wurde eine Gruppe von Juristen unter der Leitung des **Tribonianos** damit beauftragt, das alte Recht zu reinigen.

E

Tribonianos
Tribonianos galt als einer der fähigsten Mitarbeiter des Kaisers, der Recht in Berytos (Beirut) oder Konstantinopel studiert hatte und 529 zum *quaestor sacri palatii* (zweithöchstes Amt nach dem *magister officiorum*) ernannt wurde.

Am 16. Dezember 533 wurden die 50 Bücher umfassenden *Digestae* (oder Pandekten) publiziert und am selben Tag auch eine Regelung des Rechtsstudiums erlassen (*Institutiones*). Der ursprüngliche *Codex Iustinianus* wurde 534 durch eine neue Version ersetzt. Erst im 16. Jahrhundert fasste man all diese Werke und die dazukommenden *novellae* unter dem Titel *corpus iuris* zusammen. Die Werke waren grundsätzlich in Lateinisch verfasst, in den östlichen Provinzen wurden sie allmählich ins Griechische überragen. Die *novellae* wurden bereits auf Griechisch ausgegeben. Griechisch prägte mehr und mehr den Alltag, allerdings wird das Bild möglicherweise durch die Überlieferung verzerrt, da die lateinischen Versionen nach dem 7. Jahrhundert kaum mehr konsultiert wurden.

Athener Akademie

529 wurde angeblich die platonische Akademie in Athen durch Iustinianos geschlossen. Der letzte Leiter war der Neuplatoniker Damaskios (um 462 bis nach 538). Ein kaiserlicher Erlass verbot die Ausübung heidnischer und häretischer Lehren sowie Glücksspiele (also nicht explizit auf Athener Verhältnisse bezogen). Wenn diese Vorschrift mit einem Erlass von 531 (CI I 1.9 und 10) zusammen gesehen wird, durch den Häuser und Eigentum von Philosophen beschlagnahmt werden konnten, dann wird die Situation in Athen erklärbar: Christliche Kreise fühlten sich durch die Gesetze von 529 und 531 ermächtigt, beim Statthalter von Achaia gegen die heidnische Schule zu intrigieren. Sie hatten nun auch keine Infrastruktur mehr für ihren Unterricht. Ihre Auswanderung zu dem Perserkönig Chosrau I. im Frühjahr 532 stellte sich als logische Konsequenz dar. Archäologische Ausgrabungen im Bereich der Akademie (am Areopag) bezeugen diese Vorgänge (Entfernung der Statuen, Kreuze in paganen Mosaikböden).

Perser

Außenpolitisch musste sich Iustinianos mit Persien zunächst defensiv auseinandersetzen. Die Perser besetzten Georgien und die Oströmer blieben in Lazika. Nachteilig für die Byzantiner wirkten sich schwere Naturkatastrophen in Antiocheia und Edessa zwischen 525 und 528 aus. Die Hauptquelle für diese Vorgänge ist **Prokopios**.

E

Prokopios von Kaisareia
Bereits 527 wurde der aus Palästina stammende Prokopios aus Kaisareia Sekretär des kaiserlichen Feldherren Belisarios; er sollte ihn über die folgenden Jahre begleiten (bis 540) und später seine Eindrücke im Osten (Perser), in Nordafrika (Vandalen) und in Italien (Goten) in mehreren Schriften (8 Bücher *Bella*) darlegen. Dazu kamen seine Arbeiten über die Bauten Iustinianos' und die Geheimgeschichte (Anekdota), eine Invektive gegen das regierende Kaiserpaar.

„Nika"-Aufstand

Der „Nika"-Aufstand brach im Januar 532 im Hippodrom Konstantinopels aus. Unruhen und Gewaltausbrüche gab es oft in den spätantiken Großstädten, kaiserliche Erlasse behandeln des Öfteren das Verbot von Protesten. Auslöser dieser Unruhen waren Verurteilungen von Angehörigen der blauen und grünen Partei. Als der Bitte um Straferlass nicht nachgegeben wurde, vereinigten sich die Grünen und Blauen und stürmten unter dem Ruf „Nika" (Siege!) zum Haus des Präfekten und obersten Richters der Stadt. In der Folge weitete sich der Aufruhr aus und auf die Forderungen, den „Justizminister"

Tribonianos und den „Finanzminister" Ioannes den Kappadokier abzusetzen, ging Kaiser Iustinianos ein. Mittlerweile standen viele Gebäude in Flammen (die alte **Hagia Sophia**, Zeuxippos-Thermen). Iustinianos zeigte sich im Hippodrom mit einem Evangeliar, bemühte aber ohne Erfolg die himmlische Autorität. Als letzten Ausweg schickte er seine Feldherren Mundo und Belisarios von zwei Seiten ins Hippodrom, wo sie ein Blutbad anrichteten (30000–35000 Tote). Auch viele angesehene Vertreter des Senats kamen um bzw. wurden daraufhin verbannt. Spekuliert wird, ob Iustinianos die Ausschreitungen geschickt inszeniert hatte, um eventuelle Gegner seiner Herrschaft aufzuspüren. Jedenfalls wurde 45 Tage danach mit dem Neubau der Hagia Sophia begonnen, Mundo als *magister militum* zurück nach Illyrien und Belisarios gegen Vandalen in Africa geschickt.

Vandalen

In Nordafrika war die Herrschaft der Vandalen zunehmend durch Berberstämme gestört. Hilderich vermochte ihrer nicht Herr zu werden und sein designierter Nachfolger Gelimer ließ ihn – auch aufgrund seines katholischen Bekenntnisses – inhaftieren. Iustinianos verstand sich nun als Rächer des Abgesetzten, mit dem er freundschaftliche Beziehungen gepflegt hatte. Trotz Widerstandes ließ der Kaiser eine kleine Streitkraft aufstellen (knapp 20 000 Soldaten sowie 92 Kriegsschiffe). Belisarios kommandierte die Überfahrt. Gelimer wurde durch den byzantinischen Vorstoß überrascht, da er gegen die Berber, mit der Niederwerfung eines Aufstandes in der Tripolitana und auf Sardinien beschäftigt war. Die Byzantiner landeten an der Küste Afrikas und Belisarios verfolgte das Ziel, Hilderich wieder an die Herrschaft zu bringen. Gelimer ließ Hilderich 533 exekutieren und begann einen Angriff gegen die Byzantiner in dem Ort Ad Decimum (südlich von Karthago). Der Bruder Gelimers, Ammatas, fiel und am 15. September 533 wurde Karthago eingenommen. Gelimer sammelte die Reste seiner Truppen (auch die aus Sardinien zurückgekehrten) und unterlag am 15. Dezember 533 bei Tricamarum ein zweites Mal. Gelimer verschanzte sich im Atlasgebirge, wurde von den Römern im März 534 gefangen genommen. Belisarios führte ihn im Triumph nach Konstantinopel samt der Beute (inklusive der Tempelschätze aus Jerusalem, die Titus 70 n.Chr. nach Rom brachte und 455 Geiserich aus Rom raubte). Gelimer erhielt zwar ein Landgut in Kleinasien, aber nicht den *patricius*-Titel, da er weiterhin dem arianischen Glauben anhing. Nordafrika wurde von einer *praefectura praetorio Africae* verwaltet und gehörte etwa 140 Jahre lang zum oströmischen Reich (mit eigener Münzstätte).

Hagia Sophia

Nach der Niederschlagung der Unruhen von 532 widmete sich Iustinianos einem umfassenden Bauprogramm.

E

Hagia Sophia

Für die Wiederherstellung der Hagia Sophia heuerte er zwei namentlich bekannte Architekten, Anthemios von Tralleis und Isidoros von Miletos, an. Diese errichteten unter Verwendung sorgfältig ausgewählter Materialien und beeindruckender logistischer Planung ein Bauwerk, das lange Zeit nicht übertroffen wurde. Iustinianos wetteiferte mit Iuliana Anikia. Die Kuppel (Durchmesser 31m) erhebt sich auf einem fast quadratischen Geviert von 78 mal 72 Metern bis zu 56 m. Die erste Kuppel stürzte 558 ein und wurde durch eine höhere ersetzt (dadurch Verminderung des Druckes nach außen). Am 27. Dezember 537 wurde die Kirche eingeweiht, der Hymnograf Romanos Melodos trug sein Kontakion (= vielstrophige Hymne) vor. Um die Hagia Sophia entstanden Anbauten, wie das *skeuophylakeion* (Sakristei) und der Patriarchenpalast im Süden. Im Südosten gab es eine direkte Verbindung zum Kaiserpalast. Die Hagia Sophia war das liturgische und religiöse Zentrum des byzantinischen Reiches, dort wurden ab 641 (Konstans II.) die Kaiser gekrönt, dort stießen kirchliche und weltliche Macht zusammen. 1453 wurde das Gotteshaus in eine Moschee umgewandelt, ab 1847 schritt man teilweise zur Renovierung der Kirche (Gaspare Fossati) und seit 1935 betritt man den Bau als Museum.

541 brach in der ägyptischen Hafenstadt Pelusion die wahrscheinlich durch Ratten übertragene Pest aus, die sich von dort schnell über die Handelsrouten von Alexandreia aus verbreitete. Man geht allgemein von einer Bevölkerungsreduktion von 25% aus, was eine enorme Auswirkung auf die Gesellschaft hatte (Rückgang der Steuereinnahmen, Hungersnöte). Iustinianos erkrankte selbst vorübergehend an der Pest. Spekulationen über seine Nachfolge kosteten Belisarios seinen Einsatz gegen die Perser und Buzes die Freiheit für kurze Zeit. Des Kaisers Image wurde beschädigt, da man das Auftreten der Seuche auch als Strafe Gottes interpretierte. Nach dem Abebben der Pest widmete er sich verstärkt theologischen Themen und griff aktiv in den Origenistenstreit (bei Origenes sind nur Ideen, nicht aber Materielles und Zeitliches wichtig; Verbot 543) und den sogenannten Drei-Kapitel-Streit (gegen die „nestorianischen" Ansichten von drei Kirchenmännern des 5. Jahrhunderts, Ibas von Edessa, Theodoretos von Kyrrhos und Theodoros von Mopsuestia) ein. Dieser Streit wurde auf dem 5. Ökumenischen Konzil (2. von Konstantinopel) 553–554 beigelegt. Pest 541/542

Seit Iustinianos spricht man von der Pentarchie, das heißt die Einteilung der ökumenischen Welt in fünf Patriarchate, die ihre Gründung auf die Jünger Christi bzw. Evangelisten zurückführten. Rom hatte dabei immer den ersten Ehrenrang (Gründer Peter und Paul), gefolgt von Konstantinopel (Apostel Andreas), Alexandreia (Evangelist Markus), Antiocheia (auch Peter und Paul) und Jerusalem (alle Apostel). Pentarchie

Iustinianos gilt als der oströmische Kaiser, der zum letzten Mal den gesamten Mittelmeerraum beherrschte und den universalen Machtanspruch des (östlichen) Kaisertums festigte. Das Reich hielt er autokratisch zusammen, doch handelte es sich nicht um eine Form des **Cäsaropapismus**.

E

Cäsaropapismus
Cäsaropapismus meint die Dominanz der weltlichen Macht auch in geistlichen Dingen, doch trifft diese Bezeichnung nicht zu, da der byzantinische Kaiser zwar die kirchliche Hierarchie und die Glaubenslehre beschützen sollte, aber nie das Oberhaupt (= Patriarch) derselben war. Wichtig war seit Iustinianos, dass die beiden Mächte in *symphōnia* („Eintracht") miteinander für das Wohl des Reiches sorgen sollten. Der Kaiser besaß allerdings die Möglichkeit, einen Patriarchen durch Synodalbeschluss absetzen zu lassen.

Iustinos II. (565–578)

Am Tag nach dem Tod Iustinianos' (14./15. November 565) wurde Iustinos, Sohn des Dilcidius und der Vigilantia, der Schwester des Verstorbenen, zum Kaiser bestimmt. Seine Gemahlin Sophia, eine Nichte der Kaiserin Theodora, und er hatten auf die Machtübernahme hingearbeitet. Tiberios, der Anführer der *excubitores*, war auf ihrer Seite und ein möglicher Konkurrent Iustinos', sein gleichnamiger Cousin, wurde beseitigt. Nach drei Tagen proklamierten Senat und Militär Iustinos zum Kaiser. Iustinos war nicht offiziell zum Nachfolger bestimmt worden, was in der Regierungspropaganda, etwa Sophia in den Dichtungen des **Corippus**, verschleiert wurde. Der Grund dafür mochte darin liegen, dass Sophia bis etwa 560 relativ offen miaphysitische Ansicht vertrat, diese aber – allerdings zu spät – ablegte und zur Orthodoxie konvertierte.

E

Corippus
Der Hofpoet Corippus (ca. 500 ca. 570) versuchte, den Makel der nicht ausdrücklichen Hofübergabe an Iustinos in seiner Lobrede *In laudem Iustini Augusti Minoris* (vier Bücher) (auf Lateinisch) zu verschleiern; Corippus hatte um 550 ein Epos in vergilischer Manier auf den Feldherren Ioannes und seinen Krieg gegen die Berber verfasst (Iohannidos seu de Bellis Libycis libri VIII).

Mit dem neuen Herrscherpaar betrat ein effektives Gespann die politische Bühne. Sophia schien tonangebend zu sein: Nicht nur, dass sie Dokumenten mit ihrer Unterschrift Gültigkeit verlieh, sie erschien auch auf den Prägungen der Kupfermünzen zusammen mit ihrem Gemahl. Auf den kleinen 5-*nummi*-Stücken verschmelzen ihre Namen zu einem Monogramm.

Iustinos ließ die Hagia Sophia fertig ausgestalten und entfaltete reiche Stiftertätigkeit. So wurde an Radegund, die Witwe des fränkischen Königs Lothar I., 569/570 ein Teilchen des „Wahren Kreuzes" (Partikel des Kreuzes Christi) geschickt. Venantius Fortunatus bedichtete die kostbare Fassung der nach Poitiers gebrachten Reliquie, wobei Sophia mit Helena verglichen wird (Teil des Reliquiars heute in Sainte Croix bei Poitiers).

Die Steuerpolitik der neuen Regierung war von Anfang an auf Sparen aus. Zwar verschlechterte sich die wirtschaftliche Situation (nachteilig für Verteidigungsausgaben), die Reserven des Staates dürften aber trotzdem gewachsen sein.

Awaren

Im Dezember 558/Januar 559 kam eine awarische Gesandtschaft unter Kandich in Konstantinopel an, und die Byzantiner wollten die Neuankömmlinge, die zu diesem Zeitpunkt noch nördlich des Kaukasus standen, beeindrucken (vielleicht war das auch ein Auslöser für die folgende Offensive gegen Byzanz). Die Awaren, die nie eine arbeitsteilige, differenzierte Wirtschaft entwickelten, sondern Arbeitskräfte entführten und von Kriegsgefangenen technisches Know-how bezogen, stellten gerne ihren Reichtum zur Schau. In den folgenden zwei Jahren zogen sie Richtung Westen unter dem Khagan Baian (ca. 560–583). 563 erreichten sie die Donau, es wurden erfolglose Verhandlungen über eine Ansiedlung auf oströmischem Reichsboden geführt. Den Unmut der Awaren zog sich Iustinos zu, als er die mit ihnen von Iustinianos vereinbarten Zahlungen einstellte. Offene Feindseligkeiten brachen nicht sofort aus, da die Awaren zunächst von den Langobarden um Hilfe gerufen wurden und das südlich der Donau gelegene Gepidenreich zerschlugen (567). Die Stadt Sirmium (heute: Sremska Mitrovica) am linken Sava-Ufer wurde byzantinisch und konnte sich bis 582 halten, als sich die Awaren ihrer nach dreijähriger Belagerung bemächtigten. Angesichts der beeindruckenden Schlagkraft der neuen Verbündeten entschlossen sich die Langobarden 568 unter König Alboin Richtung Westen abzuziehen, bis 572 ließen sie sich dort ohne nennenswerten Widerstand von Venetien bis nach Ligurien nieder. Awaren und Byzantiner bemühten sich 567–574 um einen Föderatenvertrag, der oströmische General Tiberios besiegte sie ca. 570; 574 hatten wieder die Awaren die Oberhand. In dieser Zeit betrieb Sophia die Ernennung Tiberios' zum *caesar* (7. Dezember 574), da sich bei Iustinos II.

Anzeichen einer Geisteskrankheit häuften, die von Zeitgenossen als Bestrafung für die Verfolgung der Miaphysiten oder als Folge der Vernachlässigung Sophias interpretiert wurde. Flavius Tiberius Constantinus aus Thrakien war vorher *comes excubitorum* gewesen und 565 gegen die **Langobarden** entsandt worden.

E

Langobarden
Die Langobarden waren ein (unter)elbgermanisches Volk, welches im beginnenden 6. Jahrhundert Pannonien in Besitz nahm. Ihr König Audoin verband sich mit Iustinianos I. um etwa 540, 5500 Langobarden dienten unter dem General Narses, der den letzten Ostgotenkönig Teja besiegte (552). 568 zogen sie unter König Alboin auf awarischem Druck nach Italien. In 570er-Jahren stagnierten ihre Eroberungen. Agilulf (590–616) etablierte ein Königreich und orientierte sich am Römischen Reich (Vertrag mit Byzanz 605). Die Langobarden expandierten nach Ligurien und Benevent, um 680 wurde wieder ein Vertrag mit Byzanz geschlossen, in der Folge verstärkte sich der byzantinische Einfluss. 751 eroberte Aistulf Ravenna, Karl der Große besiegte sie 774. Unabhängig blieb lediglich Benevent, 876 suchten die Langobarden in Bari um Hilfe gegen die Araber an, wodurch die Byzantiner in Apulien wieder Fuß fassten. Im 11. Jahrhundert begannen die Normannen in Italien einzusickern und die Langobarden verschwanden bzw. assimilierten sich.

Tiberios (578–582)
Noch vor dem Ableben Iustinos' (5. Oktober 578) wurde Tiberios am 26. September 578 zum *augustus* deklariert. Die Versuche Sophias, ihn zur Aufgabe seiner Ehe mit Ino (als Kaiserin Anastasia genannt) zu bringen, fruchteten nichts.

Tiberios vereinbarte mit den Awaren Zahlungen von jährlich 80000 Solidi. 578 kam es zu Einfällen slavischer Stämme in Thrakien, die die Oströmer mit Hilfe der Awaren abwehren konnten. Doch wandten sich die Awaren 580 gegen Tiberios, als er ihnen die Stadt Sirmium nicht übergab. 582 fiel die Stadt, und der Kaiser musste die Tributzahlungen erhöhen.

In Nordafrika besiegte Gennadius, *magister militum per Africam*, den Maurenherrscher Garmules (578/579).

An der Ostgrenze wollte der Großkönig Hormizd IV. (579–590) nicht an einer friedlichen Politik festhalten, es brachen Kampfhandlungen aus, die den Byzantinern empfindliche Verluste, aber wenig Gebietseinbußen bescherten. Es zeigte sich immer mehr, dass die Mittel für eine effektive Logistik in zwei Grenzgebieten (Balkan und Syrien) kaum ausreichten. Zunächst hatte Tiberios' General Iustinianos bei Melitene einen Erfolg, doch wurden byzantinische Truppen in Armenien aufgerieben, der *stratēgos* Maurikios (ab 577) sah keine Möglichkeiten, die Einfälle von Chosrau I. aufzuhalten. Kurz vor seinem Tod beförderte Tiberios († 14. August 582) Maurikios zum *augustus*.

Maurikios (582–602)
Maurikios arbeitete unter Iustinos II. als *comes* der Gardetruppen und wurde unter Tiberios Feldherr. Wie Theodosios I. zog er selbst ins Feld. Er machte die zentralistischen Tendenzen seiner Vorgänger rückgängig, da er erkannt hatte, dass entferntere Reichsteile nur dezentral effektiv geleitet werden konnten. So entstanden zwei Exarchate in Ravenna (bis 751) und in Karthago (bis 695 bzw. 698). Die Exarchen („Statthalter") hatten sowohl zivile als

auch militärische Aufgaben. Das seit Konstantinos bzw. Iustinianos geltende Prinzip der Trennung von ziviler und militärischer Macht wurde somit aufgelöst – man kann darin einen Vorläufer der bald auftretenden Themenorganisation (s. unten S. 47) sehen. Allerdings konnten diese ziemlich autonomen Regionen der Zentralmacht gefährlich werden.

Im September 583 ehelichte Maurikios Constantina, die Tochter des Tiberios, mit der er elf Kinder hatte.

Slaven

Die Slaven erreichten 583/584 die südlichen Balkanregionen, insbesondere Griechenland; die Unterstadt des Handelszentrums Korinth wurde verwüstet. Im Herbst 584 lehnte Maurikios die Erhöhung von Jahrgeldzahlungen an die Awaren ab, die daraufhin Singidunum und Viminacium eroberten und bis nach Anchialos (Pomorie, nahe Burgas) kamen. 585 wurden durch eine zweite byzantinische Gesandtschaft mit den Awaren Zahlungen über 100000 Goldsolidi jährlich vereinbart. Doch kam die Region nicht zur Ruhe, denn im September 586 führten Awaren slavische Stämme an, die Thessalonike, seit 535 Präfektur Illyriens, erfolglos belagerten. Das wundertätige Eingreifen des heiligen Demetrios, dessen Reliquien 441/442 aus Sirmium überstellt worden waren, wurde als Erklärung für das Scheitern ins Treffen geführt. Maurikios versuchte vergeblich, die Reliquien des Heiligen nach Konstantinopel zu transferieren. Nichtsdestoweniger zogen die Angreifer abermals Richtung Süden und eroberten neben Patras weitere Städte. Dies führte dazu, dass in vielen (teilweise dünn besiedelten) Gegenden die Slaven eine neue Heimstatt fanden (z. B. Olympia, slavischer Friedhof).

Perser

An der Grenze zu Persien nutzte Maurikios die Gunst der Stunde, da im Zuge der Thronnachfolgestreitigkeiten Chosrau II., der Enkel von Chosrau I., bei ihm Zuflucht und Unterstützung suchte. Maurikios schickte ihn mit einigen Generälen nach Persien zurück, um die Macht zu erlangen. Der erfolgreiche Coup Chosraus II. (591–628) brachte den Byzantinern einen günstigen Friedensvertrag (591), der ihnen auch einen Großteil Armeniens sicherte. Die dadurch freigewordenen Kräfte wurden zur Sicherung gegen arabische Stämme abgestellt.

Im Westen war Maurikios weniger glücklich, da Spanien fast zur Gänze an die Westgoten verloren ging (um 584), kleine Teile blieben bis in die 620er-Jahre byzantinisch; in Nordafrika, das nach wie vor ein wichtiger Nahrungslieferant war, litt man unter den regelmäßigen Einfällen der Berber. Eine Folge war, dass sich dort das urbane Leben reduzierte und viele landwirtschaftliche Flächen zu Wüste wurden.

Awaren

Kaiserliche Truppen überschritten ab 593 die Donaugrenze gegen die Awaren. Im Winter 602 brach eine offene Revolte aus, da Maurikios die Truppen jenseits der Donau überwintern lassen wollte. Ein Aufstand unter den Soldaten brach aus, ihr Wortführer war der *kentarchos* (*centurio*; Befehlshaber einer Heeresabteilung zu Lande) Phokas. Auch in der Hauptstadt kam es rasch zu einer Unterstützung, die Mitglieder des Senats, die blaue und grüne Zirkuspartei vereinigten sich gegen den Kaiser, Phokas führte Soldaten gegen die Hauptstadt; er erklärte Theodosios, einen Sohn des Maurikios, an die Macht bringen zu wollen, doch protestierten die Zirkusparteien – Maurikios und seine Söhne wurden getötet. Unter dem Namen des Kaiseres ist ein *Stratēgikon* (militärisches Handbuch) überliefert, welches die Taktik des spätrömischen/frühbyzantinischen Heerwesens rekonstruieren lässt.

Phokas (602–610)

Der wahrscheinlich aus Thrakien stammende Phokas wurde am 23. November 602 vom Patriarchen Kyriakos (596–606) unter Zustimmung des Senats zum Kaiser gekrönt; die Beseitigung seines Vorgängers und seiner Familie provozierte den Sassanidenherrscher Chosrau II., der in guten Beziehungen zu Maurikios gestanden hatte. Vor dem Hintergrund dieser Bedrohung schloss Phokas schon 604 Frieden unter hohen pekuniären Verpflichtungen. Phokas ließ viele Angehörige der aristokratischen Schicht hinrichten und unterdrückte auch die gegen ihn zunehmend operierende grüne Zirkuspartei. Die Anstrengungen Phokas' im Osten fruchteten nichts, Chosrau konnte die Stadt Dara (605) einnehmen und bis weit nach Kleinasien vordringen. Kaisareia fiel an ihn und die sassanidischen Truppen erreichten die Küsten des Bosporos.

Kirchenpolitisch wirkte Phokas aktiver als seine Vorgänger. Er forcierte das chalkedonensische Bekenntnis, verfolgte die Miaphysiten im Osten und strebte einen Ausgleich mit dem Bischof von Rom in der Diskussion um den **ökumenischen** Anspruch des Patriarchen an.

E

„Ökumenischer" Patriarch

Im späten 6. Jahrhundert diskutierte man über den Begriff „ökumenischer" Patriarch, den die konstantinopolitanischen Kirchenoberhäupter seit den Zeiten Iustinianos' regelmäßig verwendeten. Besonders Papst Gregor den Großen (590–604) störte dieser Ausdruck. Maurikios hatte die Debatte wenig interessiert, unter Phokas erging nun ein Edikt an Papst Bonifatius III. (607), in dem Rom als das Haupt über die ganze Kirche bezeichnet wurde. Als Dank wurde ihm eine Säule (mit ursprünglich goldenem Standbild) geschenkt, welche noch heute am Forum Romanum zu sehen ist. Dieser Erlass trug ihm in der gesamten Orthodoxie heftige Kritik ein. 608 wurde Papst Bonifatius IV. (608–615) das Pantheon in Rom (als Tempel der Kybele und aller anderen Götter errichtet um 120 n.Chr.) übergeben und in eine Märtyrerkirche (Sancta Maria ad Martyres) umgewidmet.

Der Druck gegen das Regime Phokas' löste 608 den Aufstand des Herakleios, Exarchen von Karthago, aus, der eine Flotte nach Konstantinopel und Ägypten schicken ließ. Als Exarch („Vorgesetzter" bzw. Stellvertreter des Kaisers) kommandierte Herakleios die in Nordafrika stationierten Truppen.

Phokas konnte dem Vorrücken des Exarchen nichts entgegensetzen, die Lage wurde prekär, als die Getreidelieferungen nach Konstantinopel von Herakleios unterbrochen wurden. Der Sohn des Herakleios, ebenfalls Herakleios genannt, erreichte das Goldene Horn am 3. Oktober 610 und beseitigte Phokas. Am 5. Oktober zog der ältere Herakleios in der Hauptstadt ein und wurde von dem Patriarchen Sergios (610–638) gekrönt.

Iustinianos prägte das oströmische/byzantinische Kaisertum wie der erste christliche Kaiser Konstantinos nachhaltig. Das Monument seiner Regierung ist die Hagia Sophia in Konstantinopel. Einerseits konnte Iustinianos aufgrund der von seinen Vorgängern aufgebauten finanziellen Ressourcen weitläufige Eroberungspläne im Westen verfolgen (der Versuch der *renovatio imperii*), andererseits verstand er sich als Ordner in juristischen und theologischen Angelegenheiten. Byzanz hatte einen mächtigen (anerkannten) Gegner in den Persern; im Westen verkleinerten sich nach dem Tode des Iustinianos die byzantinisch dominierten Territorien rasch. Ostrom war von der großen Pestwelle (541/52) stark betroffen (etwa 25% Bevölkerungsrückgang). Zunehmend wurde die Balkanhalbinsel Schauplatz von gesellschaftlichen und ethnischen Umwälzungen.

V. Herakleios und seine Nachfolger (610–717) – Umwälzungen im östlichen Mittelmeerraum, die Ausbreitung der Araber

614	Einnahme Jerusalems durch die Perser
619	Perser in Alexandreia, Unterbrechung der Getreidetransporte
622	Flucht Mohammeds aus Mekka nach Medina (Hedschra), Herakleios beginnt Operationen gegen Perserreich
626	Belagerung Konstantinopels durch Perser und Awaren
627	Schlacht bei Niniveh
628	Hinrichtung Chosraus, Wiederlangung des „Wahren Kreuzes"
629	Triumph des Herakleios in Konstantinopel, Friedensschluss mit Perserreich
634	Araber fallen in Südpalästina ein
636	Schlacht am Yarmuk, byzantinische Niederlage
638	Kompromiss im Monotheletismus, arabische Eroberung Jerusalems und Antiocheias
642	Alexandreia arabisch
ab 644	Beginn der jährlichen arabischen Einfälle nach Kleinasien
645	Ende des Sassanidenreiches
654	Rhodos arabisch
655	Seeschlacht bei Phoinix, Araber triumphieren
663	Rombesuch Konstans'
668	Ermordung Konstans' in Syrakus
674–678	Seeblockade Konstantinopels durch Araber
ab 679	Bulgaren beginnen, auf Reichsgebiet zu siedeln
680–681	6. Ökumenisches Konzil (Konstantinopel)
691/692	Quinisextum
687–698	Nordafrika/Karthago fällt an Araber
693	Byzantiner unterliegen gegen Araber in Sebastupolis

Herakleios (610–641)

Im Jahre 608 revoltierten Herakleios, der Exarch von Karthago, und sein gleichnamiger Sohn gegen den seit 602 amtierenden Kaiser Phokas. Sie traten nicht als Kaiser, sondern als Konsuln auf (seit Iustinianos I. war der Konsulat mit dem kaiserlichen Amt zusammengefallen). Im folgenden Jahr besetzte Niketas, ein Cousin des Herakleios, Ägypten und Herakleios' Sohn fuhr mit einer Flotte nach Konstantinopel voraus; sein Vater Herakleios kam nach und vermochte mithilfe der grünen und blauen Zirkuspartei, die nach wie vor ihre wichtige Position behaupten konnten, sowie der Unterstützung des Patriarchen Sergios I. (610–638) die Hauptstadt einzunehmen. Phokas und seine höchsten Würdenträger wurden beseitigt und Herakleios vom Patriarchen am selben Tag (5. Oktober 610) zum Kaiser gekrönt. Die außenpolitische Situation war prekär, da die Ostgrenze durch eine **persische** Expansion unter Šahrbaraz und Shahin bedrängt war.

E

Perser
Die Perser oder Sassaniden dominierten den mesopotamischen Raum seit dem 3. Jahrhundert und ihren größten Einfluss im östlichen Mittelmeerraum erlangten sie im 6. Jahrhundert unter Chosrau I. bzw. Chosrau II. Schon Kaiser Iustinianos war mehrmals gezwungen, mit ihnen Frieden zu schließen, da auch er den Rükken freihaben musste, um seine Expansions- und Sicherungspolitik im westlichen Mittelmeerraum zu verfolgen.

613 konnte Herakleios Antiocheia nicht gegen die anrückenden Perser schützen; die Stadt Jerusalem fiel (am 17. oder 20. Mai) 614, was einer Katastrophe gleichkam, denn zu dem territorialen Verlust kam der ideologisch-religiöse Schock: Das Zentrum der Christenheit war in feindliche Hände geraten. Das byzantinische Territorium in der Levante wurde immer mehr durch erfolgreiche persische Aktionen zerteilt. Diplomatische Bemühungen fruchteten nicht, schon 616 stießen persische Truppen bis nach Chalkedon vor, was ihren universalen Herrschaftsanspruch untermauerte.

Münzprägung

Herakleios ließ eine neue Silbermünze, das Hexagramm (6,82 g), einführen, auf der er und sein Sohn Herakleios Konstantinos (Sohn seiner ersten Frau Eudokia, die am 6. August 612 starb; Mitkaiser ab 22. Januar 613) dargestellt waren; auf der Reversseite stand ein Kreuz bzw. ein Kreuzglobus auf drei Stufen, umschlossen von einer lateinischen Inschrift *Deus adiuta Romanis* („Gott, hilf den Römern!"), was die zeitgenössischen Ängste vor feindlicher (sassanidischer) Bedrohung zeigt und den Konflikt auch in die Sphäre eines Religionskrieges rückt.

Perser in Alexandreia

619 nahmen die Perser Alexandreia ein und unterbrachen die Getreidetransporte nach Konstantinopel. In dieser Zeit dürften Überlegungen kursiert sein, die Hauptstadt zurück nach Westen, nach Karthago, zu verlegen. Im selben Jahr musste Herakleios einen Friedensschluss mit den Awaren eingehen, da ein Zweifrontenkrieg unmöglich war. 623 wurde erneut ein Vertrag geschlossen, nachdem die Awaren versucht hatten, den byzantinischen Kaiser während eines Treffens vor den Landmauern gefangen zu nehmen.

War die erste Dekade seiner Regierung von Strukturmaßnahmen geprägt, so wird in den 620er-Jahren eine aktivere Außenpolitik Herakleios' evident. Er reorganisierte die Armee und forcierte leichter bewaffnete Truppenteile. Ab 622 versuchte Herakleios, offensiver gegen das Sassanidenreich vorzugehen; zur Finanzierung des Einsatzes griff er mit Billigung des Patriarchen Sergios auf Kirchenschätze zurück. Einen ständigen Spielball zwischen den Mächten bildeten Armenien und die kaukasische Region, da sie durch die Handelsverbindungen und den Bergbau (vor allem Gold) wirtschaftlich von Belang waren.

Q

Bergbau in der byzantinischen Grenzregion
(Ioannes Malalas, Chronographia, ed. I. Thurn, Berlin 2000, XVIII 54; Übers.: J. Thurn / M. Meier, Johannes Malalas, Weltchronik, Stuttgart 2009, S. 474).

Diese Goldminen führenden Berge aber liegen zwischen den Grenzen der römischen Armenier und Persarmenier, wie die Spezialisten darlegen. Diese Berge erbringen viel Gold. Sobald nämlich Schauer und Regen eintreten, dann wird die Erdkrume dieser Berge abgetragen, und sie bringen Goldblättchen zum Vorschein.

Dazu trat eine nicht zu unterschätzende strategische Bedeutung, da man von dort leicht ins Zweistromland einfallen bzw. umgekehrt von dort nach Kleinasien oder über das Schwarze Meer Richtung Konstantinopel fahren konnte. Herakleios schaffte es, sich in Armenien erfolgreich durchzusetzen, und er nötigte dadurch die Sassaniden, ihre Festungsbauten in Kleinasien zu verlassen.

624 hatte Herakleios die wichtigsten Städte im Osten Kleinasiens eingenommen und Tibion bzw. Dvin, das Handelszentrum des frühen Armenien (etwa 35 km südlich von Jerewan) zerstört. Im Winter 624/625 lagerte er nördlich des Van-Sees. Ab März 625 kehrte Herakleios schnell nach Westen zurück und wurde dabei von Šahrbaraz verfolgt.

Belagerung Konstantinopels

Die Sassaniden verbündeten sich mit den Awaren und begannen die Belagerung der Hauptstadt zu Lande und zu Wasser im Sommer 626. Die Perser zogen auf dem Landweg nach Westen und kampierten in Chalkedon (Kadiköy), also Konstantinopel gegenüber. Sie wurden von den **Slaven** auf einfachen Schiffen über den Bosporus transportiert.

E

Slaven

Die Slaven waren von den Awaren in ihre Militärorganisation eingegliedert und zu Schiffsbauern umgeschult worden. Schon für 593 sind derartige Aktivitäten belegt, Slaven errichteten auch eine Brücke über die Save. Um 600 waren kaum hochseetaugliche slavische Einbäume in der Ägäis unterwegs, 623 griffen sie sogar Kreta an.

Mehrere Versuche, die Landmauer zu stürmen, fruchteten nichts, auch das Versprechen, die Bevölkerung nach Übergabe der Stadt zu den Persern ziehen zu lassen, verfehlte seine Wirkung. Der Patriarch Sergios, der den byzantinischen Kaiser zu dieser Zeit vertrat, trug die Ikone mit der Mutter Gottes in der Stadt und auf den Mauern herum und setzte sie als übernatürlichen Schutz ein. Die byzantinischen Verteidiger wurden dadurch angespornt und lösten die Belagerung auf.

Nach der glücklichen Fügung am Goldenen Horn hatte Herakleios wieder größeren Spielraum. In Persien herrschte Misstrauen zwischen Chosrau und seinem Militär Šahrbaraz, mit dem Herakleios Kontakt aufzubauen versuchte. 627 triumphierte er in den Kaukasusgebieten und unternahm von dort aus einen Überraschungsangriff gegen Mesopotamien mit Unterstützung der neu verbündeten Kök-Türken. Bei Niniveh kam es zur entscheidenden Schlacht gegen Ende des Jahres (12. Dezember 627), in der Folge vertrieb Herakleios Chosrau aus seiner Sommerresidenz Dastagird in die Hauptstadt Ktesiphon und verfolgte ihn durch den Nordiran. In Ktesiphon bargen die Byzantiner das „**Wahre Kreuz**", eine der bedeutendsten Berührungsreliquien Christi, welche 614 von den Persern verschleppt worden war. Im Februar 628 wurde Chosrau von eigenen Leuten überwältigt und hingerichtet.

Als neuer Herrscher setzte sich Kavadh Siroes durch, der einen Friedensvertrag mit den Byzantinern einging und Zugeständnisse machte, darunter die Duldung des Christentums und die Anerkennung Herakleios'.

Im Juli 629 kam es zu einem Vertrag zwischen Herakleios und Šahrbaraz.

E

Das „Wahre Kreuz"
Das einst von Helena aufgefundene „Wahre Kreuz" wurde im Triumph nach Konstantinopel gebracht. Gleichzeitig kamen der Heilige Schwamm, der in Essig getaucht Jesus Christus zum Löschen des Durstes angeboten worden war, und die Heilige Lanze, mit der der römische Soldat Longinus dem toten Jesus Christus in die Seite stieß, an das Goldene Horn (am 14.9.629 bzw. 28.10.629). Herakleios retournierte das Kreuz 630, holte es aber nach dem Verlust Syriens 634 zurück nach Konstantinopel.

David

Der alttestamentliche König David, der typologisch mit Jesus Christus verbunden ist, wurde mit Herakleios zu einem wichtigen Bestandteil der byzantinischen Herrscherideologie. Bei ihm ist diese Anknüpfung gehäuft nachzuweisen: Sein Sohn, geboren am 7.11.631, wurde auf den Namen David (Tiberios) getauft. Aus seiner Regierungszeit stammen die berühmten Silberteller mit Darstellungen Davids („David Plates"). Die neun Silberplatten, welche 1902 in Nordzypern gefunden wurden und von denen sich heute sechs im Metropolitan Museum of Art in New York befinden, lassen sich ziemlich genau auf 629–630 datieren und bilden elf Szenen aus dem Leben des David (1 Samuel 16–18) ab (besonders die Salbung Davids zum König durch Samuel und seinen Kampf gegen Goliath).

Kaisertitulatur

Bis in die Zeit Herakleios' hatte sich der römische Usus fortgesetzt, Epitheta in die imperiale Titulatur einzufügen, etwa die kaiserlichen Siege (z. B. *gothikos, vandalikos* und so fort). Herakleios reduzierte diese Fülle, und in einer Novelle (21. März 629) wurde er zum ersten Mal einfach als *basileus* in der *intitulatio* einer byzantinischen Kaiserurkunde bezeichnet: „Herakleios und Herakleios, neuer Konstantin, fromm in Christus" (*Hērakleios kai Hērakleios neos Kōnstantinos pistoi en Christō*). Damit war die jahrhundertelange Tradition des römischen imperialen Titelwesens grundsätzlich beendet. Diese Änderung kann mit einer bewussten Orientierung am Alten Testament erklärt werden („König David"). „Kaiser der Römer" findet man auf kaiserlichen Siegeln zwar schon bei Konstans II. und Konstantinos IV. (654–669), bis der Zusatz „der Römer" in Urkunden hinzutrat, verging noch Zeit, Konstantinos VI. und Eirene sind im Jahre 787 zum ersten Mal *pistoi basileis Rhōmaiōn*. Auf Münzen begegnet man dieser Formulierung aber erst 812 („Frieden von Aachen"), nachdem Karl der Große – aus byzantinischer Sicht – den Kaisertitel usurpiert hatte.

Mit dem Großreich der Bulgaren unter dem Fürsten Kuvrat wurde ein Bündnis geschlossen, und man unterstützte ihn gegen die Awaren. Neben reichen Geschenken erhielt er etwas, was in seiner Heimat wirklich zählte: Er wurde mit dem *patrikios*-Titel ausgezeichnet und während seines Aufenthalts in Konstantinopel auch getauft.

Herakleios' Religionspolitik

Mit der Rückeroberung von weiten Landstrichen im Osten wurde wieder ein religionspolitisches Thema prekär: Anhänger des Miaphysitsimus lebten wieder innerhalb der Reichsgrenzen. Herakleios versuchte, zusammen mit dem Patriarchen Sergios dem Dissens in religiösen Dingen zu begegnen und einen Kompromiss in der Lehre von der einen Energie Christi (*energeia*) anzustreben: Den zwei Naturen Christi stehe eine Energie gegenüber. Mit dem Begriff *energeia* („Wirkungsweise") schien ein Ausgleich zwischen den Bestimmungen des Konzils von Chalkedon und dem Miaphysitismus zu glücken; Sergios rezipierte die monoenergetische Lehre und bearbeitete sie. Herakleios verhandelte mit Athanasios, dem miaphysitischen Patriarchen von Antiocheia, in der Folge unterstützte er auch Gespräche mit den Armeniern. Kyros, Patriarch von Alexandreia ab 631, verhielt sich positiv, auch Papst Honorius I. begrüßte die Initiative von Sergios. Doch wuchsen rasch die Widerstände – wichtig war auf orthodoxer Seite **Sophronios von Jerusalem** (634–638).

E

Sophronios von Jerusalem
Sophronios war als Rhetor und Lehrer von Ioannes Moschos erzogen worden und hielt sich mehrere Jahre in Klöstern auf. 614 flüchtete er aus Jerusalem vor den Persern nach Rom. Seine klassische Bildung zeigt sich vor allem darin, dass er 23 Oden im anakreonteischen Versmaß verfasste.

Sophronios bezeichnete den Monoenergetismus als eine Abart des Monophysitismus und Verfälschung des Dogmas von Chalkedon. Sergios zeigte sich konziliant und modifizierte seine Lehre nach diesen Einwänden (auch Honorius verhielt sich zurückhaltend, behauptete aber, dass es einen Willen in Christo gäbe). Sergios stellte daraufhin die Energienansicht zurück und folgte der Meinung des Honorius'. Die neue Formulierung („ein Wille", daher Monotheletismus) wurde kaiserlich bekräftigt, eine Ekthesis (Erlass) wurde im Narthex der Hagia Sophia öffentlich angeschlagen. Nach dem Tod Sergios' am 9. Dezember 638 folgte Pyrrhos auf den Patriarchenstuhl (20. Dezember 638). Es gelang aber nicht, den neuen Kompromiss ganz umzusetzen, die geopolitischen Umwälzungen bereiteten den Bestrebungen ein rasches Ende.

Die arabische Expansion

Die Erfolge der späten 620er-Jahre konnte Herakleios nur kurz genießen, denn nach der Besiegung der Perser strömten rasch die islamischen Araber nach. Die Ausbreitung des neuen monotheistischen Glaubens, deren Begründer Mohammed 632 starb, zählt zu den markantesten Ereignissen und Einschnitten der Weltgeschichte. In den Wüstengebieten des Nahen Ostens waren sie durch den Einsatz von Kamelen den Byzantinern taktisch überlegen. Schon 634 fielen sie im südlichen Palästina und östlich des Toten Meeres ein und brachten im Eiltempo die wichtigsten Städte unter ihre Dominanz. Herakleios hatte dem wenig entgegenzusetzen, da er die kostenintensiven eigenen Truppen zu demobilisieren begonnen hatte. Am 20. August 636 wurden die Byzantiner am Fluss Yarmuk (Grenzfluss zwischen Syrien und Jordanien) geschlagen, und Syrien fiel endgültig an die Araber. Mehr Widerstand gab es noch in Palästina. Sophronios von Jerusalem war zunächst erfolgreich, musste aber 638 kapitulieren. Die unter byzantinischer Verwaltung stehenden Teile Mesopotamiens gingen 639/640 verloren, die Festung Dvin in Armenien wurde erobert. Den krönenden Abschluss bildete die Übernahme Ägyptens (ab 639 Einsickern von arabischen Verbänden), das der Patriarch Kyros am 28. November 641 den neuen Herren in einem Friedensvertrag überantwortete.

Nachfolge

Als Kaiser Herakleios am 11. Februar 641 starb, ging die Herrschaft an seinen 28-jährigen Sohn Konstantinos III. (aus erster Ehe) und an Heraklonas (15 Jahre), welche aber Martina (seit 622/623 mit Herakleios verheiratet) als Mutter und Kaiserin verantwortlich sein sollten. Die Söhne waren zwar anerkannt, aber die Opposition schoss sich auf Martina ein, welche als Frau die Staatsführung nicht voll erfüllen könnte (z.B. bei Gesandtschaften). Nach bloß drei Monaten starb Konstantinos (20. April 641) und Martina blieb mit Heraklonas alleinige Herrscherin. Die Miteinbeziehung des Sohnes von Konstantinos III., Herakleios Konstantinos (Verkleinerungsform Konstans), entschärfte die Situation nicht. Der Senat verfügte, dass Martina und Heraklonas abgesetzt würden. Gleichzeitig wurden Martina die Zunge abgeschnitten und Heraklonas die Nase. Zusammen mit dem noch minderjährigen David wurden sie nach Rhodos verbannt.

Herakleios hatte dem byzantinischen Kaisertum Respekt im östlichen Mittelmeerraum verschafft, seine mühevoll vorangetriebenen Eroberungen gingen jedoch rasch wieder verloren. Was blieb, ist die Forcierung einer ideologischen Neuausrichtung (Altes Testament) und eine Rückbesinnung auf den Begründer des oströmischen Kaisertums, Konstantinos.

Konstans II. (641–668)
Konstans (* 7. November 630) wurde Ende September 641 gekrönt; er stand zunächst unter der Vormundschaft des Senats, was die Einflussmöglichkeiten (und den Stellenwert) dieser Körperschaft klar aufzeigt.

Alexandreia

Am 12. September 642 verließen die Byzantiner Alexandreia Richtung Rhodos (infolge des Vertrages mit den Arabern), Feldherr Amr zog am 29. September 642 siegreich in Alexandreia ein, rasch wurde der arabische Einfluss bis nach Tripolis ausgedehnt. Kalif Uthman-ibn Affan (644–656), der dritte in Medina zum Kalifen bestimmte Anführer, war der Gegenspieler Konstans' auf arabischer Seite. Uthman ließ den Koran in standardisierter Form aufzeichnen. Allerdings kam es zu Spannungen innerhalb der territorialen Machthaber, insbesondere zu den in Syrien ansässigen Umayyaden. Das sassanidische Reich ging 645 zu Ende.

Araber in Ägäis

Der Kalif fiel 647 in Armenien ein und brachte auch Teile Kleinasiens unter seinen Einfluss (Phrygien 648, Kilikien und Isaurien 650/651). Darüber hinaus besetzte er strategisch wichtige Inseln wie Rhodos (654), von wo auch die Reste des Kolosses von Rhodos abtransportiert wurden. Konstans musste in Verhandlungen treten und schloss ein Abkommen mit dem Statthalter in Syrien Mu'āwiya (661–680).

In diese Zeit zeigten die Araber auch bereits Stärke zur See, denn 649 erfolgte die erste Expedition nach Kreta. 654 wurde Kreta geplündert und im folgenden Jahr kam es zur Seeschlacht von Phoinix (vor Karien), in der die byzantinische Flotte besiegt wurde. Der Kaiser konnte gerade noch fliehen.

Nachleben Kaiser Konstantinos' I.

Verstärkt wird in dieser Zeit die Autorität des Kaisers Konstantinos I. beschworen, was sich auf den hervorragenden Münzprägungen aus Sizilien zeigt; augenfällig wird das durch die Legende EN TUTO NIKA („In diesem Zeichen mögest du siegen“), auf der Münzrückseite ist *ananeōsis* („Erneuerung“) zu finden. Konstans II. hatte die Vorstellung, ein *neos Kōnstantinos* („neuer Konstantin“) zu sein, von seinem Vater Herakleios Konstantinos übernommen.

Kirchenpolitik

Konstans trachtete nach einem Ausgleich zwischen der orthodoxen und monotheletischen Glaubensströmung, die Diskussionen versuchte er mit einem Dekret 648 zu beenden. Papst Martin I., der ohne Zustimmung Olympios', des kaiserlichen Vertreters in Ravenna, am 5. Juli 649 zum Papst bestimmt wurde, verdammte den Monotheletismus, kritisierte aber auch Konstans' Meinung, die Debatte beenden zu wollen (Oktober 649 Laterankonzil; Bann gegen Patriarchen Sergios und Paulos). Konstans beauftragte Olympios, den Papst festzunehmen und nach Konstantinopel eskortieren zu lassen. Doch Olympios usurpierte die Herrschaft gegen Konstans, als er die anti-byzantinische Stimmung in Rom mitbekam. Bei seiner Expedition nach

Sizilien kam er im Kampf gegen Mu'āwiya um, der mit seiner Flotte gelandet war. Der wiedereingesetzte Exarch Theodoros I. Kalliopas nahm am 17. Juni 653 den alten und kranken Papst zusammen mit Maximos Homologetes fest und überstellte die beiden in die oströmische Hauptstadt. Martin wurde verurteilt (vor allem wegen seiner angeblichen Zusammenarbeit mit Olympios) und nach Cherson verbannt († 16. September 655). Maximos stellte sich gegen den Monotheletismus und trat für einen strikten Dyophysitismus ein; er folgte neuplatonischem Gedankengut und war Anhänger des Pseudo-Dionysios Areiopagites; in mehreren Verhandlungen wurde er als Häretiker bezeichnet, schließlich, seiner Zunge und der rechten Hand beraubt, nach Lazika verbannt († 13. August 662).

Nachfolge

Um Thronstreitigkeiten entgegenzuwirken, bestimmte er seine Söhne Konstantinos, Herakleios (654) und Tiberios (659) zu Mitkaisern; seinen Bruder Theodosios zwang er, Priester zu werden, ermordete ihn aber 660, was ihm viel Kritik und Opposition einbrachte.

Konstans im Westen

Nach 660 reiste Konstans Richtung Westen, besuchte Thessalonike und Athen. Über Tarent (662) betrat er die Apenninen-Halbinsel und zog gegen die Langobarden in Benevent; der Zeitpunkt schien günstig, da Grimoald I. (König 662–671) mit den Franken beschäftigt war. Die Stadt Luceria (Lucera in Apulien) wurde zerstört, die Belagerung von Benevent musste aber aufgegeben werden, da langobardischer Entsatz erwartet wurde. Konstans versuchte, einen Frieden auszuhandeln, zog nach Neapel (seit 661 byzantinisches Dukat). Konstans besuchte am 5. Juli 663 Rom, wo er von Papst Vitalianus (657–672) feierlich empfangen wurde; seit dem Ende des weströmischen Reiches war kein Kaiser mehr persönlich in der Ewigen Stadt gewesen. Konstans sammelte viele Kunstgegenstände ein (z. B. aus dem Pantheon die vergoldeten Kuppelbronzeplatten) und schickte diese nach Konstantinopel. 666 erklärte er, dass der Papst keine Gewalt über den Erzbischof von Ravenna ausüben dürfe.

Gerüchte einer Hauptstadtverlegung nach Syrakus, wo Konstans Hof hielt, mögen sein Ende besiegelt haben. Am 15. Juli oder 15. September 668 wurde der Kaiser, der den Beinamen Pogonatos („Bärtiger") trug, von seinem Kammerherren umgebracht. In Sizilien usurpierte daraufhin der armenischstämmige Mizizios (Mezezius) die Herrschaft und konnte sich einige Monate lang behaupten.

Konstantinos IV. (668–685)

Der älteste Sohn (geboren ca. 650) von Konstans II. (und Fausta), seit 654 Mitkaiser, folgte auf den Kaiserthron. Die Revolte des Mezezius unterdrückte er innerhalb von sieben Monaten, Papst Vitalianus (657–672) unterstützte ihn dabei. Der neue Regent musste sich gleich der Sicherung der Grenze im Osten zuwenden, da Saborios, Kommandant des Themas *tōn Armeniakōn*, Kontakt zu dem Kalifen Mu'āwiya I. aufnahm und ihn überzeugte, den Kaiser zu stürzen. Der Kalif schickte seinen Sohn Yazid Richtung Westen; dieser nahm die Stadt Amorion ein und erreichte Chalkedon. Amorion wurde rasch zurückerobert, die Araber verstärkten dann ihre Expansionsbestrebungen in Nordafrika um Karthago und in Sizilien (669). Die Byzantiner versuchten, mit einer Flotte in Ägypten zu landen, um den Arabern in den Rücken zu fallen.

Belagerung Konstantinopels

Nach der Einnahme von Smyrna und anderer Hafenstädte an der Westküste Kleinasiens erschienen Flottenverbände des Kalifen 674 im Marmarameer.

Sie ankerten vor der thrakischen Küste, um die Stadt von der Land- und Seeseite einzunehmen. Unverrichteter Dinge kehrten sie in den folgenden fünf Jahren immer wieder über den „Wassergraben" ins sichere Kyzikos, wo sie einen Stützpunkt errichtet hatten, zurück. Die theodosianischen Landmauern blieben ein unüberwindliches Bollwerk und die byzantinische Marine war nicht zu bezwingen. Die kaiserliche Verwaltung hatte zudem für Vorräte gesorgt und das libanesische Bergvolk der Mardaiten gegen den Kalifen aufgewiegelt. Die „Belagerung" dauerte nicht durchgehend an, sondern wurde immer wieder unterbrochen. 678 setzte sich Konstantinos IV. – auch mithilfe des **griechischen Feuers** – durch. Kalif Mu'āwiya musste in einem 30-jährigen Friedensvertrag die Inseln in der Ägäis an Byzanz abtreten, dazu einen jährlichen Tribut von 3000 Goldpfund entrichten. Die jahrelange Auseinandersetzung mit dem Kalifen hatte dazu geführt, dass der Kaiser Verträge mit den Langobarden, die wichtige unteritalienische Seestädte wie Brindisi unter Romuald I., Sohn Grimoalds, von Benevent und Tarent eingenommen hatten, schließen musste.

Griechisches Feuer E
Eine Substanz, bestehend aus leicht brennbarem Material (Erdöl, Phosphor etc.), welche aus Siphonen gegen feindliche Schiffe gespritzt oder geschleudert wurde und mit Wasser nicht gelöscht werden konnte. Diese Waffe brachte der byzantinischen Marine jahrhundertelang taktische Vorteile.

Nach dem Abzug der umayyadischen Flotte kümmerte sich Konstantinos um die Aufhebung der slavischen Belagerung Thessalonikes.

Bulgaren

679 überquerten Bulgaren, die von den Chasaren aus dem Wolgagebiet verdrängt worden waren, die Donau unter Asparuch, nachdem sie zuvor den Kaiser vergeblich gebeten hatten, sich südlich des Donaudeltas auf römischem Gebiet niederlassen zu dürfen. 680 ließ Konstantinos eine Expedition in die Dobrudscha (am unteren Donaulauf gelegen) zu Lande und zu Wasser organisieren, die mangels durchdachter Organisation scheiterte (in Ongal). Die Bulgaren stießen weiter nach Süden vor und nahmen den nördlichen Teil des Balkangebirges (Stara Planina) ein. Nach weiteren militärischen Kontakten musste die byzantinische Seite 681 ein bulgarisch dominiertes Herrschaftsgebiet in Mösien (1. Bulgarisches Reich, Gründung des Zentrums Pliska) unter Asparuch (681–701) anerkennen und Schutzgeldzahlungen gegen weitere Einfälle in Thrakien vereinbaren. In der Nähe von Pliska befand sich das religiöse Zentrum der Bulgaren in Madara (monumentales Reiterrelief in Fels mit Siegesinschriften der Khane). Konstantinos richtete das **Thema** Thrakien ein.

Thema E
Die Themenorganisation (von *thema*, im Sinne von *thesis* „Platzierung" bzw. „Anordnung") begann, sich ab dem 7. Jahrhundert (möglicherweise von Herakleios initiiert) als neue territoriale Gliederung des Reiches als Nachfolge der römischen Provinzeinteilung zu entwickeln, wobei der Themenstratege sowohl zivile als auch militärische Befugnisse hatte (erste sichere Erwähnung 667: Thema Armeniakon).

Kirchenpolitik

Nach der Beruhigung der außenpolitischen Situation widmete sich der Kaiser kirchlichen Angelegenheiten, da nach wie vor der Streit zwischen Anhängern des Monotheletismus, des Monoenergetismus und der Orthodoxie nicht beigelegt worden war. Konstantinos berief ein Konzil in Konstantinopel ein (= 6. Ökumenisches Konzil oder 3. Konzil von Konstantinopel). Die Versammlung bestätigte die Beschlüsse des Konzils von Chalkedon, veröffentlichte ein Glaubensedikt und verdammte die genannten Strömungen, deren Anhänger mittlerweile aber zum Großteil im umayyadischen Kalifat lebten. Bis heute gibt es im Libanon und um Antiocheia monotheletische Gläubige (Maroniten).

681 ließ Konstantinos seine Brüder Herakleios und Tiberios, die von ihrem Vater zu *augusti* erhoben waren und mit ihm regiert hatten, verstümmeln; möglicherweise planten sie einen Umsturz. Zugleich designierte er seinen Sohn (Mutter Anastasia) Iustinianos zum Mitkaiser. Die beiden sind im Apsismosaik in San Apollinare in Classe (Ravenna) als Wohltäter der Kirche dargestellt.

Iustinianos II. (685–695)

Der älteste Sohn (* ca. 668) von Konstantinos IV. und Anastasia war der letzte Sproß der Dynastie der Herakleios und seit 681 Mitkaiser gewesen; im September 685 übernahm er ein Reich, das gerade an der Ostgrenze relativ stabil war. Ein rascher Angriff armenischer Gebiete ermöglichte es ihm, die Tribute seitens der Araber zu erhöhen. Die Einnahmen in Iberien (Georgien) und Armenien wurden zwischen den beiden Großreichen geteilt. Dazu konnte er zeitweise wieder die Kontrolle über Zypern erlangen. 687 kam er mit dem Kalifen überein, 12 000 **Maroniten** ins byzantinische Reich aufzunehmen.

E

Maroniten

Die Maroniten sind syrische Christen, die den Papst als kirchliches Oberhaupt anerkennen, und seit 681 als Häretiker verurteilt, da sie dem Monotheletismus (s. oben S. 44) folgen. Sie konnten ihre Unabhängigkeit gegen Byzanz behaupten und unterstützten später auch die Kreuzfahrer.

Im selben Jahr veranlasste er, berittene Truppen aus dem Thema Anatolikon nach Thrakien überzusetzen; dort errang er Siege gegen die Bulgaren (688–689) und hob die Belagerung Thessalonikes auf. Slawen wurden nach Asia Minor deportiert und mussten dem byzantinischen Kaiser Soldaten stellen. Dies geschah vor dem Hintergrund des geplanten Zuges gegen die Araber. 693 siegte er in Armenien, bei der Schlacht in Sebastupolis erlitten die Byzantiner unter dem Befehlsheber Leontios eine schwere Niederlage gegen Abd al-Malik ibn Marwan, der die Oströmer des Vertragsbruches zieh. Als zwei Drittel der 30000 slavischen Kämpfer unter ihrem Anführer Nebulos desertierten, war das Glück auf der Seite der Araber. Iustinianos II. floh an die Propontis. In Armenien rebellierte der *patrikios* Symbatios gegen den Kaiser, seine Gebiete wurden kurz darauf von den Arabern eingenommen (694–695).

Iustinianos betätigte sich auch in Glaubensangelegenheiten; so ließ er die Manichäer verfolgen und nicht-orthodoxe Bräuche sanktionieren.

Quinisextum

Im Konzil von Konstantinopel 691/692 (Quinisextum oder Trullanum) legitimierte Iustinianos seine Handlungen gegen die Häretiker. Es wurden in der Versammlung die Bestimmungen des 5. und 6. Ökumenischen Konzils dargelegt und erläutert, aber auch die Gegensätze zwischen Ost und West betont (z.B. Priesterehe – römisches Samstagsfasten). Da die Beschlüsse jedoch teilweise für Rom und den Westen inakzeptabel waren, weil sie der dortigen Praxis widersprachen, weigerte sich Papst Sergius I. (687–701), die

Akten zu unterzeichnen, ja er weigerte sich sogar, sie offiziell in Empfang zu nehmen. Versuche, den Papst festnehmen zu lassen, scheiterten an der Weigerung der byzantinischen Vertreter in Rom und Ravenna.

Wahrscheinlich in Zusammenhang mit dem Quinisextum, in dessen 73. und 82. Kanon auf die Verehrung des Kreuzes und des menschlichen Christus fokussiert wurde, stand die Veränderung des Münzbildes: Auf der Vorderseite wird Christos Pantokrator dargestellt, der Kaiser rutschte ab diesem Zeitpunkt auf die Rückseite.

Fiskalisch unterstützte Iustinianos den freien Bauernstand, da dieser für die Aufrechterhaltung des militärischen Verteidigungssystems wichtig war. Er war gegen die aristokratischen Großgrundbesitzer eingestellt. Der Eunuch Stephanos der Perser und der *logothetēs* Theodotos versuchten, die steuerlichen Vorgaben umzusetzen, stießen aber auf massiven Widerstand.

695 zettelte die blaue Zirkuspartei mit Unterstützung des Patriarchen Kallinikos (693–705) einen Aufstand an und Leontios, *stratēgos* von Hellas, rebellierte gegen Iustinianos; seiner Nase beraubt (darum der Beiname „Rhinotmetos") wurde er ins Exil nach Cherson auf der Krim geschickt.

Leontios (695–698)

Leontios (in den Quellen auch Leon genannt) stammte aus Isaurien und war zunächst *stratēgos* des Themas *tōn Anatolikōn*. 688 verzeichnete der Feldherr Erfolge gegen die Araber bis nach Aserbaidschan und wirkte wahrscheinlich bei den Verhandlungen mit den Arabern entscheidend mit. Nach der Niederlage bei Sebastupolis 693 ließ ihn Iustinianos II. inhaftieren. Als er 695 freikam, wurde er zum Strategos von Hellas bestellt. In der Außenpolitik nahm Leontios eine defensive Haltung ein, was dazu führte, dass Abd al-Malik wieder Terrain gewann. 697 war auch Karthago an den Kalifen verloren, ein kaiserlicher Versuch, die nordafrikanische Stadt mittels einer Flottenexpedition zurückzuerlangen, scheiterte unter Ioannes Patrikios. Eine Meuterei auf der Rückfahrt bei Kreta brachte Ioannes um sein Leben und Apsimaros an die Spitze; zum Kaiser proklamiert nannte er sich Tiberios (II.). In der gerade pestgeplagten Hauptstadt konnte er auf die Unterstützung der grünen Partei bauen; eine der wenigen bekannten Aktionen dieses Kaisers war die Reinigung des Neorion-Hafens in Konstantinopel, was mit der Seuchenbekämpfung zu tun hatte. Nach mehrmonatiger Belagerung wurden die Stadttore geöffnet, und er exilierte seinen Vorgänger Leontios in ein Kloster.

Verlust Karthagos

Tiberios II. (698–705)

Der aus Armenien oder dem nördlichen Iran stammende Marinebefehlshaber (*drungarios tōn Kibyrrhaiōtōn* [= „Einwohner aus Kibyrrha" = Seethema]) verstärkte die Aktivitäten gegen die Araber im Osten, während Nordafrika nicht mehr in seinem primären Interesse lag. Sein Bruder Herakleios bekam die Funktion eines *monostratēgos* („alleiniger Feldherr") übertragen, die Land- und Seeeinheiten wurden verstärkt (auch die Seemauern der Hauptstadt wurden instand gesetzt). Gegen Abd al-Malik erlangte man kleinere Erfolge in Syrien (700, 701), dann auch kurzzeitig in Armenien. Zypern litt seit Iustinianos II. an Unterbevölkerung, Tiberios sandte eine Delegation zum Kalifen mit der Bitte, exilierte Zyprioten (aus Kyzikos) rückführen zu dürfen. Dazu wurden Truppen aus dem Taurusgebirge dorthin verlegt und Zypern wieder verstärkt von Byzanz aus verwaltet. Als Tiberios 703 von der Flucht des Iustinianos zu den Chasaren, einem Volk nordöstlich des Schwarzen Meeres angesiedelt, erfuhr, ersuchte er den Khagan Busir um Auslieferung des abgesetzten byzantinischen Kaisers, flüchtete aber, als Iustinianos auf dem Anmarsch auf Konstantinopel war (704).

Iustinianos (2. Regierung 705–711)

Auf seiner Flucht wurde Iustinianos von dem bulgarischen Khan Tervel (ca. 695–721?) unterstützt; mit einem Heer bestehend aus slavischen und bulgarischen Verbänden rückte er bis nach Konstantinopel vor und drang durch die Wasserleitung in die Stadt ein. Die beiden Usurpatoren Leontios und Tiberios ließ er nach einem Schandumzug durch Konstantinopel im Hippodrom exekutieren. Trotz seiner Verstümmelung wurde Iustinianos als Kaiser anerkannt. Er war der erste Kaiser, der eine fremdländische Prinzessin, nun Theodora genannt, zur Frau nahm. Der Ehe entsprang ein Sohn Tiberios. Möglicherweise versuchte er, sich mit Iustinianos I. zu vergleichen, dessen Frau auch den Namen Theodora trug.

Kleinasien

Ab 705 unternahmen die Araber verstärkt Einfälle in Kleinasien, Iustinianos setzte aber nicht viel dagegen, da er zunächst damit beschäftigt war, gegen seine Widersacher vorzugehen, der Patriarch Kallinikos wurde geblendet. 709–711 sickerten verstärkt arabische Verbände in Kilikien und dann in Kappadokien ein, wo sie kaum auf oströmischen Widerstand stießen. 708 überfiel der Kaiser das bulgarische Reich Tervels und versuchte, die Gebiete zurückzuerlangen, die ihm als Belohnung für seine Unterstützung übertragen worden waren. Iustinianos wurde bei Anchialos eingekreist, sodass er in Friedensverhandlungen treten musste.

Papst in Konstantinopel

710/711 bestellte Iustinianos den (aus Syrien stammenden) Papst Constantinus I. (708–715) nach Konstantinopel. Der Papst, der dem Kaiser verpflichtet war, sollte die Beschlüsse der trullanischen Synode anerkennen (692). In Ravenna verweigerte der Erzbischof die Unterordnung unter den Papst, Iustinianos schickte Einheiten zur Befriedung dorthin. Erst mit Paul VI. begab sich 1967 wieder ein katholisches Kirchenoberhaupt an das Goldene Horn.

711 revoltierte die Stadt Cherson gegen Iustinianos (und gegen seinen Statthalter Elias). Bardanes wurde mit chazarischer Unterstützung zum Anführer auserkoren. Die zur Rückeroberung entsandten kaiserlichen Truppen schlossen sich bald dem Aufstand an. Bardanes wurde zum Kaiser proklamiert (neuer Name: Philippikos). Iustinianos floh nach Kleinasien und hoffte dort auf Unterstützung im Thema Armeniakon und Opsikion, doch wurde er ergriffen und zusammen mit seinem Sohn Tiberios (11. Dezember 711) getötet. Sein Haupt schickte man nach Ravenna und Rom, möglicherweise legendär ist seine goldene Nase, mit der er seine Verstümmelung kaschieren wollte (erwähnt bei Agnellus von Ravenna).

Philippikos (711–713)

Der aus armenischer Familie stammende Offizier hatte schon unter Tiberios II. Ambitionen auf die Kaiserwürde gehabt und wurde aus diesem Grund nach Kephallenia verbannt. Iustinianos holte ihn noch 711 zurück, um ihn auf der Krim einzusetzen. 712 errang Philippikos einen Sieg gegen die Bulgaren unter ihrem Khan Tervel vor Konstantinopel. Die Truppen, die man aus Opsikion nach Thrakien übersetzen ließ, fehlten in Kleinasien, wo die Araber unter dem Kalifen al-Walīd (705–715) nun jährlich Vorstöße unternahmen.

Am Beginn seiner Regierung setzte er den orthodoxen Patriarchen Kyros (705–711) ab und installierte Ioannes VI., der wie der neue Herrscher monotheletischen Bekenntnisses war. Die Beschlüsse des 6. Ökumenischen Konzils wurden aufgehoben.

Im Mai 713 rebellierten die Truppen des Themas Opsikion in Thrakien, Philippikos feierte noch am 11. Mai den Geburtstag der Stadt, die Aufständischen drangen in die Stadt ein und blendeten den Kaiser, als er sich in einem öffentlichen Bad aufhielt (3. Juni 713).

Anastasios II. (713–715)

Nachfolger des Philippikos wurde am 4. Juni sein Sekretär (*prōtasekretis*) Artemios, der den Namen Anastasios annahm. 714 kam es zu Einfällen durch Maslama in Galatien, Anastasios schickte sich an, in Friedensverhandlungen mit al-Walīd († 23. Februar 715) zu treten. Er begann, Reparaturen an Land- und Seemauern der Hauptstadt einzuleiten. Im Frühling 715 schickte er eine Flotte Richtung Syrien, um die arabische Holzwirtschaft zu stören. Während ihres Aufenthaltes in Rhodos kam es aber zu einer Revolte gegen Anastasios, der Anführer Theodosios fuhr nach Konstantinopel, das er sechs Monate lang belagerte. Anastasios flüchtete nach Nikaia, wo ihn der Patriarch Germanos aufsuchte. Am 11. August 715 hatte der Metropolit von Kyzikos den Patriarchen Ioannes VI. (712–715) abgelöst und das 6. Ökumenische Konzil wieder anerkannt. Germanos überzeugte ihn nun aufzugeben, Anastasios wurde Mönch und zog sich in ein Kloster in Thessalonike zurück. 719 kam er auf Betreiben des *magistros* Niketas Xylinites nochmals nach Konstantinopel; er ging mit Unterstützung des Bulgaren Tervel gegen Leon III. vor, wurde aber aufgegriffen und am 1. Juni 719 enthauptet. Anastasios' Gemahlin Eirene ließ ihn im Heroon des Iustinianos bestatten.

Theodosios III. (715–717)

Theodosios, ursprünglich ein Steuereinnehmer in Adramyttion, hatte zunächst gezaudert, die Kaiserwürde nach Akklamation durch die Truppen des Themas Opsikion anzunehmen; er nahm die Stadt Konstantinopel aber im November 715 ein und handelte 716 einen Vertrag mit Tervel aus. 717 rebellierte Leon, der Strategos von Anatolikon, zusammen mit Artabasdos, als Maslama in byzantinisches Territorium einmarschierte. Der Sohn des regierenden Theodosios wurde allerdings gefangen genommen und mit dieser Geisel konnte der Kaiser zum Abdanken gezwungen werden (25. März 717). Die beiden traten dann in ein Kloster ein.

Nach der Machtübernahme des Kaisers Herakleios (610) und seinem erfolgreichen Zurückdrängen der Perser schien dem oströmischen Kaisertum eine sichere Zukunft (vor allem in den östlichen Provinzen) beschieden. Die Erfolge Herakleios' währten aber nur kurz und brachten keine Stabilisierung, da sich in den 630er-Jahren rasch die Anhänger Mohammeds aus Arabien Richtung Norden ausbreiteten und oströmisch dominiertes Territorium okkupierten. Die folgenden Dekaden waren von einem Rückzug der Byzantiner aus dem Vorderen Orient geprägt. Kleinasien und die Ägäis wurden zu den Kernräumen des oströmischen Machtbereiches, die nur mit Mühe geschützt werden konnten, da sich die Araber sowohl über den See- als auch auf dem Landweg Konstantinopel annäherten. Neue Verteidigungsordnungen (Themenorganisation) erwiesen sich längerfristig als erfolgreiche Gegenstrategie.

VI. Die syrische/isaurische Dynastie (717–802) – Bilderstreit und Konkurrenz im Westen

717/718	arabische Blockade Konstantinopels
726	Vulkanausbruch auf Thera, Sieg Leons III. gegen Araber in Nikaia
726	oder 741 Ekloga erlassen
730	bilderfeindliches Edikt (erste Phase des Bilderstreits bis 787)
740	byzantinischer Sieg gegen Araber in Akroinon
741	oder 742 Revolte des Artabasdos
747/748	Pestepidemie in Konstantinopel
750	Ende der Umayyaden-Dynastie, Abbasiden verlegen Hauptstadt nach Bagdad
754	Konzil von Hiereia
756	Sieg der Byzantiner gegen Bulgaren in Bulgarophygon
782	Verlobung Konstantinos' V. mit Rotrude, der Tochter Karls des Großen
787	7. Ökumenisches Konzil (Nikaia)
792	Bulgaren besiegen Byzantiner bei Markellai
794	Synode von Frankfurt
795	Beginn des moicheianischen Streits
797	Blendung Konstantinos' V.
800	Krönung Karls des Großen

Leon III. (717–741)

Die Familie Leons (* um 685 in Germanikeia, Kommagene) wurde nach Thrakien verpflanzt. Leon diente in der Armee des Iustinianos II. Der erfolgreiche Stratege wurde später nach Alanien und Lazika geschickt, wo er gegen den Kalifen al-Walīd operierte. Unter Anastasios II. wurde er zum *stratēgos tōn Anatolikōn* bestellt, zusammen mit Artabasdos, *stratēgos tōn Armeniakōn,* putschte er gegen Theodosios III. Anna, die Tochter Leons, wurde mit Artabasdos vermählt. Am 25. März 717 dankte Theodosios ab, als die beiden Feldherren die Hauptstadt belagerten. Die inneren Zwistigkeiten beobachteten die umayyadischen Flottenkommandanten unter Sulayman ibn Abd al-Malik genau und setzten zu einer Blockade Konstantinopels an (August 717). Die Gefahr einer Eroberung konnte durch das „griechische Feuer" und die Unterstützung bulgarischer Verbände im August 718 abgewendet werden. Sulayman starb und unter seinem Nachfolger Umar II. (Umar ibn 'Abd al-'Azīz, 717–720) wurde die Operation nicht fortgesetzt. Aus einem späteren Blickwinkel kann man diese Bedrohung des Reichszentrums als einen Wendepunkt in der Auseinandersetzung zwischen Oströmern und Arabern sehen. In der Folge zeigten sich die Byzantiner offensiver (prestigereiche Erfolge in Nikaia, 726, und Akroinon, 740). Leon III. war am Anfang seiner Regierung mit Aufständen in Sizilien (718) und Konstantinopel (719, Anhänger des Anastasios) konfrontiert, doch stabilisierte er die politische Situation rasch.

Ekloga

Die sogenannte *Ekloga* (726 oder 741 erlassen) stellt eine Auswahl aus Gesetzen für den juristischen Alltag dar; das Handbuch, das auf dem *Codex*

Iustinianus basiert, ist in einem schlichten Stil gehalten. Leon führte neue Bestrafungen ein (vermehrt Körperverstümmelungen anstelle von Todesstrafen); diese sind zwar schon im 7. Jahrhundert belegt, es zeigt, dass das Gewohnheitsrecht nun aber aufgezeichnet wurde.

Leon III. konnte die Staatsfinanzen durch Änderungen im Steuersystem verbessern und investierte in die Befestigung der Landmauern Konstantinopels, außerdem wurde die territoriale Gliederung des Reiches durch eine Neustrukturierung der Themen stabilisiert (neu: Thrakesion und Kibyrrhaioton sowie ein Flottenthema Ägäis). Größere Themen wurden geteilt, um den Strategen weniger militärische Macht zu geben und Gefahr von Usurpationen zu bannen.

Der Beginn des Bilderstreits

Untrennbar verbunden mit Leon ist der Ausbruch des Bilderstreites oder Ikonoklasmus (der Begriff tauchte im 16. Jahrhundert auf und wurde in der Byzantinistik verstärkt ab den 1950er-Jahren verwendet). „Bilder" meint nicht nur Ikonen, sondern alles, was bildlich oder schriftlich Heiliges darstellt. Ab dem ausgehenden 7. Jahrhundert verstärkten sich Diskussionen um das Abbild Christi und der Theotokos („Gottesgebärerin") sowie deren Verehrbarkeit. Ein Grundproblem bei der Interpretation des Bilderstreits ist, dass die Ereignisse aus bilderfreundlicher Perspektive im Nachhinein bewertet werden. Man teilt den Bilderstreit in zwei Phasen: 726/730–787 und 815–842. In dem ersten Zeitraum ist nach jüngsten Forschungen weitaus weniger rigide gegen Bilderverehrer vorgegangen worden und die Kaiser Leon III. und Konstantinos V. werden differenzierter betrachtet. Es existieren unterschiedliche Erklärungsversuche für den Ursprung des Bilderstreits: 1. Der Historiker Theophanes (765–817) erwähnt ein Edikt des Kalifen Yazid II. (720–724), in dem die Verehrung „heiliger Bilder" in seinem Herrschaftsbereich verboten wurde – Leon sei durch arabische Lehrer zum *sarakēnophrōn* („sarazenisch/arabisch denkend") geworden. Angeblich gab es auch einen Briefwechsel zwischen dem Kaiser und dem Kalifen Umar, in dem der Kalif Leon III. vom Islam überzeugen wollte; 2. Jüdischer Einfluss sei Anlass für den Bilderstreit gewesen, wofür es keinen Nachweis gibt; 3. Der unterseeische Vulkanausbruch nordöstlich von Kreta zwischen Thera und Therasia war sichtbar und konnte auch als Strafe/Wink Gottes gedeutet werden; 4. Der Einfluss der Paulikianer (siehe S. 62) im byzantinisch-armenischen Grenzgebiet wurde namhaft gemacht, da sie sich gegen Bilder und die kirchliche Hierarchie wandten (erstmalige Erwähnung auf Synode von Dvin 718); 5. Der Kaiser habe Geld für seine Kriegsleistungen gebraucht und auf Kirchenschätze wie Ikonen zurückgegriffen; 6. Im Bilderstreit wurden auch eine sozialökonomische Komponente und ein Ausdruck des Protests gegen die kirchliche Hierarchie gesehen.

Leon III. hatte bei seiner Krönung durch den Patriarchen Germanos (715–730) noch seine Rechtgläubigkeit beschworen. Zeigen lässt sich das durch Kaisersiegel, auf denen die Theotokos Hodegetria („Mutter Gottes, die Wegweiserin") dargestellt ist. Ab 726 nahm Kaiser Leon III. angeblich eine bilderfeindliche Haltung an, während Germanos bilderfreundlich blieb, wodurch sich ein Konflikt zwischen weltlicher und geistlicher Macht abzuzeichnen begann. Der Kaiser ließ das Christusbild vom Ehernen Tor (Chalke-Tor) des Kaiserpalastes abnehmen und eine Inschrift anbringen, in der davon die Rede ist, dass man das Kreuz wie in der alten Kirche verehren solle. Unterschiedliche Versionen dieser Geschichte kursierten, es handelt sich also um den Prozess des Neuschreibens von Vergangenheit. Das Kreuz rückte seit Kaiser Herakleios und seinen Nachfolgern ganz besonders in den Vordergrund: Man wollte wie Kaiser Konstantinos I. in seinem Zeichen Erfolge verbuchen. Konstantinos von Nakoleia ging in Wort und Tat gegen Bilder in seiner Diözese in Kleinasien vor. Leon III. erließ eine Erklärung gegen die Bilderverehrung im Januar 730 und erhoffte sich die Zustimmung des Patriarchen Germanos. Seit Iustinianos I. gab es den Grundsatz (Vorwort zur 6. Novelle), dass die beiden von Gott gegebenen Gewalten im Einklang miteinander für die Menschen handeln müssten. In dem Silention (Geheimrat) verweigerte der Patriarch Germanos die Unterschrift, trat zurück und begab sich in ein Kloster († 730 oder 742). Germanos war entmannt worden, was aber seiner Autorität keinen Abbruch tat, da die körperliche Unversehrtheit des kirchlichen Oberhauptes in Byzanz nicht wie im Westen eingefordert wurde. Während der Regierung Philippikos' sympathisierte er zunächst mit dem Monotheletismus. Leon III. gegenüber war er freundlich eingestellt und lobte besonders seine Erfolge gegen die Araber.

Ioannes von Damaskos

Ioannes von Damaskos (ca. 650/675–750), der aus einer vornehmen arabischen Familie christlichen Glaubens stammte (darum auf Ikonen mit Turban dargestellt), trug viel in der Diskussion um die Verehrungswürdigkeit von Bildern bei. Als Abd al-Malik antichristliche Tendenzen in seiner Herrschaft in Syrien erkennen ließ, trat Ioannes um 700 mit seinem Bruder Kosmas in das Kloster des heiligen Sabas bei Jerusalem ein, der Patriarch Ioannes V. von Jerusalem (705–735) weihte ihn zum Priester. Er hinterließ Schriften über Häresien, den Islam und die zwei Willen in Christus (darin Auseinandersetzung mit Monotheletismus). Bekannt ist seine „Quelle der Erkenntnis" (*Pēgē gnōseōs*), in deren erstem Teil er „von den Feinden Nutzen ziehen" möchte, d.h. die heidnischen Philosophen für die Schärfung theologischer Gedankenführungen verwendet, im zweiten Teil behandelt er 100 Häresien und im dritten Teil bietet er eine „Genaue Darlegung des orthodoxen Glaubens"; Ioannes war ein Vertreter der apophatischen Theologie (d.h. Gott kann in seiner Transzendenz nicht vom menschlichen Verstand erfasst werden) und folgte den kappadokischen Kirchenvätern sowie Pseudo-Dionysios. Seine bilderfreundliche Überzeugung konzentriert sich in drei Reden (zwischen 726 und 730). Kernaussagen sind „Gott selbst hat als Erster Bilder geschaffen und Bilder gezeigt" (Oratio II 20); „Das Bild ist nur das Abbild und das Beispiel und der Abdruck von etwas, indem es in sich das Abgebildete zeigt" (Oratio III 16). Ioannes galt und gilt als die Autorität in der Argumentation der Bilderverehrer.

Konstantinos V. (741–775)

Artabasdos

Nach dem Tode Leons III. folgte am 19. April 741 Konstantinos (seit 720 Mitkaiser) nach; der mittlerweile zum *komēs tōn Opsikiōn* aufgestiegene Artabasdos ursurpierte aber die Herrschaft gegen seinen Schwiegersohn (Juni 741 oder 742), als sich dieser auf einer Expedition gegen Hisham ibn Abd al-Malik befand. Konstantinos floh nach Amorion, und Artabasdos setzte sich in der Hauptstadt fest, seine Gemahlin Anna erhob er zur Augusta. Ikonoklastischen Tendenzen hing er nicht an und konnte sich auch der Zustimmung des Papstes Zacharias (741–752) sicher sein. Hinter Artabasdos standen die Themen Thrakien und Opsikion, während Konstantinos V. auf die Unterstützung seitens Anatolikon und Thrakesion baute. Im Mai 743 unterlag Artabasdos dem Kaiser, am 2. November 743 endete das Intermezzo durch Blendung des Widersacher und seiner Söhne.

Konstantinos widmete sich der weiteren Konsolidierung des Reiches. Wie bei seinem Vater verzerren die ikonophilen Quellen seine Verdienste. 732 heiratete Konstantinos Tzitzak/Eirene, die Tocher des chasarischen Khagans Bihar (25. Januar 750 Geburt des Sohnes Leon).

Innere Streitigkeiten im Haus der Umayyaden unter Marwān ibn Muḥammad ibn Marwān II. (745–750) wirkten sich auf die oströmische Expansion positiv aus. 746 eroberte Konstantinos Germanikeia in Syrien, im Jahr darauf konnte eine arabische Flotte vor Zypern bezwungen werden. 750 lösten die Abbasiden die Umayyaden ab und verlegten ihr Reichszentrum von Damaskos nach Bagdad. Schon 752 marschierte der oströmische Kaiser gegen das Abbasidenreich und nahm Theodosiupolis (Erzurum) sowie Melitene ein.

Die italienische Halbinsel geriet allmählich aus dem Gesichtsfeld imperialer Politik, 751 ging das Exarchat von Ravenna an die Langobarden verloren.

Bulgarien

Konstantinos siedelte in Thrakien mehrmals christliche Bevölkerungsgruppen an und versuchte, auf der Balkanhalbinsel wieder verstärkt Fuß zu fassen. 755 drang der Bulgarenkhan Kormisosch (753/54–756) bis zu den anastasischen Landmauern vor, der Kaiser besiegte ihn 756 bei Burdizon (danach Bulgarophygon genannt). Gegen den Khan Winech musste Konstantinos 759 am Rischkepass (zwischen Schumen und Karnobat) eine Niederlage einstecken, doch trat der bulgarische Herrscher anders als erwartet in Friedensverhandlungen mit den Byzantinern ein, was ihn 761 sein Leben durch eine Verschwörung bulgarischer Fürsten kostete. 763 erreichte eine byzantinische Flotte bestehend aus 800 Schiffen mit 9600 berittenen Soldaten Anchialos (heute Pomorie) und setzte sich gegen Khan Telez (762–765) durch. Konstantinos rüstete nach dem Verrat byzantinischer Agenten im Reiche Telerigs (768–777) zu einem neuen Kriegszug, starb aber im Zuge der Vorbereitungen am 14. September 775.

Konzil von Hiereia

Konstantinos V. galt als einer der eifrigsten Verfechter der bilderfeindlichen Doktrin. Dieser Ruf gründet sich vor allem auf dem Konzil in Hiereia (Konstantinopel gegenüberliegend) 754. Die Versammlung wurde später als nichtökumenisch und „kopflos" bezeichnet, da kein Patriarch anwesend war. Unter seinem Vorsitz verurteilten die Kirchenmänner die Bilderverehrung und anathematisierten den Bilderbefürworter Ioannes von Damaskos und den Patriarchen Germanos.

Genealogie

Mit Konstantinos V. und seinem Vater Leon III. wurde der dynastische Gedanke augenfällig forciert. Konstantinos ließ Münzen prägen, auf denen auch der frühere Herrscher Leon III. auf der Vorderseite gleichsam als Ahnherr dargestellt war. Auch die Initiative der Errichtung eines kaiserlichen Kreißsaals für die legitimen Familienmitglieder (purpurgeborene oder *porphyrogennētoi*), der mit kostbarem Porphyrstein ausgelegt war (darum *Porphyra*), ging auf ihn zurück.

Q

Die Porphyra

(Anna Komnene, Alexias VII cap. 2 § 4; Übers.: D. R. Reinsch, ²2001, S. 236–237).

Die Porphyra ist ein Gebäude innerhalb des Palastes, das vom Fundament bis zum Ansatz der Decke ein Quadrat bildet und von dort in eine Pyramide ausläuft; es blickt aufs Meer hinaus zum Hafen, wo die steinernen Stiere und die Löwen stehen; mit Marmorplatten sind sowohl der Boden bedeckt als auch die Wände verkleidet, nicht mit gewöhnlichen freilich oder mit anderen, die zu den leichter zu beschaffenden unter den kostbaren Steinen gehören, sondern mit solchen welche die alten Kaiser aus Rom haben herbeischaffen lassen. Dieser Stein ist aber im ganzen völlig purpurn und ihn durchziehen gleichsam kleine weiße sandkornartige Tüpfelchen.

Leon IV. (775–780)

Leon (seit 751 Mitkaiser) trug aufgrund der Herkunft seiner Mutter den Beinamen „Chasare". Im Dezember 769 wurde er mit Eirene aus der angesehenen Athener Familie Sarantapechys verheiratet. Eirene verehrte die Bilder, während Leon im letzten Jahr seiner Regierung – seinem Vater folgend – Ikonophile am Hof bestrafen ließ. 771 wurde ihr Sohn Konstantinos (VI.) geboren (ab 24. April 776 Mitkaiser). In Kleinasien drängten seine Truppen Al-Mahdi zurück; der spätere Kalif Hārūn ar-Rašid (786–809) vermochte 780, wieder auf byzantinisches Territorium vorzustoßen. Leon starb auf einer Expedition gegen die Bulgaren an einem Fieber.

Konstantinos VI. (780–797)

Mit neun Jahren wurde Konstantinos Nachfolger seines Vaters, allerdings unter der Obhut seiner Mutter Eirene (bis 790). 782 wurde er mit Rotrude, der Tochter Karls des Großen und Hildegards, verlobt; diese Verbindung wurde 788 durch Eirene aufgelöst. Theophanes berichtet von einer Brautschau, bei der Maria aus Amnia (Paphlagonien) für Konstantinos ausgewählt wurde (November 788).

Einer der fähigsten Berater Eirenes war der Eunuch Staurakios (ab 781 als *logothetēs tu dromu*). 782 verhandelte er nach der Niederlage gegen Hārūn ar-Rašid, wurde aber mit anderen Gesandten als Geisel genommen. Dadurch konnte der abbasidische Kalif den Byzantinern einen dreijährigen Friedensvertrag diktieren (70000 oder 90000 Dinare, 10000 Seidengewänder sowie andere Vergünstigungen). Im folgenden Jahr operierte der wieder freigelassene Staurakios in den Sklaviniai (von Slaven besiedelte Gebiete auf der südlichen Balkanhalbinsel, die der Kontrolle des Kaisertums entglitten waren). Sein erfolgreicher Militäreinsatz führte ihn bis in die Peloponnes, und im Januar 784 wurde er im Hippodrom Konstantinopels triumphal empfangen.

Als Konstantinos 16 geworden war, wollte er alleine herrschen: Nur unter starkem Druck wurde Eirene dazu gebracht, dies zu akzeptieren; Eirene bestand allerdings darauf, den Titel „Kaiserin" (*basilissa*) weiterhin tragen zu dürfen (bestätigt 792).

Das 2. Ökumenische Konzil von Nikaia

784 wurde der kaiserliche Sekretär Tarasios als Nachfolger Paulos' IV. (780–784) zum Patriarchen gewählt (784–806), der die vollständige Kirchengemeinschaft mit allen anderen christlichen Kirchen verlangte. Zu diesem Behufe berief man ein ökumenisches Konzil ein, um die Beschlüsse von Hiereia 754 aufzuheben. Nach dem Scheitern des ersten Versuches im August 786 organisierte man ein zweites Treffen außerhalb Konstantinopels in Nikaia (in der dortigen Hagia Sophia), wo sich ab dem 24. September 787 etwa 350 Kirchenvertreter um einen Ausgleich bemühten. Die Abschlusssitzung fand im kaiserlichen Magnaurapalast wieder in Konstantinopel statt,

in der die Dokumente von Konstantinos und Eirene unterschrieben wurden. Das Konzil von Hiereia wurde als häretisch bezeichnet, nachdrücklich widmete man sich der Bilderfrage.

Papst Hadrianus I. (772–795) anerkannte die Beschlüsse dieses Konzils, wenngleich nicht alle Streitpunkte ausgeräumt werden konnten. Im Frankenreich hingegen regte sich Widerstand, da keine Vertreter von dort eingeladen waren und Übersetzungsfehler der Akten den Eindruck entstehen ließen, dass die götzenhafte Verehrung von Kultbildern gebilligt worden sei. Es wurden im Auftrag Karls (des Großen) 790/791 die *Libri Carolini* zusammengestellt (Inhalt: Verhältnis des Kaisers zur Kirche, Bilderkult). Auf der Synode von Frankfurt (794) wurde die „Pseudosynode der Griechen wegen der Anbetung der Bilder" verdammt (*pseudosynodus Grecorum, quam falso septimam vocabant, pro adorandis imaginibus fecerunt, reiecta est a pontificibus*; Annales regni Francorum inde a. 741 usque ad 829, ed. F. Kurze, Hannover 1895, S. 94) und Karl verlangte vom Papst, seine Billigung der Beschlüsse aufzugeben.

Franken und Papsttum

Um die Mitte des 8. Jahrhunderts standen die byzantinischen Besitzungen in Italien, insbesondere das Exarchat von Ravenna (Verlust 751), unter starkem langobardischem Druck. Byzanz konnte diesen wenig entgegensetzen, da die Kräfte an der Ostgrenze gebunden waren. Der Papst musste sich nun um eine neue Schutzmacht kümmern, und sah einen Ausweg oder die Chance, sich die Franken zu verpflichten, die im Gegensatz zu den arianischen Langobarden immer katholisch gewesen waren.

Die Beziehungen zwischen dem Papst und den Byzantinern waren schlecht, da Kaiser Leon III. die päpstlichen Güter in Süditalien und Sizilien konfisziert hatte. Zusätzlich wurde das Illyricum dem byzantinischen Patriarchat unterstellt (d.i. westlicher Balkan, die Ionischen Inseln und Kreta). Zur Trübung des Verhältnisses trug auch der Bilderstreit bei, da gerade in Rom im 8. Jahrhundert die Kirchen besonders geschmückt wurden. Zudem lag man mit Konstantinopel im Streit über die hohen Steuerlasten, und die römische Aristokratie folgte lieber einem Bischof aus ihren Reihen als byzantinischen Verwaltungsbeamten.

Die Franken mischten sich durch ihre Annäherung in inneritalienische Angelegenheiten ein. Papst Stephanus II. bat 754 um Unterstützung gegen die Langobarden. Das Frankenreich befand sich in einem Umbruch; bislang hatte das gentile merowingische Königtum kaum Anstrengungen zur Expansion gemacht. Die karolingischen Hausmeier veränderten nun die Konzeption der sakrosankten Königsfamilie und holten sich Legitimität von außen (durch den Papst). Bei der Ernennung Pippins zum *patricius Romanorum* maßte sich der Papst das Recht an, einen weltlichen Titel zu verleihen (den er auch wieder entziehen konnte). Das wachsende Selbstbewusstsein des Papsttums musste notwendigerweise stärker kontrolliert werden, es musste also entweder fränkisch, selbstständig oder so schwach sein, dass es auf fränkische Hilfe (gegen Langobarden und Byzantiner) angewiesen war. Die Pippin'sche Schenkung sicherte dem Papst eine eigene, aber kleine Herrschaft (zunächst Rom, Latium und das Gebiet um Ravenna) zu.

Als Alleinherrscher und Außenpolitiker erwies sich Konstantinos als weniger erfolgreich: Trotz diplomatischer Bemühungen 788 überfielen fränkische Verbände Istrien und Benevent. Er verlor gegen die Araber Terrain und in Markellai (nahe Karnobat in Oberthrakien) mussten die Byzantiner eine empfindliche Niederlage gegen Khan Kardam (777–803) einstecken (792), der sie tributpflichtig machte.

Ehestreit

Staub wirbelte die Trennung von seiner Frau Maria von Amnia auf (Verbannung nach Prinkipo, der größten der Prinzeninseln), mit der er zwei Töchter hatte (Euphrosyne, die spätere Frau Michaels II., und Eirene), um seine Mätresse Theodote zu heiraten (795). Das Ehebündnis wurde von dem Priester Ioseph besiegelt. Konstantinos wurde als Ehebrecher (*moichos*) getadelt (daher „Moicheianischer Streit") (siehe S. 60). Die außenpolitischen Misserfolge und die ungerechtfertigten Aktionen im Inneren stärkten die Opposition um Eirene. Am 19. April 797 nahmen Anhänger Eirenes Konstantinos fest und blendeten ihn. Eine Sonnenfinsternis und eine 17-tägige Verdunkelung des Himmels wurden als schlechtes Omen gedeutet. Kurz darauf dürfte er gestorben und im von seiner Mutter gegründeten Kloster der heiligen Euphrosyne bestattet worden sein. Mit Eirene wurde zum ersten Mal eine Frau zur alleinregierenden Kaiserin gekrönt.

Eirene (797–802)

Eirene hatte bereits von 780–790 die Regierungsgeschäfte geführt und nahm diese – gestützt auf ihre Berater wie die Eunuchen Aetios und Staurakios – wieder auf. Sie führte den Titel „Kaiserin" (*basilissa*) auf Münzen, Siegeln und Urkunden (nur selten „Kaiser" [*basileus*]).

Eirene ließ die exilierten Mönche zurückholen und den Priester Ioseph exkommunizieren. Die Ehe von Konstantinos und Theodote wurde annulliert und die Kinder verloren damit das Erbrecht. 798 war die Regierung gezwungen, einen Friedensvertrag mit Hārūn ar-Rašid zu akzeptieren.

Wie intensiv sich Eirene mit Karl arrangieren wollte, wird nie endgültig zu lösen sein. Eine Notiz in einer Kölner Handschrift (*missi venerunt de Grecia ut traderent ei imperium*; datiert 798/799) macht denkbar, dass Eirene dem Frankenkönig das Kaisertum angetragen hatte.

Karl der Große

Im Jahr 800 kam es zum Höhepunkt des Konkurrenzkampfes zwischen dem fränkischen Königtum und dem byzantinischen Kaisertum: Papst Leo III., der sich 799 in fränkischen Schutz nach Paderborn begeben hatte, krönte Karl zum Kaiser mit Bezug auf das Römische Reich (*imperium romanum gubernans*); er tat es angeblich deswegen, da er das Kaisertum am Goldenen Horn verwaist sah. In den Augen der Byzantiner bedeutete das natürlich eine Usurpation, man war allerdings etwas ratlos, da ein Usurpator (normalerweise) nach Konstantinopel kommen musste, um dort den Thron zu besetzen. Das Konzept eines Gegenkaisers mit eigenem Territorium existierte zu dieser Zeit in Byzanz nicht. Und zwei Kaiser durfte es nicht geben (Zweikaiserproblem). Mit der Krönung wurde versucht, Byzanz territorial und ideologisch in die Schranken zu weisen. In der Folge kam es zu langwierigen Streitigkeiten über die Verwendung des Titels *imperator*/*basileus* und den Zusatz *tōn Rōmaiōn*. In diese Zeit fällt auch der Kontakt des Kalifen Hārūn ar-Rašid mit Karl, dem er die Schutzherrschaft über die heiligen Stätten anbot. In diesem Zusammenhang ist auch eine fränkische Mission im Jahr 809 in das Heilige Land zu sehen.

Eirene galt als besonders wohltätige Kaiserin: Sie stiftete mehrere Hospitäler (*xenodocheia*) und beschenkte auch Klöster und Kirchen (z.B. *Theotokos tēs Pēgēs* vor den Stadtmauern Konstantinopels, wo sie und ihr Sohn auch auf einem Mosaik dargestellt waren). Allerdings setzte sich die Kaiserin nicht lange gegen ihre Kritiker durch, 802 wurde sie unter Federführung des *logothetēs tu geniku* (Schatzmeister) Nikephoros nach Lesbos exiliert.

Das 8. Jahrhundert ist in der historischen Wahrnehmung durch den sogenannten Bilderstreit geprägt, bei dem es um die Verehrung des Heiligen ging. Die bilderfreundlichen Quellen erschweren durch ihre tendenziöse Darstellung die Rekonstruktion politischer Vorgänge. Byzanz schaffte es, allmählich wieder Terrain gegen die Araber zu gewinnen. Einschneidend für das imperiale Verständnis erwies sich der Aufstieg der Franken zu einer global denkenden und agierenden Macht, was realpolitisch im Adriaraum zu Spannungen führte. Die Kaiserin Eirene suchte den Ausgleich mit dem Westen und war bestrebt, die Auseinandersetzungen um die Bilder zu beenden.

VII. Nikephoros I. und seine Dynastie (802–820)

806 Tod des Patriarchen Tarasios
811 Niederlage der Byzantiner gegen Bulgaren
812 Anerkennung des Kaisertitels Karls
814 Tod von Khan Krum und Hārūn ar-Rašid
815 ikonoklastische Synode (Bilderverbot bis 842)

Nikephoros I. (802–811)
Nikephoros stammte aus Seleukeia Sidera (in Pisidien) und wurde unter Kaiserin Eirene Finanzminister. Am 31. Oktober 802 wurde Eirene gestürzt (wegen der möglichen Anbahnung einer Heirat mit Karl dem Großen oder, eher, gegen die Machenschaften ihres Beraters Aetios gerichtet) und Nikephoros zum Kaiser proklamiert. Anfangs hatte Nikephoros mit ständiger Opposition zu kämpfen (z.B. Bardanes Turkos), was möglicherweise darin begründet lag, dass er nicht mit der bis dahin regierenden Dynastie verwandtschaftlich verbunden war. Seinen Sohn Staurakios (seit 803 Mitkaiser) verheiratete er – vielleicht aus diesem Grund – 807 mit Theophano aus Athen, einer Verwandten von Eirene.

Er bemühte sich um die Re-Byzantinisierung der südlichen Balkanhalbinsel und ließ deswegen Bevölkerungsteile aus Kleinasien nach Griechenland verpflanzen. Neue Themen wurden eingerichtet (Thessalonike, Dyrrhachion, Kephalonia).

In Glaubensfragen gab sich der Kaiser orthodox, er versuchte aber den Einfluss der zelotischen Mönche, insbesondere aus dem Studiukloster, zurückzudrängen. Theodoros Studites war ihr Wortführer. Nach dem Tod Tarasios' 806 erhofften sich die Studiten, dass einer aus ihren Reihen das Patriarchat übernehmen würde, aber Nikephoros entschied sich für den Laien Nikephoros, Verwalter eines Spitals in der Hauptstadt. Nikephoros durfte seine *epistola inthronistica* (Antrittsschreiben) nicht nach Rom schicken, da der Kaiser die Krönung Karls nicht gebilligt hatte. Der „moicheianische Streit" brach wieder aus, als der Kaiser den Priester Ioseph 809 rehabilitieren ließ. Studitische Mönche wurden daraufhin verbannt, da sie mit der Abspaltung drohten. Erst unter Michael I. wurde der Konflikt nach abermaliger Exkommunikation Iosephs gelöst.

Venedig

803 handelte er einen Frieden mit Karl dem Großen aus, anerkannte aber nicht seinen Kaisertitel. Das Verhältnis zu den Franken verschlechterte sich wegen der Streitigkeiten um Venedig (806–810). Nikephoros schickte 807 erfolglos eine Flotte in die Adria, um die Venezianer gegen die Franken aufzuwiegeln. Pippin, der Sohn Karls des Großen und Unterkönig von Italien, nahm die Lagunenstadt 810 ein. Der Konflikt um Besitzungen in der Adriaregion endete erst nach dem Tode Nikephoros': Der Westen bekam Rom, Ravenna und die Pentapolis (fünf Städte von Rimini bis Ancona), der Osten Venedig, Istrien, die dalmatinische Küste und Süditalien zugesprochen.

Bulgarien

Um 805 hatte Khan Krum (803–814) das awarische Khaganat besiegt; 807 drängte er erfolgreich ein oströmisches Heer im Tal des Strymon (Struma; Mündung in das Thrakische Meer) zurück, 809 nahm er Serdica (Sofia) ein. Erst nach dem Tod von Hārūn ar-Rašid († 809) widmete sich Nikephoros verstärkt der Sicherung der Nordostgrenze. 811 besiegte er Krum zweimal, am 11. Juli wollte der bulgarische Khan bei Markellai verhandeln, doch ging der Kaiser nicht darauf ein und schickte sich an, die Hauptstadt Pliska zu plündern. Die Byzantiner gerieten in der Folge in einen Hinterhalt (26. Juli), bei dem Nikephoros ums Leben kam; angeblich wurde sein Schädel in ein Trinkgefäß umgewandelt.

Staurakios

Der schwer verwundete Staurakios wurde in Adrianopel zum Kaiser ausgerufen. Er versuchte, das Amt Theophano zu übertragen und seinen Schwager Michael Rhangabe, den Mann seiner Schwester, blenden zu lassen. Doch der *domestikos tōn scholōn* (Befehlshaber der Eliteeinheit) Stephanos ließ Michael als Kaiser akklamieren und vom Patriarchen Nikephoros krönen. Staurakios dankte am 2. Oktober 811 ab und starb als Mönch an den Folgen seiner Verletzungen im Januar 812.

Michael I. Rhangabe (811–813)

Michael, Sohn des ägäischen Flottenkommandanten und *patrikios* Theophylaktos, wurde unter Nikephoros I. zum *kuropalates* (hoher Titel) erhoben, als er die kaiserliche Tochter Prokopia heiratete. Nach dem Rücktritt seines Neffen wurde er Kaiser (seine Schilderhebung ist im Skylitzes Matritensis [Mitte 12. Jahrhundert], fol. 10v dargestellt). Michael machte strenge Steuervorschriften Nikephoros' rückgängig und übertrug kirchlichen Einrichtungen Vermögen.

Friede von Aachen

812 begann er wieder Verhandlungen mit den Franken und dabei wurde Karl der Große als *basileus*, nicht aber als *imperator Romanorum/basileus Romaiōn*, anerkannt (Friede von Aachen). Damit akzeptierte die byzantinische Seite das Kaisertum Karls, das aber an seine Person gebunden war. Das durch die Krönung Karls provozierte Zweikaiserproblem war damit gelöst; nach oströmischer Auffassung konnte es nur einen Kaiser (der Römer) geben, was seit 476 der Fall gewesen war. Michael I. versuchte, seinen Sohn Theophylaktos mit einer Tochter Karls zu vermählen. Die Byzantiner bekamen nun wieder Venedig, Istrien und Dalmatien, in Venedig wurde Angelo Partecipazio als erster Doge (*dux*) eingesetzt. Im folgenden Jahr übertrug Karl die kaiserliche Würde ohne Anwesenheit des Papstes an seinen Sohn Ludwig den Frommen.

Zugleich kam es zu Verhandlungen über den Austausch von Flüchtlingen zwischen dem bulgarischen Khan Krum, der große Teile Thrakiens geplündert und erobert hatte, und dem byzantinischen Kaiser. Dabei hatte Theodoros Studites, welcher unter Michael I. rehabilitiert wurde, großen Einfluss in der Debatte. Im Gegensatz zum Patriarchen Nikephoros riet er dem Kaiser, den Vertrag nicht anzunehmen. Krum eroberte daraufhin die Stadt Mesembria (November 812). Michael marschierte Anfang Mai 813 gegen die Bulgaren, doch endete dieses Unternehmen in einer Niederlage (in Versinikia, 22. Juni). Michael kehrte nach Konstantinopel zurück, trat auf Anraten des Patriarchen am 11. Juli 813 zurück und als Athanasios in ein Kloster auf der Prinzeninsel Prote ein, wo er am 11. Januar 844 starb.

Leon V. (813–820)

Leon, aus Armenien stammend, war bereits 803 bei der Usurpation des Bardanes Turkos beteiligt und erlangte unter Michael I. das Amt des *stratēgos tōn Anatolikōn*. 812 war er gegen die Araber erfolgreich, bei der Auseinandersetzung in Versinikia flüchtete er und betrieb in der Hauptstadt die Absetzung des Kaisers Michael mit geistlicher Unterstützung. Am 22. Juli 813 wurde er in der Hagia Sophia gekrönt. Die Söhne Michaels I. wurden entmannt, um jeglicher Usurpation vorzubeugen – Niketas bestieg als Ignatios allerdings 847 den Patriarchenthron.

Khan Krums Ende

Khan Krum bedeutete nach wie vor eine Bedrohung für das Kaisertum und zwang Leon zu Verhandlungen. Bei einer Begegnung versuchte Leon, den bulgarischen Herrscher vor den Stadtmauern Konstantinopels zu überrumpeln. Nach dem Scheitern dieses Vorhabens zog sich Krum nach Thrakien zurück, wo er Adrianopel und Arkadiopolis erobern konnte. Leon errang bei Mesembria zwar einen Erfolg, erst der Tod Krums am 13. April 814 ließ eine Beruhigung in den Beziehungen zwischen Konstantinopel und Pliska einkehren. Der Nachfolger Omurtag (814–831) schloss einen dreißigjährigen Frieden mit dem Kaiser und widmete sich der Festigung seiner Herrschaft im nordwestlichen Balkan sowie intensiven Bautätigkeiten in seinem Reich.

Bilderstreit

Leon V. führte entgegen seiner anfänglichen Beteuerungen die Bilderkritik wieder ein, am 1. April 815 setzte er den Patriarchen Nikephoros ab und Theodotos Melissenos Kassiteras (815–821), der mit Konstantinos V. verwandt war, ein. Mit Vehemenz verfolgte er die Studiten, glühende Verfechter der Bildverehrung (ihr Anführer Theodoros Studites wurde exiliert). Nach Ostern 815 wurde eine Synode einberufen, die die Beschlüsse von Nikaia 787 verwarf und die von Hiereia 754 wieder geltend machte. Der spätere Patriarch Ioannes Grammatikos leitete eine Kommission für die Zusammenstellung ikonoklastischer Schriften ab 814 und wurde dafür mit der Führung des Sergios- und Bakchos-Klosters in Konstantinopel belohnt. 815 ging man gegen die Sekte der **Paulikianer** vor.

E

Paulikianer

Die Sekte der Paulikianer (Bezeichnung nach Paulos von Tarsos und Paulos von Samosata) lässt sich seit dem 7. Jahrhundert im östlichen Kleinasien nachweisen. Petros Sikeliotes wurde 868 von Basileios I. dorthin geschickt, um über den Austausch von Gefangenen zu verhandeln. In seinen tendenziösen Schriften verbindet er den Paulikianismus mit dem Manichäertum. Die Verehrung der Theotokos und die Ansicht von der Wesenseinheit Christi mit Gott lehnten sie ab. Durch den erhöhten Druck der zentralen Regierung wurden die Paulikianer militarisiert und unterstützten den Kurs der ikonoklastischen Kaiser, weswegen Kaiserin Theodora 843 die Verfolgung und Hinrichtung ihrer Anhänger befahl. Ein Teil konnte sich unter dem Anführer Karbeas um das zentralanatolische Tephrike (Divriği) am oberen Euphrat ein unabhängiges Territorium halten. Diese verbanden sich mit den Arabern, stießen bis nach Nikaia vor und plünderten Ephesos. 871 fiel ihr Anführer Chrysocheir und das Gebilde zerfiel nach der Einnahme ihres Hauptquartiers Tephrike 872 (oder 878).

Michael aus Amorion, der langjährige Mitstreiter Leons, war bis zum *komēs tōn exkubitōn* („Offizier der Gardesoldaten") aufgestiegen und wurde wegen des Verdachts der Verschwörung gefangen und inhaftiert. Um seiner Hinrichtung nach Weihnachten 820 zu entgehen, organisierte er vom Gefängnis aus ein Attentat: Am 25. Dezember 820 wurde Leon brutal von als Mönchen verkleideten Häschern vor dem Altar der Stephanos-Kirche im Palast niedergemacht, sein Leichnam im Hippodrom präsentiert und auf der Prinzeninsel Prote bestattet, wohin auch die verbliebenen Familienangehörigen gebracht worden waren. Trotz des negativen Bildes in den (bilderfreundlichen) Quellen, dürfte Leon ein nicht unbegabter Herrscher gewesen sein.

Diese Phase ist außenpolitisch geprägt von der Anerkennung Karls des Großen als Kaiser (*ad personam*) sowie von schweren Niederlagen gegen die Bulgaren. Häufige Kaiserwechsel nach dem Tode Eirenes destabilisieren die byzantinische Machtstellung. Die Synode von 815 leitete den letzten Abschnitt der Diskussion um die Bilder ein.

VIII. Die amorische Dynastie (820–867) – Die Transformation des oströmischen Reiches in eine mittelalterliche Großmacht

821–823	Thomas der Slawe
824	oder 827 Kreta von Arabern erobert
831	Palermo arabisch
838	Einnahme Amorions
839	Beginn der serbisch-ungarischen Auseinandersetzungen
843	Triumph der Orthodoxie
856	Alleinherrschaft Michaels
858	Patriarch Photios
860	Angriff von Kiever Rus auf Konstantinopel
863	Beginn der Missionierung Mährens, Taufe des Bulgarenherrschers Boris (Michael)

Michael II. (820–829)

Nach der gewaltsamen Beseitigung Leons V. wurde der aus Amorion stammende Michael aus dem Gefängnis befreit und von dem Patriarchen Theodotos I. (815–821) zum Kaiser gekrönt. Unter Leon V. hatte er die Abteilung der Exkubitoren kommandiert. Nach dem Tod seiner Frau Thekla (823) heiratete Michael II. Euphrosyne, Tochter Konstantinos' VI. und der Maria von Amnia.

Michael versöhnte sich mit den Anhängern der Bilderverehrung. Trotzdem wurde die moderate, tendenziell aber doch ikonoklastische Politik des Kaisers von den studitischen Eiferern weiterhin kritisiert. Ein Gesandter von Papst Paschalis I. (817–824), der schriftlich die Verehrung der Bilder einforderte, wurde ins Gefängnis geworfen.

Thomas der Slawe

In Anatolien wurde Thomas der Slawe zum Gegenkaiser ausgerufen (so genannt wegen seiner „skythischen" Abstammung). Die Ursachen seiner Rebellion wurden unterschiedlich interpretiert: Reaktion gegen den Ikonoklasmus, Aufstand der nichtbyzantinischen Bevölkerungsteile oder Sozialrevolte. Jedenfalls schloss er mit dem Kalifen Al-Ma'mūn (813–833) einen Vertrag und wurde unter seiner Billigung von Iob, dem melkitischen Patriarchen von Antiocheia, zum Kaiser gekrönt; von Thrakien aus begann er die Belagerung der Hauptstadt ab Dezember 821. Unterstützt wurde er von den meisten Themen Kleinasiens (ausgenommen Opsikion und Armeniakon). Michael II. erbat gegen die Bedrohung Kräfte des bulgarischen Khans Omurtag (ab 822). Im Frühling 823 musste sich Thomas zurückziehen und in Arkadiopolis verschanzen. Mitte Oktober 823 wurde er dem Kaiser übergeben und gepfählt.

Kreta

824 konnte eine kleine arabische Flotte aus Spanien Kreta sukzessive einnehmen; byzantinische Versuche, diese wichtige strategische und landwirtschaftlich ertragreiche Region wiederzuerlangen, schlugen fehl (826). Kreta war in den folgenden Dekaden ein wichtiger Stützpunkt für Piraten. Die umayyadisch-spanische Seemacht dehnte sich weiter aus: 827 wurde Sizilien fast zur Gänze besetzt, Palermo wurde 831 erobert, sie setzte nach Unteritalien über und nahm Tarent 839 ein; Syrakus fiel erst 878.

Michael, der auch den Beinamen „Traulos" oder „Psellos" („Stotterer", „Lispler") hatte, starb am 2. Oktober 829.

Theophilos (829–842)

Der 813 geborene Sohn von Michael II. und Thekla (ab 822 Mitkaiser) genoss eine hervorragende Erziehung bei dem späteren Patriarchen Ioannes Grammatikos (837–843). Er verfasste Hymnen und hatte Interesse an der arabischen Kultur (Bryas-Palast; nicht der Bau in Küçükyalı, Konstantinopel gegenübergelegen). Der Kaiser förderte Bildung und Wissenschaft und umgab sich mit Gelehrten wie **Leon dem Mathematiker**.

E

Leon der Mathematiker

Leon der Mathematiker (* Ende 8. Jahrhundert) galt als einer der fähigsten Wissenschaftler seiner Zeit, der Kalif Al-Ma'mūn lud ihn nach Bagdad ein, doch blieb Leon als Berater des Kaisers in der Hauptstadt. Nach dem Ende des Bilderstreits wurde er als Lehrer an der Magnaura-Schule im Kaiserpalast eingestellt, wo er Geometrie, Arithmetik, Astronomie, Grammatik und Philosophie unterrichtete sowie astronomische und mathematische Schriften sammelte. Er entwickelte einen Feuertelegrafen und konstruierte *automata* (künstlich singende Vögel und brüllende Löwen sowie einen hebbaren Thron). Gleichzeitig verstärkten sich auch im abbasidischen Kalifat die Bestrebungen, Wissenschaft zu fördern. In Bagdad wurde ein „Haus der Weisheit" gegründet, griechische Schriftsteller (insbesondere Medizin, Philosophie und Fachwissenschaften) wurden übersetzt.

Kleinasien

Theophilos galt als ein gerechter Herrscher: So ließ er die Mitverschwörer gegen Leon V. bestrafen. Nach dem Tod seines Vaters am 2. Oktober 829 übernahm er die Regierung und setze die ikonoklastische Politik fort (Edikt mit Verbot der Bilderverehrung von 832). Im Juni 830 ehelichte er Theodora, die in einer Brautschau ausgesucht worden war (die Dichterin Kassia ging dabei leer aus).

Nach wie vor mussten die östlichen Regionen gegen die Araber geschützt werden. Als neue Themen kamen Paphlagonia und Chaldia in Kleinasien sowie Cherson auf der Krim dazu, neue Grenzbezirke (*kleisurai*) wurden errichtet. Al-Ma'mūn drang 830 in Kilikien ein, 831 nahm Theophilos die Stadt Tarsos wieder ein und triumphierte in Konstantinopel. Doch folgte im Herbst 831 eine Niederlage in Kappadokien. 833 musste ein Friedensvertrag geschlossen werden. Letztmalig erfolgreich war Theophilos 837 in Mesopotamien (Melitene und Aramosata). Doch zog der abbasidische Vorstoß nach Anatolien (21. Juli 838 Schlacht von Anzen bei Dazimon) die Einnahme mehrerer Städte nach sich (Ankyra und vor allem Amorion am 12. oder 15. August 838). Der Fall Amorions, der Herkunftsstadt der Dynastie, bedeutete einen immensen Imageverlust, sahen Kritiker des Kaisers darin doch eine Bestrafung für des Kaisers ikonoklastische Ansichten.

Balkanpolitik

836 wurde der 815 auf 30 Jahre geschlossene Frieden mit den Bulgaren beendet, die byzantinische Seite versuchte, von Krum verschleppte Kriegsgefangene aus Gebieten nördlich der Donau zurückzuholen. Die Bulgaren stießen unter Isbul bis nach Adrianopel vor und nahmen Philippupolis (Plovdiv) ein. Serben und Bulgaren lebten zunächst friedlich nebeneinander, Vlastimir von Serbien anerkannte den byzantinischen Kaiser, der ihm Unabhängigkeit zugebilligt hatte. Khan Presian I. (836–852) annektierte serbisches Territorium 839, was einen dreijährigen Krieg auslöste, bei dem Vlastimir siegte.

Im Januar 842 starben sowohl Al-Mutasim (5. Januar) als auch Theophilos (20. Januar).

Michael III. (842–867)

Für Michael (* 9./10. Januar 840) bildete sich ein Regentschaftsrat bestehend aus seiner Mutter, seinem Onkel Sergios und dem Eunuchen Theoktistos. Theoktistos war maßgeblich am Umsturz von 820 beteiligt gewesen und durchlief eine bemerkenswerte Karriere bis zum *logothetēs tu dromu* (oberster Verantwortlicher des Transport- und Kommunikationswesens). Er stand auch – zusammen mit Bardas und Photios – hinter der Einrichtung einer Ausbildungsstätte im Magnaurapalast.

Das Machtverhältnis kam eindrücklich auf der Münzprägung zum Ausdruck: Theodora präsentierte sich auf der Vorderseite, während der Thronfolger Michael auf der Rückseite kleiner als seine Schwester Thekla dargestellt wurde. Zu Bardas, seinem Onkel, hatte Michael eine zunehmend gute Beziehung, und er übertrug ihm sogar den Titel *kaisar*; 855 ließ er mit seiner Hilfe Theoktistos, der bis dahin die Regierungsgeschäfte leitete, ermorden. Theodora organisierte eine Brautschau und Eudokia Ingerina wurde ausgewählt (855). Am 15. März 856 schließlich übernahm Michael, unterstützt von Bardas und dem Militär Petronas, die Alleinherrschaft und schickte seine Mutter samt seinen Schwestern in ein Kloster.

Ende des Ikonoklasmus

Das einschneidende Ereignis gleich am Beginn dieser Regierung war die Beendigung des Ikonoklasmus, das Theoktistos bei Theodora durchsetzen konnte. Der verstorbene Kaiser wurde durch ihren Einsatz aber nicht verdammt. Anstelle von Ioannes VII. Grammatikos wurde Methodios (843–847) installiert. Dieser zog feierlich am 11. März 843 von der Blachernenkirche zur Hagia Sophia – das Ereignis des Triumphes der Orthodoxie wird nach wie vor jährlich am 1. Fastensonntag begangen.

Trotz einer Stabilisierung der inneren Verhältnisse erlitt das Reich Niederlagen gegen die Araber in Pamphylien und Kreta. 856 wurden Paulikianer aus der Gegend von Tephrike nach Thrakien umgesiedelt.

In der Folge eines Vorstoßes gegen Umar al-Aqla, Emir von Melitene (857), wurde 859 Samosata eingenommen; 860 mussten die Aktivitäten im Osten eingestellt werden, da die Rus vor Konstantinopel erschienen. Im Sommer 863 fiel der Emir Umar bis nach Kappadokien ein und rückte bis in die Gegend von Tyana vor. 863 besiegte der *patrikios* Petronas, *domestikos tōn scholōn*, den Emir in der Schlacht von Lalakaon.

Mit dem bulgarischen Khan brach 855/856 neuerlich ein Konflikt aus, da der byzantinische Kaiser wieder die Kontrolle über im bulgarischen Einflussbereich stehende Städte bekommen wollte. Philippupolis, Debeltos, Anchialos und Mesembria wurden rückerobert.

Photios

Als kirchengeschichtlich bedeutsam erwies sich die Inthronisation des Photios (858). Er folgte Ignatios, dem Sohn Michaels I., der anders als sein Vorgänger Methodios nicht der moderaten Strömung angehörte. Es kam zu einer Polarisierung innerhalb der Kirche: Als sich Ignatios mit Bardas anzulegen begann, betrieb Michael seine Absetzung (23. November 858). In einem Eilverfahren durchlief Photios die kirchlichen Ämter. Photios hatte in Konstantinopel studiert, wirkte selbst als Lehrer (zu seinen Schülern zählte der spätere Missionar Konstantinos/Kyrillos) und hatte Karriere am Hof gemacht (Anführer der Palastgarde und Sekretär von Theodora und Michael III.). Papst

Nikolaus I. (858–867) hatte nichts gegen die Bestellung einzuwenden, schickte aber zwei Legaten nach Konstantinopel, die im Sinne Roms über das Illyricum und Süditalien verhandeln sollten. 861 wurde in einer Synode über die Rechtmäßigkeit der Einsetzung des Photios befunden. Die nach Rom zurückgekehrten Gesandten enttäuschten den Papst, da sie in Konstantinopel nichts ausgerichtet hatten, und er ließ sie exkommunizieren. Die Patriarchen des Ostens forderte er auf, Photios nicht anzuerkennen. Im Jahr darauf (April 863) ließ er Photios exkommunizieren. Photios provozierte daraufhin den Papst, indem er ihn in einem Schreiben als Untertanen des Kaisers bezeichnete.

Mission

Konstantinos (geb. ca. 826/827–869, erst kurz vor seinem Tod Kyrillos genannt) und Michael/Methodios (* ca. 815–885/886) wuchsen in dem gemischtsprachigen Milieu von Thessalonike auf (Griechisch und Slawisch). Konstantinos wurde *chartophylax* (Archivverwalter) unter dem Patriarchen Ignatios. Um 850/851 wurde er in arabisch dominiertes Gebiet zur Verbreitung des orthodoxen Glaubens geschickt. Er und sein Bruder Methodios wurden um 860 damit beauftragt, bei dem Turkvolk der Chasaren zu wirken. Nach Erlernung des Hebräischen trat Konstantinos in Gespräche mit dem Khagan ein, der den jüdischen Glauben annahm bzw. beibehielt. Parallel zu den Querelen über die kirchlichen Einflussgebiete wandten sich die mährischen Fürsten Rastislav und Sventopulk (871–894) 860 oder 861 an den Papst Nikolaus, um einen eigenen Bischof und eigene kirchliche Lehrer zu erbitten. Zugleich richtete Rastislav ein ähnliches Gesuch an Michael III. Er anerkannte den byzantinischen Kaiser als obersten Herrscher und erhoffte sich dadurch, sich dem fränkischen Einfluss zu entziehen und zudem eventueller bulgarischer Bedrohung Widerstand zu leisten. Michael III. beauftragte Konstantinos und Methodios, nach Mähren zu reisen (863). Mit der neu geschaffenen Schrift Glagolica („glagoliti" heißt „sprechen"; das deutet auf die Orientierung an der Umgangssprache hin) übersetzten sie die Bibel in das ihnen geläufige Makedonisch-Slavische. Durch die neue Schrift entwickelten sich die slavischsprechenden und dann auch -schreibenden Völker eigenständig weiter. Die Glagolica wurde allmählich durch das sogenannte kyrillische Alphabet abgelöst (Bulgarien in der 1. Hälfte des 10. Jahrhunderts). Die Verwendung der Volkssprache in der Liturgie führte zum Dreisprachenstreit, der von einer Stelle im Neuen Testament ausging, wo die Inschrift am Kreuz Christi in drei Sprachen, hebräisch, griechisch und lateinisch, genannt ist (Joh. 17, 19f.). Die westliche Mission duldete einzig Latein. Konstantin und Method argumentierten gegen ihre Kritiker in der wahrscheinlich 867 entstandenen „Darlegung des rechten Glaubens" in kirchenslawischer Sprache.

Mit dem „Triumph der Orthodoxie" 843 hatte sich der orthodoxe christliche Glaube nach Jahrhunderten theologischer Auseinandersetzungen endgültig konstituiert. Intensive Beziehungen zu den arabischen Kalifen bewirkten einen Wissens- und Kulturtransfer, außenpolitisch gingen wichtige Stützpunkte wie Palermo oder die Insel Kreta allerdings an die Araber verloren. Nach 843 ist eine Expansion des byzantinischen Kaisertums nach Norden und Nordwesten festzustellen, das sich auch in verstärkten Wirtschaftsbeziehungen und Missionsbestrebungen (am Balkan und am Schwarzen Meer) manifestierte. Die Rückeroberung von Gebieten im Nahen Osten vollzog sich schleppend.

IX. Die makedonische Dynastie (867–1056/1059)

872/878	Einnahme Tephrikes, Ende der Paulikianer
878	Araber erobern Syrakus
886	Absetzung des Patriarchen Photios
893–927	bulgarisch-byzantinische Auseinandersetzungen
904	Leon von Tripolis erobert Thessalonike
911	Vertrag zwischen Byzanz und Kiev
913	† Alexander; Regentschaftsrat unter dem Patriarchen Nikolaos Mystikos
920	Ende des Tetragamiestreits
927	Hochzeit von Petăr mit Maria Lakapene
944	Einnahme Edessas
961	byzantinische Rückeroberung Kretas
962	Kaiserkrönung Ottos des Großen
963	Nikephoros II. privilegiert die Megiste Lavra am Athos
965	byzantinische Rückeroberung Zyperns
972	Heirat Ottos II. mit Theophano
989	Versöhnung zwischen Basileios II. und Bardas Skleros, Taufe Vladimirs von Kiev
992	Vertrag mit Venedig
1014	entscheidender Sieg Basileios' II. über Bulgaren
1054	Schisma

Basileios I. (867–886)

Die amorische Dynastie endete gewaltsam: Basileios, der engste Vertraute von Michael III., drang in der Nacht vom 23. auf den 24. September 867 mit einigen Leuten in den Palast ein, wo der Kaiser ein Bankett abhielt. Er ließ den Souverän umbringen und konnte unproblematisch die Nachfolge antreten. Basileios (* 811 in Chariupolis im Thema Makedonia) verbrachte Teile seiner Kindheit und Jugend in bulgarischer Gefangenschaft und kam erst 836 frei. Er trat in den Dienst des Beamten Theophilos/Theophilitzes, der ein Verwandter des *kaisar* Bardas war (Onkel von Michael III.). In Patras lernte Basileios um 850 die reiche Witwe und Großgrundbesitzerin Danielis bzw. Danelis kennen, die ihn zum **spirituellen Bruder** ihres Sohnes Ioannes machte (Ioannes wurde später von Basileios zum *prōtospatharios* promoviert). Danielis vermachte ihren gesamten Besitz samt den dort lebenden Sklaven Leon VI.

E

Spirituelle Bruderschaft

Eine in Byzanz weit verbreitete Beziehungsform zwischen zwei Personen, basierend auf einem christlichen Verbrüderungsritual. Diese Form der Verbindung zog keine legalen Konsequenzen nach sich, sondern betonte die enge Freundschaft und gegenseitige Verpflichtung.

Michael III. wurde auf Basileios durch seinen geschickten Umgang mit Pferden und durch einen Sieg in einem Zweikampf gegen einen Bulgaren aufmerksam. Bald war er persönlicher Vertrauter des Kaisers (*parakoimōmenos*). Um seinen Einfluss zu stärken, intrigierte er gegen Bardas, der am

21. April 866 ermordet wurde. Michael adoptierte nun den älteren Basileios, der den Titel *kaisar* von Bardas übernahm. Für Basileios wurde die Situation unangenehm, als Michael einen neuen Favoriten hatte: Basiliskianos.

Photios

Der Patriarch Photios verweigerte ihm aufgrund seiner Gewalttat den Zugang zur Hagia Sophia in Konstantinopel. Der neue Kaiser setzte ihn kurzerhand ab und Ignatios wieder ein. Basileios gab sich – im Gegensatz zu seinem Vorgänger – bewusst religiös, was sich etwa darin zeigt, dass er seine Krone Jesus Christus weihte.

Im Westen zeigten die Byzantiner verstärkt Präsenz. Zusammen mit Ludwig II. (850–875) ging Basileios gegen die Araber in der Adria vor. Ludwig nahm mit byzantinischer Hilfe Bari 871 ein (ab 876 wahrscheinlich wieder byzantinisch). Syrakus fiel 878 allerdings als eine der letzten byzantinischen Enklaven an die Araber. Der Kaiser hatte noch mit Resten heidnischer Glaubensangehöriger auf der Peloponnes zu tun:

Q

Die Einwohner Mainas
(Konstantinos Porphyrogennetos, De administrando imperio, ed. G. Moravcsik / R. Jenkins, Washington DC 1967, S. 50, 71–75; Übers.: K. Belke / P. Soustal, Die Byzantiner und ihre Nachbarn, Wien 1995, S. 240–241).

Die Bewohner der Stadt Maina (= Mani) gehören nicht zum Volksstamm der erwähnten Slawen, sondern stammen von den älteren Romäern (= Römer) ab, die bis jetzt von den Einheimischen „Hellenes" genannt werden, weil sie in uralten Zeiten Götzendiener und Verehrer von Götzenbildern nach Art der alten Hellenen waren, sie wurden unter dem ruhmreichen Basileios (I.) zu Christen getauft. Der Ort, wo sie wohnen, ist wasserlos und unzugänglich, bringt aber Oliven hervor, was sie darüber hinwegtröstet.

In der Nachfolge bevorzugte Basileios den älteren Sohn Konstantinos, der aber 879 starb. Somit rückte der hochgebildete Leon nach, zu dem der wenig gebildete Basileios ein gespanntes Verhältnis hatte. Basileios nährte den Verdacht, dass Leon eigentlich ein Sohn des Michael III. war (* 19. September 866). 883 kam es zu einer erfolglosen Verschwörung gegen Basileios, an der auch Leon beteiligt war. Leon wurde daraufhin gefangen genommen. Nur knapp entging er der Strafe der Blendung, die Photios verhindern konnte.

Recht

Basileios förderte die Pflege des römischen Rechts, sein Sohn Leon vollendete die meisten der von ihm begonnenen Maßnahmen, nachdem Basileios an den Folgen eines Jagdunfalls gestorben war (29. August 886).

Leon VI. (886–912)

Nach dem Tod seiner Mutter Eudokia Ingerina (ca. 882) hatte sich das Verhältnis Leons zu seinem Vater verschlechtert. Zu seinem Regierungsbeginn überführte er die Gebeine Michaels III. in das Mausoleum in der Apostelkirche zu Konstantinopel. Im Dezember 886 setzte er den Patriarchen Photios, seinen früheren Lehrer, ab. An seine Stelle trat Leons Bruder Stephanos († 893), dem Antonios II. Kauleas († 901) folgte, ehe Leon seinen Privatsekretär (*mystikos*) Nikolaos für das Amt bestimmte (1. Amtszeit 901–907).

Bulgarien

In Bulgarien war mit Symeon/Simeon (Nachfolger von Boris, 852–889) ein neues Selbstbewusstsein erwacht. Symeon hatte einige Jahre in der by-

Symeon von Bulgarien

zantinischen Hauptstadt verbracht und dort neben Griechisch auch das höfische Leben, die ideellen Vorstellungen und Prinzipien der oströmischen Kaiserherrschaft kennengelernt. Symeon strebte Eigenständigkeit an. So ist auch die Synode von Preslav (893) zu verstehen, in der anstelle des Griechischen das Bulgarische als Kirchensprache und die Einsetzung von einheimischen anstelle von byzantinischen Geistlichen beschlossen wurden. Spannungen brachen offen aus, als Leon auf Veranlassung des *logothetēs tu dromu* Stylianos Zautzes den Handelsumschlagplatz mit den Bulgaren nach Thessalonike verlegte, wo im Gegensatz zu Konstantinopel hohe Abgaben zu entrichten waren. Seit 716 gab es Verträge mit dem Bulgarenreich, in denen unter anderem geregelt wurde, dass nur unter kaiserlicher Kontrolle Güteraustausch erfolgen dürfe, Waren ohne Kontrollzeichen (Siegel) aber konfisziert wurden. Bulgarische Kaufleute hatten über Konstantinopel direkten Zugang zu internationalen Handelsvernetzungen. 894 erlitt Leon eine Niederlage bei einem Überraschungsangriff Symeons; trotz Aktivierung der nördlich von Bulgarien siedelnden Magyaren (895) unterlagen die Byzantiner abermals, diesmal in Bulgarophygon (Baba Eski) (896). Die Magyaren setzten sich in der Folge Richtung Westen ab und siedelten in Pannonien. Die Bulgaren eroberten Nordthessalien und breiteten sich über weite Teile des Gebietes von Epiros aus. Der Handelsplatz für die Bulgaren wurde wieder nach Konstantinopel zurückverlegt und ein Frieden mit der Auflage jährlicher Tributzahlungen ausgehandelt, welcher bis zum Tode Leons 912 andauerte. Den Bulgaren wurde die Küstenregion zwischen dem Schwarzen Meer und dem Strandschagebirge zugesprochen.

Araber

Bei der Auseinandersetzung mit dem Kalifat war Leon weniger erfolgreich als sein Vorgänger. Zwar konnte er Tarsos einnehmen und den Emir gefangen setzen, doch verlor man im Westen in Sizilien weitere wichtige Posten wie Taormina (902). Leon richtete ein neues Thema Mesopotamia ein und vermochte 902 in Armenien einzumarschieren und Theodosiopolis (Erzurum) einzunehmen. Wie verwundbar das Reich inzwischen gegenüber arabischen Einfällen geworden war, zeigt der Seeangriff des Leon von Tripolis auf Thessalonike (904), welches Ereignis Ioannes Kaminiates als Augenzeuge detailliert schildert. Die Rückeroberung Kretas scheiterte unter dem General Himerios (911–912).

907 wurde mit den Rus unter Oleg (von Kiev) vor Konstantinopel ein Handelsvertrag geschlossen.

Der Tetragamiestreit

Durch seine mehrmaligen Eheschließungen kam Leon VI. in kirchenrechtliche Schwierigkeiten. Seine erste Ehe wurde mit Theophano Martiniake 881/882 arrangiert, die eine Tochter Eudokia zur Welt brachte und ihren Mann während seiner Gefangenschaft unterstützte. Nach ihrem Tod (10. November 895 oder 896) wurde sie als Heilige verehrt. Leon verliebte sich in Zoe Zautzaina, die Tochter des einflussreichen Stylianos Zautzes, und heiratete sie 898. Stylianos wurde schon 888/889 mit einem neu kreierten Titel ausgezeichnet: „basile(i)opator" („Vater des Kaisers"). Zoe starb im Jahr darauf. Der Witwer hatte immer noch keinen männlichen Nachkommen. Um das dritte Mal heiraten zu dürfen, holte er sich Dispens bei dem Patriarchen Antonios II. Im Frühling 900 ehelichte er Eudokia Baiana aus dem Thema Opsikion. Doch auch sie starb (bei der Geburt). Zoe Karbonopsina („die mit den kohlschwarzen Augen"), Verwandte des Historiografen Theophanes und Nichte des Admirals Himerios, war die nächste Gefährtin des Kaisers. Als problematisch erwies sich die Legitimierung des Ende 905 im kaiserlichen Kreißsaal geborenen Sohnes. Der Patriarch stimmte der Taufe des Sprösslings Konstantinos zwar zu, erlaubte aber nicht die Eheschließung, die der Priester Thomas am 9. Januar 906 jedoch durchführte.

Konflikte mit dem Patriarchen endeten mit seiner Absetzung am 1. Februar 907. Eine der wenigen Bereiche, in denen ein Kaiser angreifbar war, waren moralische Verfehlungen. Der neue Patriarch Euthymios bestrafte den Priester Thomas. Diese Kompromisslösung wurde von einer in Konstantinopel einberufenen Synode zwar gebilligt, es entstand innerhalb des Klerus aber eine Spaltung. Euthymios wurde 912 nach dem Tode Leons wieder abgesetzt, bis zu seinem Tod 917 kämpfte er aber gegen die nun wieder starke Partei des Nikolas Mystikos. Romanos Lakapenos gelang es, einen Ausgleich herzustellen (Juli 920); die vierte Ehe des Leon wurde anathematisiert und auch der Papst schloss sich diesem Erlass an (923).

Basiliken

Verdienste Leons liegen in einer Reformierung der Rechtssammlungen, welche schon Basileios I. eingeleitet hatte. Das *Corpus Iuris Civilis* wurde von einer Kommission überarbeitet, wobei sie sich auf ältere Übersetzungen ins Griechische stützten und nur wenig Neues hinzufügten (etwa beim Strafrecht, das aktualisiert wurde). Basileios veranlasste die Neuordnung der Titel, um die gräzisierten Teile des Corpus neu zu arrangieren. Am Beginn der Regierungszeit Leons wurde das 60 Bücher umfassende Werk (Weihnachten 888) abgeschlossen unter dem Titel „Ta basilika nomimata", woher die Bezeichnung „Basiliken" rührt.

Epanagōgē/Eisagōgē

Die *Epanagōgē* oder besser *Eisagōgē* (vollständig *Eisagōgē tu nomu* „Rechtseinführung") war ein Gesetzbuch, das ebenfalls von Basileios begonnen, aber von Leon 886 vollendet wurde. Möglicherweise war es als Einleitung für das monumentale Werk der Basiliken gedacht. Es sollten die Rechtsvorschriften auf die justinianische Rechtssammlung zurückgeführt werden (darum der Begriff „Epanagoge", was „Rückführung" bedeutet). An der Ausarbeitung der Epanagoge war maßgeblich Photios beteiligt (wahrscheinlich Verfasser des Prooimion sowie den Titeln 2 und 3, worin es um das Verhältnis zwischen kaiserlicher und patriarchaler Macht geht). Obwohl das Gesetz nicht verabschiedet wurde, gelangte es in die russische Rechtstradition.

Rechtsvorschriften für Berufsgruppen, bestimmt für den Eparchen („Bürgermeister") der Stadt Konstantinopel, gab Leon VI. ebenfalls in Auftrag.

Das sogenannte Kletorologion des Philotheos (*atriklinēs*, Verantwortlicher für die Ausrichtung von Banketten) enthält Listen von Ämtern und Würden am Kaiserhof (promulgiert im September 899).

Leon galt als ein gebildeter Herrscher, der sich als Schriftsteller (Theologische Traktate) und als Vortragender eigener Werke, insbesondere von Homilien, hervortat. Darum trägt er auch den Beinamen „Philosophos" oder „der Weise". Gemeinhin wird diese Epoche auch mit dem Begriff „Makedonische Renaissance" bezeichnet, was darauf zurückzuführen ist, dass es eine Vielzahl von illuminierten Handschriften (Bibliothèque Nationale, Paris, MS gr. 139; „Pariser Psalter") aus diesem Zeitraum gibt sowie ein verstärktes Interesse einzelner Gelehrter an der Konservierung und Kompilation antiker Literatur festzustellen ist. Photios legte eine „Bibliotheke" (oder auch „Myriobiblon" genannt) an, in der er Inhaltsangaben, Notizen und Bewertungen vieler, teilweise auch verlorener Autoren versammelte (insgesamt 280 Einträge). Ein Schüler und Anhänger des Photios war Arethas aus Patras, der ab 901 als

Erzbischof von Kaisareia (Kayseri) wirkte. Die Zuweisung der sogenannten Chronik von Monembasia mit vielen Angaben zur slavischen Bevölkerung der Peloponnes an ihn ist umstritten. Am 11. Mai 912 starb Leon.

Alexandros (912–913)
Alexandros, der dritte Sohn von Basileios I. und Eudokia Ingerina (* 19. September 866), übernahm das Ruder und wechselte zu Beginn seiner Regierung Vertraute Leons aus. Der Admiral Himerios, der Patriarch Euthymios und Zoe Karbonopsina wurden vom Machtzentrum entfernt, Nikolaos Mystikos bekleidete wieder das Patriarchenamt. In der kurzen Regierungszeit stieß der Abbasiden-Kalif Al-Muqtadir (908–932) auf byzantinisches Territorium vor. Folgenschwere Auseinandersetzungen mit Symeon von Bulgarien provozierte Alexandros durch die Einstellung der jährlichen Zahlungen. Von diesem Kaiser, der zum ersten Mal den Titel „Autokrator" führte, hat sich eine Mosaikdarstellung in der Hagia Sophia samt Monogramminschrift erhalten (1958 wiederentdeckt). Auf seinen Goldmünzen bildete er sich mit Ioannes dem Täufer ab.

Nikolaos Mystikos und Zoe Karbonopsina (913–914/914–919)
Der Patriarch Nikolaos Mystikos, der Konstantinos nach wie vor als illegitim ansah, leitete zunächst einen Regentschaftsrat. Nikolaos handelte dabei gleichsam als Kaiser. Er versuchte, einen Ausgleich mit Symeon von Bulgarien zu schaffen, indem er ihn traf und möglicherweise krönte oder zumindest im Rang beförderte, und Konstantinos einer Tochter Symeons versprach. Zoe Karbonopsina beschränkte Nikolaos in seinen Machtbefugnissen und regierte ab März 914 für ihren Sohn mit Unterstützung des Leon Phokas. Nach Aufkündigung der Vereinbarungen mit den Bulgaren besetzte Symeon weite Teile Thrakiens; die Stadtbevölkerung Adrianopels kapitulierte im September 914. Im folgenden Jahr wurden Thessalonike und Dyrrhachion von Symeon bedrängt. Zoe verhandelte nach einem byzantinischen Sieg in Armenien (915) mit den Arabern, um dadurch Kräfte für den Einsatz im Westen frei zu haben. Die Serben, Petschenegen und Magyaren wollte sie als Verbündete gegen Symeon gewinnen, was aber von den Bulgaren geschickt hintertrieben wurde. Adrianopel wurde zurückgewonnen, aber im August 917 misslang eine Operation gegen die Truppen Symeons am Fluss Acheloos in der Nähe des Ortes Anchialos (Pomorie) am Schwarzen Meer. Leon Phokas rettete sich mit Mühe. Beinahe die gesamte Balkanhalbinsel unterstand nun dem bulgarischen Zaren (918 war er bis zum Golf von Korinth vorgerückt).

Romanos I. Lakapenos (920–944)
Die wenig effektiven Bemühungen des Leon Phokas und der Zoe provozierten einen Komplott seitens des Offiziers Romanos Lakapenos, welcher im Frühjahr 919 die Macht übernahm und Zoe in ein Kloster verbannte. Der aus Armenien stammende Romanos (* um 870 in Lakape) machte unter Leon VI. Karriere, wurde zum Flottenkommandanten des Themas Samos befördert (*drungarios tu ploimu*) und kämpfte auch 917 in Anchialos.

Romanos setzte seine Machtübernahme geschickt und systematisch um. Seine Tochter Helene Lakapene vermählte er im Mai 919 mit Konstantinos VII. und wurde dadurch automatisch zum *basileopatōr*, eine Würde, die Symeon von Bulgarien ausgeschlagen worden war. Romanos wurde *kaisar* (24. September 920), dann Hauptkaiser (17. Dezember 920). Er bestimmte in der Folge seine Söhne Christophoros, Stephanos und Konstantinos zu Mitkaisern; der purpurgeborene Konstantinos wurde rangmäßig hinter Christophoros platziert. Theophylaktos, ein weiterer Sohn (* 917), wurde für das Amt des Patriarchen vorgesehen und entmannt. Noch unter Nikolaos Mystikos († 925) stieg er zum *synkellos* (= Privatsekretär und engster Vertrauter) des Patriarchen auf.

Bulgarien

Die Krönung Romanos' machte Symeon alle Hoffnungen auf eine friedliche Besetzung des Kaiserthrones zunichte und in der Folge verstärkte er mithilfe der Araber die Angriffe auf die Hauptstadt. Das Hinterland Konstantinopels besetzte er problemlos, 923 nahm er Adrianopel abermals ein. Nur die theodosianischen Landmauern konnte er nicht überwinden, Verhandlungen mit Romanos in einem denkwürdigen Treffen 924 brachten kein Ergebnis. Nach dem Tod Symeons am 27. Mai 927 schloss sein Sohn und Nachfolger Petăr (Peter) Frieden und heiratete eine Enkelin des Romanos, Maria Lakapene (Tochter des ältesten Sohnes Christophoros). Der bulgarische Zar durfte nun den eingeschränkten *basileus*-Titel (*basileus Bulgarōn*) tragen. Dazu wurde auch die Einrichtung eines bulgarischen Patriarchats gebilligt. Wie eng Bulgarien mit Konstantinopel zusammenarbeitete, zeigte sich auch in Anfragen bezüglich Häresiebekämpfung wie gegen die **Bogomilen**.

E

Bogomilen

In Bulgarien trat eine neue religiöse Strömung auf, nach ihrem Anführer Bogomil die Bogomilen genannt. Der Patriarch Theophylaktos (933–956) beantwortete eine Anfrage des Zaren Petăr. Er diagnostizierte eine Mischung aus Manichäismus und Paulikianismus. Deutlicher wird die Glaubenslehre in einer Predigt des Priesters Kuzma (Kosmas). Der Grundgedanke war, dass die materielle Welt ein Werk des Bösen/des Teufels sei (dazu gehörte auch die Fleischwerdung Christi). Die Bogomilen anerkannten nicht die kirchliche Hierarchie und die Symbole der Orthodoxie, basierend auf Matth. 6,24f. („Niemand kann zwei Herren dienen; er wird entweder den einen hassen und den andern lieben oder er wird zu dem einen halten und den andern verachten. Ihr könnt nicht beiden dienen, Gott und dem Mammon."). Jedenfalls verbreitete sich die Lehre auch in byzantinisches Territorium, am bekanntesten sind der Prozess und die Hinrichtung des Basileios in Konstantinopel Ende des 11. Jahrhunderts. Die Bogomilen waren seit der Kreuzfahrerzeit auch im Westen bekannt.

Die Expansionsbestrebungen Symeons hatten die wirtschaftliche Struktur des hauptsächlich agrarisch ausgerichteten Landes stark belastet, sodass Bulgarien nun abhängiger von Byzanz wurde. Serbien sagte sich von den Bulgaren los und wurde Partner des byzantinischen Kaisers.

Kirchenpolitisch bemühte sich Romanos um einen Ausgleich zwischen den Anhängern des Euthymios und des Nikolaos Mystikos (siehe oben S. 71).

Steuerpolitik

Steuerpolitisch war er gegen Aristokraten eingestellt, die als Mächtige (*dynatoi*) Land vieler Kleingrundbesitzer systematisch aufkauften und damit dem steuerlichen System des Reiches schadeten. Verarmte Bauern wurden Paröken (*paroikoi*) oder Leibeigene. Diese Tendenz nahm gegen Ende des 9. Jahrhunderts zu, da die politische Situation zunehmend stabiler geworden war. Ab 922 ging Romanos gegen die Veräußerung von Land juristisch vor, insbesondere in den Fällen, in denen bebaubares Land frei geworden war. Er setzte eine Kaufordnung/Vorkaufsrecht (*protimēsis*) durch, die genau festlegte, wer zuerst Anrecht auf den Erwerb des Landstückes hatte (Verwandte, Nachbarn). Illegal erworbenes Land musste ohne Kompensation zurückgegeben werden (in einem Zeitraum von zehn Jahren, bei Soldatengütern 30 Jahre).

Leon von Tripolis

Romanos forcierte die Seepolitik, 924 wurde die Flotte Leons von Tripolis, des Eroberers von Thessalonike (904), bei Lemnos vernichtet und die Ägäis wurde einigermaßen sicher für die Schifffahrt. Nur der letzte Schritt, die Rückeroberung Kretas, fehlte noch.

Ostgrenze

Durch die Entspannung gegenüber den Bulgaren konnte sich die byzantinische Zentralregierung wieder mehr den Grenzgebieten jenseits des Taurosgebirges, also Armenien und Nordmesopotamien, zuwenden, wo sich das Abbasidenkalifat in einer Krise befand. 934 vermochte der Feldherr Ioannes Kurkuas endgültig Melitene einzunehmen, allerdings entstand in Said-ad-Daulah, Emir von Aleppo und Mossul aus der Hamdanidenfamilie, ein neuer Gegenspieler. Byzanz verband sich mit dem Kalifat in Bagdad und den halbunabhängigen Ichschididen unter Abu Bakr in Ägypten, Saif-ad-Daulah besiegte allerdings 938 Kurkuas und fiel dann in Armenien ein; 940 nahm er Koloneia am Fluss Lykos ein und zog dann gegen das Kalifat, wo ein Umsturz im Gange war.

Kiever Rus

941 unternahmen Flottenverbände der Kiever Rus einen Überraschungsangriff gegen Konstantinopel und plünderten vor allem die Küstengebiete Bithyniens. Kurkuas eilte in Richtung Hauptstadt und konnte sie zurückdrängen; ihre Flotte wurde beim Abzug unter dem Kommando des *parakoimōmenos* Theophanes durch das griechische Feuer vernichtet. Zwei Jahre später erschienen Kiever Landstreitkräfte unter dem Fürsten Igor an der Donaugrenze; diesmal einigte man sich aber durch Verhandlungen auf neue Handelsverträge; 944 wurde das Abkommen, das in vielen Punkten günstiger für die byzantinische Seite (als 907) ausfiel, ratifiziert. Auffällig ist, dass sich die byzantinische Verteidigung seit dem ersten Einfall der Kiever Rus wesentlich effizienter zeigte und die Reformbemühungen Romanos' zu Buche schlugen.

Zurück im Osten nahm Kurkuas eine Reihe bedeutender Städte ein, um die zum letzten Mal im 4. Jahrhundert Oströmer und Sassaniden gestritten hatten: Martyropolis, Amida, Dara und Nisibis (943). Am prestigeträchtigsten war die Eroberung von Edessa, wo sich das Mandylion (Tuch mit Gesichtsabdruck Christi), eine wichtige Berührungsreliquie befand (siehe oben S. 27 Abgarlegende). Im Triumph, am 15. August 944, nach Konstantinopel gebracht, wurde das Stück zunächst in der Pharos-Kirche des Kaiserpalastes aufbewahrt, ehe es während des 4. Kreuzzuges in die Blachernenkirche übersiedelte. Nach 1204 verschwand die Reliquie; im Westen existieren mehrere Kopien davon.

Romanos I. sorgte sich um seine Nachfolge: Nachdem sein Sohn Christophoros schon 931 gestorben war, sprach er nicht den verbliebenen Söhnen Stephanos und Konstantinos das Nachfolgerecht zu, sondern dem purpurgeborenen Konstantinos. Die beiden Übergangenen putschten gegen ihren Vater (16. Dezember 944) und verbannten ihn auf die Insel Prote. Konstantinos ließ die jungen Lakapenoi am 27. Januar 945 absetzen.

Konstantinos VII. Porphyrogennetos (945–959)
Die Jahrzehnte der politischen Isolation hatte der vielseitig begabte und kunstsinnige Konstantinos zu intensiven Studien genutzt. Er stand in Kontakt mit einflussreichen Gebildeten seiner Zeit (etwa Theodoros von Kyzikos, Symeon Logothetes) und beauftragte ein Gelehrtenteam, das verfügbare historische Wissen nach seiner praktischen Anwendbarkeit zu sammeln. Durch diese Tätigkeit weiß man etwa über das zeremonielle Wesen, diplomatische Beziehungen und Heereslogistik in Byzanz Bescheid.

Gleich nach seinem Regierungsantritt krönte er seinen Sohn Romanos zum Mitkaiser (6. April 945).

Q

Krönung Romanos' II.
(Ioannes Skylitzes, Synopsis historiarum, ed. I. Thurn, S. 237,6–8; Übers.: H. Thurn, Byzanz – wieder ein Weltreich, Graz 1983, S. 276).

Am heiligen Osterfest in der gleichen Indiktion (= Jahr in dem 15-jährigen Steuerzyklus) setzte er auch seinem Sohne Romanos das Diadem aufs Haupt, wobei der Patriarch Theophylaktos die Weihegebete verrichtete.

Steuerpolitik

Generell führte Konstantinos die Politik seines Vorgängers fort, so gab er weitere Gesetze gegen die Veräußerung von Landgütern heraus (unter Rückforderung des Kaufpreises bei unstatthafter Veräußerung); Güter von Bauern, die von Mächtigen nach dem Antritt seiner Regierung gekauft worden waren, sollten wieder zurückgegeben werden; dazu wurden Bestimmungen bezüglich der Soldatengüter erlassen, die in Größe und Ertrag hinreichend sein mussten, um einen Soldaten mit dem notwendigen Gerät ausstatten zu können.

Außenpolitisch konzentrierte sich Konstantinos aufgrund der sicheren Lage in den Balkanregionen auf den Osten. Bardas Phokas kämpfte gegen Saif-al-Daulah. 949 wurde Germanikeia eingenommen und drei Jahre später der Euphrat erreicht, doch schaffte es Said sukzessive, den byzantinischen Vorstoß zurückzudrängen. Eine Rückeroberung Kretas scheiterte vorerst (949).

Geprägt war die Regentschaft durch intensive diplomatische Beziehungen, von dem mit den Umayyaden verwandten Kalifen Abd-ar-Rahman in Spanien bis zu Otto I. im römisch-deutschen Reich. Die Beziehungen zu den Kiever Rus intensivierten sich, die Fürstin Ol'ga (945 bis ca. 963), Witwe des Herrschers Oleg, und Mutter von Svjatoslav, reiste zweimal nach Konstantinopel und wurde dort mit dem Namen Helena (nach der Gemahlin Konstantinos' VII.) getauft (945 oder 957). Ihr Sohn nahm den christlichen Glauben nicht an.

Romanos II. (959–963)
Der Sohn Konstantinos' und der Helene (* ca. 937) war bereits 944 mit Bertha (Eudokia), der Tochter Hugos von Arles, verheiratet worden und folgte nach dem Ableben seines Vaters auf den Kaiserthron (9. November 959). Eudokia verstarb 949 und Romanos ehelichte Anastaso (956), die Tochter eines Wirts, die als Kaiserin den Namen Theophano annahm. Nach der Neubesetzung der wichtigsten Ämter war der *parakoimōmenos* Ioseph Bringas für die

Rückeroberung Kretas

Führung der Geschäfte hauptverantwortlich. Seinem General Nikephoros Phokas glückte die Rückeroberung Kretas nach einer neunmonatigen Belagerung von Chandax (Candia) (961). Im folgenden Jahr war die gesamte Insel wieder unter byzantinischer Herrschaft und dieser Erfolg wurde triumphal in der Hauptstadt gefeiert. Nikephoros wurde dann gegen Saif al-Daula geschickt, der jährlich in Kleinasien einfiel. Nikephoros eroberte Kilikien und erreichte 962 sogar Aleppo, wo er den Palast des Emirs plündern ließ und enorme Beute machte.

Nach einem Jagdausflug starb Romanos am 15. März 963 und hinterließ eine Witwe mit zwei Kindern, Basileios (II.) und Konstantinos (VIII.). Im Tesoro di San Marco von Venedig ist ein kostbarer, von diesem Kaiser gestifteter Kelch aufbewahrt.

Nikephoros II. Phokas (963–969)

Der Sohn des kleinasiatischen Militäraristokraten Bardas Phokas wurde von seinen Männern zum Kaiser ausgerufen und Theophano entschloss sich rasch zur Heirat mit ihm. Nikephoros wurde Kaiser und Beschützer der beiden purpurgeborenen Söhne der Theophano. Er ersetzte den *parakoimōmenos* Ioseph Bringas durch Basileios, ein illegitimer Sohn des Romanos Lakapenos. Als neuen Feldherren für den Osten bestimmte er Ioannes Tzimiskes, im Westen wurde sein Bruder Leon Phokas mit der militärischen Führung betraut.

Nikephoros wird als ein sehr asketischer Herrscher beschrieben, der Umgang mit Mönchen pflegte. Berühmt war seine Bekanntschaft mit Athanasios vom **Athos** (darum Athonites).

E

Berg Athos

Nachrichten von Mönchen und kleinen Klöstern auf dem Berg Athos (50 km lange östlichste Halbinsel der Chalkidike, bis 2030 m hoch und praktisch nur über den Seeweg erreichbar) gibt es ab dem 8. Jahrhundert, einen Aufschwung nahm die Region im 10. Jahrhundert, 908 ist zum ersten Mal ein *Prōtos* (Vorsteher der mönchischen Gemeinschaft) dokumentiert. 958 kam Athanasios (Athonites) (ca. 925–ca.1002) dorthin und ließ die Megiste Lavra, bald das wichtigste Kloster des Berges, mit kaiserlicher Unterstützung errichten (963). Eine erste „Verfassung" der Gemeinschaft wurde 972 von Kaiser Ioannes Tzimiskes bestätigt (*Tragos*, [„Bockfell"], auf Pergament geschrieben, Original in Karies). Mönche aus Georgien, Serbien, Amalfi, Bulgarien und dem Reich der Rus gründeten eigene Gemeinschaften (Koinobitentum). Der Athos entwickelte sich zu einer bestorganisierten Mönchsgemeinschaft, die auch überregional von wirtschaftlicher Bedeutung war.

Fiskalpolitik

In seiner Fiskalpolitik schlug Nikephoros einen anderen Weg ein: Er stellte sich gegen die Verbote für reiche Grundbesitzer, Ländereien verarmter Bauern aufzukaufen, und modifizierte die Gesetzgebung, aus der klar wurde, dass die Zentralverwaltung nicht prinzipiell die Kleinbauern protegierte. Soldatengüter hingegen schützte er besonders, auffällig war die Erhöhung der Kostenveranschlagung für einen Soldaten. Das hing möglicherweise mit einer Veränderung der militärischen Taktik und Ausrüstung zusammen. Parallel dazu bemühte sich Nikephoros um eine Beschränkung der Akkumulation kirchlichen Besitzes. Klöster und Kirchen besaßen mittlerweile – durch Stiftungen – große Ländereien, welche sich auf das Steueraufkommen negativ auswirkten.

Die Strategen Nikephoros' eroberten den wichtigen logistischen Stützpunkt Zypern 965. Damit kam man dem Ziel, Syrien wiederzugewinnen, ein Stück näher (968 Einnahme Aleppos). Am 28. Oktober 969 schließlich musste Antiocheia den Byzantinern die Tore öffnen. Das byzantinische Kaisertum befand sich weiterhin auf Expansion und konnte die rückeroberten Gebiete auch dauerhaft halten.

Rückeroberung Zyperns

In den westlichen Regionen gestaltete sich die Expansion schwieriger; zwar suchte Otto I., ab 962 Kaiser, den Ausgleich mit Konstantinopel, die Gesandtschaftsreise des Liutprand von Cremona gibt beredtes Zeugnis davon, aber konkrete Ergebnisse blieben zunächst aus. 972 wurde die byzantinische Prinzessin Theophano mit Otto II., dem Sohn Ottos I. († 973), verheiratet.

Auf der Balkanhalbinsel veränderte sich das Verhältnis zwischen den Oströmern und den Bulgaren, als Konstantinopel die geforderten Zahlungen nicht leistete. Nikephoros entschloss sich, den russischen Prinzen Svjatoslav, den Sohn Ol'gas, um Hilfe zu ersuchen.

Nikephoros' Leben endete durch ein Mordkomplott, welches Theophano und ihr Liebhaber Ioannes Tzimiskes planten. In der Nacht vom 10. auf den 11. Dezember 969 drangen die Attentäter über den Seezugang in den Bukoleonpalast in Konstantinopel ein und machten den Kaiser nieder.

Ioannes I. Tzimiskes (969–976)

Der Patriarch Polyeuktos verweigerte dem Usurpator den Zutritt zur Hagia Sophia und die Krönung; er musste Buße tun sowie Theophano verstoßen und ehelichte Theodora, Tochter Konstantinos' VII. Das Gesetz von Nikephoros, das sich gegen Besitzungen von Klöstern und Kirchen richtete, wurde nicht mehr umgesetzt. Boris II. (969–977) konnte sich nicht gegen die Kiever wehren und musste Svjatoslav von Kiev als Verbündeter gegen Byzanz folgen. Eine Attacke gegen Thrakien 970 wurde abgewehrt und Ioannes Tzimiskes zog nordwärts, ohne an den Balkanpässen auf Widerstand zu stoßen. Die Byzantiner nahmen Preslav ein und setzten Boris II. gefangen. Tzimiskes verfolgte Svjatoslav weiter und schloss ihn in Dristra (Silistra) ein. Nach dem Friedensvertrag von Juli 971 machte sich der Fürst von Kiev in seine Heimat auf, wurde aber von Kurya, dem Khan der Petschenegen, auf Anstiften der Byzantiner bei den Stromschnellen des Dnjepr gefangen genommen und getötet. Ioannes hingegen kehrte im Triumph mit viel Beutegut nach Konstantinopel zurück. Boris wurde zeremoniell seiner Insignien entkleidet und mit dem byzantinischen *magistros*-Titel ausgezeichnet. Bulgarische Gebiete in Thrakien und Untermösien waren nun direkt dem byzantinischen Kaiser unterstellt. Trotz dieses Erfolges blieb Westbulgarien weiterhin ein Gebiet außerhalb byzantinischer Reichweite. Diese Region wurde von einer aristokratischen Familie geleitet, insbesondere vier Brüdern, David, Moses, Aron und Samuel, die Kometopuloi hießen („Söhne des *komēs*"). In byzantinischen Augen stellte sich dies als ein Aufstand dar, während sie sich als Vertreter des gefangenen Boris verstanden. Als die Übergriffe auf benachbarte Territorien zunahmen, wurden Boris und sein Bruder Romanos Richtung Bulgarien geschickt in der Hoffnung, dadurch Zwietracht zu streuen. Als sie 977 an der Grenze eintrafen, schritt Boris voran, wurde aber wegen seines Aussehens als oströmischer Aristokrat betrachtet und irrtümlich umgebracht. Romanos wurde als Zar akzeptiert.

Bulgarien

Basileios II. (976–1025)
Auf der Rückkehr von einem Feldzug im syrischen Raum starb Tzimiskes (10. Januar 976) (wahrscheinlich an Typhus); es gab auch Gerüchte, dass er von dem *parakoimōmenos* Basileios Lakapenos vergiftet worden war. Lakapenos führte die Regierungsgeschäfte weiter, die Söhne Theophanos waren mittlerweile der Minderjährigkeit entwachsen und traten nun die Nachfolge an. Basileios herrschte seit dem 1. November 976 weitgehend alleine, Konstantinos fungierte in der Rolle des **Mitkaisers**.

E

Mitkaiser
Grundsätzlich übten Mitkaiser in Byzanz so gut wie niemals politische oder militärische Ämter aus, sondern ihre Funktion war auf den zeremoniellen Bereich beschränkt; als die einzig wirkliche Ausnahme kann Manuel II. Palaiologos in der Spätzeit des Reiches gewertet werden (siehe unten S. 135), der für seinen Vater auch Feldzüge unternahm und das Kaisertum voll repräsentieren durfte. Der Grund für diese Abstufung mag darin begründet sein, dass ein Hauptkaiser durch eine zu starke Stellung eines Mitkaisers um die eigene Autorität fürchten musste. Den Thronfolger wollte man zudem keiner Gefahr aussetzen, um den Fortbestand der Dynastie nicht zu gefährden.

Basileios dürfte energischer als sein Bruder Konstantinos gewesen sein, der angeblich mehr seinen Vergnügungen nachgegangen war, allerdings war auch nicht vorgesehen, dass er eine aktivere Rolle spielte.

Basileios II. übte zwar *de iure* die Alleinherrschaft aus, *de facto* hatte er aber mehr als ein Jahrzehnt gegen kleinasiatische Aristokraten zu kämpfen, die seine Herrschaft nicht billigten und durch großen Grundbesitz ihren Ein-

Bardas Skleros

fluss über die lokale Ebene hinaus ausbauen konnten. Einer, der sich nach dem Tod des Ioannes Tzimiskes Hoffnungen auf die Kaisermacht gemacht hatte, war Bardas Skleros; dieser stammte aus einem mächtigen kleinasiatischen Familienclan und bekleidete die Funktion des *domestikos tēs anatolēs*. Im Sommer 976 wurde er von seinen Truppen zum Kaiser ausgerufen und vermehrte seinen Einfluss in Kleinasien (Einnahme Nikaias Anfang 978).

Der schon genannte mächtige *parakoimōmenos* Basileios Lakapenos rief einen anderen Magnaten, Bardas Phokas, aus seinem Exil auf Chios zu Hilfe, wo dieser seit 971 wegen seines Usurpationsversuches gegen Ioannes Tzimiskes leben musste. Bardas Phokas stellte sich dem anrückenden Skleros nicht in einer offenen Schlacht entgegen, sondern eilte nach Kaisareia, wo die Hochburg der Familie Skleros lag. Er wollte seinen Gegner *quasi* an seiner Wurzel treffen. Skleros kehrte von seinem Marsch auf Konstantinopel um und gewann die ersten Auseinandersetzungen mit Phokas, doch 979 bezwang Phokas den Usurpator in der Nähe von Amorion. Skleros floh in das Kalifat.

Das Verhältnis zwischen Basileios II. und seinem Großonkel Basileios, dem *parakoimōmenos*, dürfte nicht lange ungetrübt geblieben sein, da er sich oft im täglichen Regierungsgeschäft vordrängte und Basileios II. wenig Entscheidungsspielräume ließ. Zudem hatte er Mitglieder aus Familien in hohe Positionen gebracht, welche gegen Basileios II. eingestellt waren. Basileios II. verbannte ihn schließlich aus seinen Ämtern 985. Ab 986 widmete sich Basileios verstärkt der Balkanpolitik. Dort war es zu Unruhen und Abspaltungstendenzen gekommen. Die vier Kometopouloi, Söhne des *komēs*

Nikolaos, initiierten einen Aufstand, der weite Gebiete Bulgariens erfasste. Ideologisch wollten die Aufrührer am Ersten Bulgarischen Reich des Zaren Symeon anknüpfen.

Samuel von Bulgarien

Romanos trat die Herrschaft in Bulgarien an, obwohl er ein Eunuch war (976–997). Die eigentliche militärische Führung der Bulgaren übernahm Samuel, der Jüngste der Kometopulen (* 958). Samuel griff Serres und Thessalonike an, drang 985 bis nach Thessalien vor und nahm Larissa ein. Basileios II. marschierte durch die sogenannte Trajanspforte (westlich von Philippupolis) nach Sardika, welche Stadt er aber nicht einnehmen konnte. Auf dem Rückweg wurde die byzantinische Armee überfallen und geschlagen (August 986). 991 nahm Basileios II. Romanos wieder gefangen, der bis zu seinem Tod 997 in byzantinischen Händen blieb. Samuel trat nun offiziell die Regierung an (997–1014). Zum Zentrum seiner Herrschaft bestimmte er Prespa; später wurde Ochrid seine Residenzstadt. Der Schwerpunkt und das außenpolitische Streben des bulgarischen Reiches waren durch diese Wahl nach Westen und Süden hin orientiert.

Konflikte im Inneren

Der byzantinische Souverän konnte dem erfolgreichen Expandieren Samuels zunächst nichts entgegensetzen, da er noch mit innenpolitischen Problemen beschäftigt war. Zu diesen gehörte der wieder ausbrechende Konflikt mit Bardas Skleros, der im Jahre 987 aus seinem Exil zurückgekehrt war.

Am 15. August 987 ließ sich Skleros erneut zum Kaiser ausrufen. Basileios sandte daraufhin seinen Feldherren Bardas Phokas gegen ihn, doch ließ auch er sich zum Gegenkaiser proklamieren. Die beiden Usurpatoren kooperierten kurze Zeit, man überlegte sogar eine Reichsteilung (was an spätantike staatspolitische Vorstellungen erinnert); doch dann setzte Phokas Skleros gefangen und hielt ihn als Geisel. Im folgenden Jahr näherte sich eine große Armee der Hauptstadt, nachdem bereits Kleinasien unter der Macht des Phokas stand. Basileios II. bemühte sich um auswärtige Hilfe und umwarb Vladimir, den Fürsten von Kiev, der tatsächlich eine 8000 Mann starke Truppe an das Goldene Horn sandte (988). Die russisch-byzantinische Allianz besiegte zunächst die Truppen bei Chrysopolis, die zweite Schlacht bei Abydos endete mit einer entscheidenden Wendung: Phokas erlitt während der Kampfhandlungen einen letalen Schlaganfall, doch vermochte sich Bardas Skleros abzusetzen. Er versuchte nochmals, allerdings erfolglos, gegen Basileios II. aufzubegehren. Er war einerseits schon in hohem Alter (geboren um 920, ging er auf den 70. Geburtstag zu) und andererseits dürfte die Unterstützung vonseiten der Araber nachgelassen haben. Die beiden Kontrahenten, Kaiser und Gegenkaiser, suchten einen Ausgleich und versöhnten sich (989).

Rus

Nachdem die Rus den byzantinischen Kaiser 988 so tatkräftig unterstützt hatten, war es an der Zeit, dem Fürsten von Kiev, Vladimir, eine Belohnung zukommen zu lassen. Man hatte ihm die Ehe mit Anna, der Schwester des Kaisers, versprochen. Revolutionär war, dass zum ersten Mal eine purpurgeborene Prinzessin an einen ausländischen Herrscher verheiratet werden sollte. Die Voraussetzung dafür war allerdings die Taufe des russischen Volkes und des Fürsten. Doch wollte man in Byzanz nach der Überwindung der Bedrohung durch die beiden Usurpatoren dieses Versprechen nicht erfüllen, und Vladimir eroberte byzantinische Besitzungen auf der Cherson. Er drohte auch mit einem Angriff auf Konstantinopel, sodass Basileios Anna

(963–1011) zu Vladimir schickte; Hochzeit wurde gefeiert und die Cherson wieder an das byzantinische Kaisertum zurückgegeben. Die Christianisierung des Kiever Fürstentums schritt rasch voran, und es begann ein intensiver kultureller Austausch und eine Erweiterung des Einflussbereiches des byzantinischen Reiches (z. B. Hagia Sophia in Kiev, Mitte 11. Jahrhundert).

Vertrag mit Venedig

992 unterfertigten Konstantinos VIII. und Basileios II. einen *chrysobullos logos*, also eine kaiserliche Urkunde mit Goldsiegel, in dem den Venezianern Handelsprivilegien im byzantinischen Reich zugesprochen wurden.

987/988 wurde ein Frieden mit den **Fatimiden** unter den Kalifen Al-Aziz (975–996) ausgehandelt, wobei sich die beiden Herrscher jeweils als Schutzherren der jeweils anderen Religion verstanden.

E

Byzanz und die Fatimiden

Die Fatimiden

Die Fatimiden (so benannt nach Fatima, der Tochter Mohammeds) waren eine arabisch-islamische Dynastie schiitischen Bekenntnisses, die in Ägypten seit dem Jahre 909 an der Macht war. Durch ihre Verbindung zum Religionsstifter fühlten sie sich berechtigt, den Anspruch auf die universale Lenkung der islamischen Gesamtgemeinde zu stellen. Nach jahrzehntelangem Streben gegen das Kalifat der Abbasiden in Bagdad gelang ihnen zu Anfang des 10. Jahrhunderts in Nordafrika die Gründung eines Gegenkalifats, wobei sie sich auf die Berber (Beduinenstämme) stützten. Diese siedelten im Osten des heutigen Algerien. Der Emir von Ifriqiya (Africa) expandierte nach Westen (Marokko und Spanien) und nach Norden (Sizilien). 969 unterwarf er sich Ägypten und Kairo wurde zur neuen Hauptstadt bestimmt. Im östlichen Mittelmeerraum kam es bald zu Berührungen mit der wieder erstarkenden Großmacht Byzanz. Die Fatimiden erlaubten italienischen Handelsstädten, in Ägypten Niederlassungen einzurichten (Amalfi 996, Genua 1100, Pisa 1150). Den Christen und Juden gegenüber, welche als Angehörige einer monotheistischen Religion einen Schutzstatus genossen, gaben sie sich tolerant.

991 zogen die Fatimiden gegen das hamdanidische Emirat von Aleppo. Antiocheia am Orontes wurde bedroht und Michael Burtzes, *dux* der Stadt, bat 994 um Hilfe. Im folgenden Jahr erschien der Kaiser nach einem Gewaltmarsch durch Kleinasien persönlich vor der Stadt und konnte die Belagerung abwenden (April 995). Daraufhin wurde Tripolis erfolglos belagert, Tartus aber eingenommen. Auf seiner Rückkehr nach Kleinasien traf er 995 den Magnaten Eustathios Maleinos, der ihn gastfreundlich aufnahm. Der Grundbesitz und der große Haushalt, den er führte, muss Basileios II. so fasziniert oder gestört haben, dass er Maleinos mit nach Konstantinopel nahm, wo er ihn unter Hausarrest stellen und seine Güter konfiszieren ließ. Diese Aktion

Großgrundbesitz

passte zum Streben des Kaisers, die kleinasiatischen Großgrundbesitzer in die Schranken zu weisen. Im folgenden Jahr wurde eine Novelle ausgegeben, in der die 40-jährige Verjährung gesetzwidrig erworbener Besitztümer geregelt wurde. Die antiaristokratische Einstellung Basileios' I. zeigte sich auch darin, dass er das Allelengyon (= Verteilung der Steuerpflicht auf mehrere) auf die Großgrundbesitzer verlagerte: Nicht nur die Dorfgemeinschaft musste für die Steuerschuld der Bauern aufkommen, auch die Aristokraten/Großgrundbesitzer wurden zur Ergänzung fiskalischen Ausfalls miteinbezogen.

Nachfolger von Al-Aziz († 13. Oktober 996) wurde al Hakim bi-Amr Allah (996–1021). 998 marschierte Damianos Dalassenos gegen Apamea (Einnahme 19. Juli 998) und Basileios war im folgenden Jahr nochmals in Syrien.

Als er sich nach Armenien wandte, handelte er mit Kairo einen zehnjährigen Friedensvertrag aus. Mit al-Ḥākim brachen eher ruhigere Zeiten an, wenngleich sein Überfall auf Jerusalem und die damit verbundene Zerstörung der Grabeskirche 1009 die gesamte mittelalterliche Welt beschäftigte.

Basileios und Bulgarien

Der bulgarische Zar Samuel (997–1014) breitete sich ziemlich problemlos auf dem südlichen Balkan aus. Man kann drei Phasen seines expansiven Strebens unterscheiden: In den Jahren von 976 bis 996, noch unter dem Zartum Romanos', begann er mit Rückeroberungen von Landstrichen zwischen der Donau und dem Haimos im südlichen Makedonien und gegen die Adria hin.

996 markiert einen Wendepunkt für Samuel, da er auf dem Rückzug von seiner Expedition nach Griechenland, der ihn bis in die Peloponnes führte, von dem byzantinischen General Nikephoros Uranos in der Spercheios-Senke überrascht und besiegt wurde. Diese Niederlage leitete eine zweite Entwicklungsphase von 996 bis 1014 ein, Samuel verlagerte seine Aktivitäten ins östliche Makedonien. Er war noch imstande, Rascien (Raška = Hauptteil des serbischen Gebietes) und Diokleia (Kastron am Zusammenfluss von Zeta und Morava) seinem Reich einzuverleiben, und nahm die bedeutende Hafenstadt Dyrrhachion ein. Doch waren die Byzantiner in dieser zweiten Phase nicht zu stoppen. Ab 1001 wurden in einer großen byzantinischen Gegenoffensive die Städte Pliska, Groß-Preslav und Klein-Preslav erobert, Basileios II. rückte weiter nach Makedonien vor und damit war wieder die ungehinderte Erreichbarkeit nordgriechischer Gebiete, insbesondere Thessalonikes, gewährleistet. 1004 war Skopje, 1005 Dyrrhachion wieder byzantinisch.

Sieg über Samuel 1014

Abgeschlossen wurde die Rückeroberung durch den Sieg über Samuels Truppen in Kleidion (1014). Die Grausamkeit der Byzantiner blieb lange im Gedächtnis und wurde bis ins 20. Jahrhundert auch propagandistisch verwendet. Die Bulgaren waren in der Folge von Byzanz bis ins ausgehende 12. Jahrhundert abhängig. *Bulgaroktonos* („Bulgarentöter") erdachten spätere Generationen als schmückendes Beiwort für Basileios II. Das Patriarchat Ochrid wurde aufgelöst und zu einem autokephalen Bistum umgewandelt, d.h. direkt dem Kaiser unterstellt (und nicht dem Patriarchen von Konstantinopel).

Was blieb von Basileios? Mit seinen Eroberungen sicherte er die Zukunft des byzantinischen Reiches; allerdings erfolgten einige Gewinne aufgrund der Schwäche der Gegner, aber Byzanz demonstrierte seinen Status als überregionale Großmacht. Basileios beruhigte die Lage innerhalb der Grenzen mit der Unterstützung durch Söldnertruppen einigermaßen, da die Spannungen zwischen den aristokratischen Familien und der Zentralmacht zum Großteil beigelegt und potenzielle Widersacher (Skleros, Phokas, Maleinos) neutralisiert worden waren. Negativ wirkte sich die Politik gegen die Magnaten in Kleinasien insofern aus, als dadurch möglicherweise die Seldschuken leichter in die ehemals von den Phokas dominierten Gebiete vordringen konnten. Es gab keine lokale Verteidigung mehr und die Zentrale reagierte erst spät und ineffizient. Trotz des militärisch geprägten Alltags ist Basileios' Regierungszeit durch bemerkenswerte Leistungen auf dem kulturellen Sektor ausgewiesen. Galt Basileios als ein Herrscher ohne besondere Affinitäten zu Bildung und verfeinertem Hofleben, so muss dennoch daran erinnert werden, dass für ihn ein Psalter (heute in Venedig; Marcianus Graecus 17, um

1020) und ein Menologium (Menologium Basilii, Vaticanus graecus 1613) hergestellt worden sind, beides zentrale Denkmäler der mittelbyzantinischen Buchmalerei.

Konstantinos VIII. (1025–1028)
Da Basileios keine Nachkommen hatte, ging die Herrschaft auf seinen jüngeren Bruder Konstantinos über, welcher seit 962 Mitkaiser gewesen war. Mit seiner Frau Helena hatte er drei Töchter: Eudokia, Zoe und Theodora. Die Landgesetze Basileios' II. ließ er auf Druck der Magnaten in Kleinasien wieder aufheben.

Romanos III. Argyros (1028–1034)
Drei Tage vor seinem Tode arrangierte Konstantinos die Heirat des Romanos, der davor gedrängt worden war, sich von seiner Frau Helena scheiden zu lassen, mit seiner Tochter Zoe (12. November 1028). Romanos bekleidete unter Basileios II. ein Richteramt und verwaltete unter Konstantinos VIII. als Stadteparch (= *praefectus urbi*, „Bürgermeister" mit Rechtsbefugnissen und Marktaufsicht) Konstantinopel. Als Kaiser schaffte er die Steuern, die die aristokratischen Großgrundbesitzer benachteiligten, ab. Romanos engagierte sich in Bautätigkeiten, er unterstützte die Hagia Sophia, da er als ehemaliger *oikonomos* (Verwalter des kirchlichen Vermögens) der Kirche um deren finanzielle Probleme Bescheid wusste, fortan mit jährlich 80 Goldpfund (= 5760 Goldmünzen). Ursprünglich dargestellt war er auf einem Mosaik in der Empore der Großen Kirche zusammen mit seiner Frau Zoe. Später wurde sein Name entfernt und durch Konstantinos Monomachos ersetzt.

Auf einem Zug Richtung Osten gegen die Mirdasiden von Aleppo (dort seit 1024) erlitten byzantinische Truppen eine Niederlage bei Antiocheia, Georgios Maniakes nahm 1032 allerdings wieder Edessa ein. In der Adria vermochte die byzantinische Marine, eine arabische Flotte zu besiegen.

Nach mehreren Attentatsversuchen (1029, 1030) fiel er allerdings einem Giftanschlag zum Opfer oder wurde im Bad ertränkt (11. April 1034).

Michael IV. (1034–1041)
Michael wurde von seinem Bruder, dem *orphanotrophos* (Verantwortlicher für Waisenhäuser) Ioannes, welcher unter Konstantinos VIII. und Romanos III. großen Einfluss gewonnen hatte, nach Konstantinopel geholt und in den Hofdienst gestellt. Zoe verliebte sich in Michael, Romanos stellte ihn zur Rede, er beteuerte aber unter dem Schwur auf Reliquien, nichts im Schilde zu führen. Die Hochzeit erfolgte am Tag nach der Beseitigung Romanos' (12. April 1034), nachdem der Patriarch Alexios I. Studites (1023–1043) nur unter Bezahlung von 50 Goldpfund die Zeremonie durchzuführen bereit gewesen war. Doch schloss Michael seine Gemahlin sogleich von der Politik aus, die Geschäfte führte weiterhin sein Bruder Ioannes aus, der die militärischen und fiskalischen Reformen der imperialen Vorgänger fortsetzte.

Ab 1038 setzte eine allmähliche Rückeroberung Siziliens durch Georgios Maniakes von den Arabern ein, er wurde dabei von der Warägergarde des Harald Hardrada unterstützt (späterer König von Norwegen, 1046–1066).

Q

Araltes
(Strategikon des Kekaumenos § 246, ed. M. D. Spadaro, Alessandria 1998; Übers.: H.-G. Beck, Vademecum des byzantinischen Aristokraten, Graz ^{2}1964, S. 140–141).

Araltes (= Harald) war der Sohn des Königs der Varäger. (..) Dieser, noch ein junger Mann, wollte den Kaiser Michael Paphlagon besuchen und ihm seine Verehrung erweisen und die griechischen Verhältnisse mit eigenen Augen sehen. Er brachte aber auch eine Truppe mit, fünfhundert adelige Leute. Er kam also, und der Kaiser empfing ihn nach dem Protokoll und schickte ihn mit seiner Truppe nach Sizilien. Dort stand das griechische Heer im Kampf um die Insel. Araltes zog hin und vollbrachte dort prächtige Taten. Als die Insel unterworfen war, kehrte er mit seinen Leuten zurück zum Kaiser, und dieser verlieh ihm den Rang eines Manglabiten (= kaiserliche Leibwache).

Georgios Maniakes wurde nach der Einnahme von Syrakus auf Betreiben des *orphanotrophos* Ioannes wegen angeblicher Illoyalität gefangen, worauf Syrakus wieder arabisch wurde und sich normannische Kaufleute in Süditalien gewaltsam niederzulassen begannen. Nicht zuletzt die steuerlichen Belastungen führten in mehreren Gegenden zu Aufständen: In Bulgarien wurden die Bewohner angehalten, ihre Steuerleistung in Geld abzuführen (mit Basileios II. waren Naturalabgaben vereinbart worden). Anstelle des 1037 verstorbenen Ioannes, Erzbischof von Ochrid, wurde Leon, ein konstantinopolitanischer Kleriker eingesetzt. Peter Deljan flüchtete nach Serbien und stellte sich als Verwandter Samuels vor. 1040 wurde er zum Zaren gekrönt und begann, von der Moravagegend aus Richtung Süden Gebiete bis nach Nordgriechenland unter seinen Einfluss zu bringen. 1041 erlitten die Oströmer eine Niederlage bei Theben, das Unternehmen endete dann bei der Belagerung Thessalonikes, als die Bulgaren schwer geschlagen wurden. Peter wurde in der Folge – nach der Schlacht bei Ostrowo – gefangen und die Situation wurde im Sinne des Kaisers beruhigt.

Vojislav von Zeta (Diokleia) scheiterte 1035 mit einem Aufstand, verbuchte aber dann mehrmals gegen die Byzantiner Erfolge; 1042 besiegte er den Strategen von Dyrrhachion und konnte sein Fürstentum von Byzanz unabhängig machen. Der Kaiser nahm an den Kämpfen auf dem Balkan teil, kam aber schwer krank nach Konstantinopel zurück. Ioannes *orphanotrophos* erkannte den Ernst der Situation und fädelte die Adoption des Neffen Michael durch Zoe ein. Die Kaiserin Zoe garantierte nach wie vor die Anbindung an die makedonische Dynastie. Michael Kalaphates wurde mit dem Kaisar-Titel dekoriert und folgte Michael IV., der am 11. Dezember 1041 im Kloster der heiligen Anargyroi verstarb, auf den Thron.

Michael V. Kalaphates (1041–1042)
Michael war ein Sohn Stephanos' und Marias, Schwester des Kaisers Michael IV. Sein Vater übte den Beruf eines Kalfaterers aus (darum „Kalaphates"; Kalfatern ist das Abdichten von Fugen zwischen den Schiffsplanken). Michael wollte alleine ohne Einmischung des *orphanotrophos* Ioannes regieren und verbannte ihn kurzerhand. Er machte Entscheidungen seines Onkels rückgängig und holte viele abgesetzte Aristokraten wieder zurück in ihre Ämter. Darunter war auch der von Ioannes *orphanotrophos* inhaftierte

Georgios Maniakes, den er wieder nach Sizilien sandte (ab April 1042 Katepano von Italien). Michael V. setzte in der Nacht vom 18. auf den 19. April 1142 seine Stiefmutter Zoe auf den Prinzeninseln fest, um endgültig Alleinherrscher zu werden. Er musste aber nach massiven Protesten seitens der Bevölkerung nachgeben und Zoe sowie ihre Schwester Theodora, die seit 1032 im Petrion-Kloster lebte, als Mitkaiserinnen einsetzen. Am 20. April wurde Michael abgesetzt, er flüchtete ins Studiukloster, wurde aber – schon in den Mönchsstand eingetreten – aufgegriffen und geblendet († 24. August 1042).

Zoe und Theodora (1042)
Die beiden Mitkaiserinnen übernahmen nun das Ruder, aber die Herrschaft war nicht von Harmonie geprägt, wenngleich Goldmünzen in ihrer beider Namen geschlagen wurden. Nach zwei Monaten hatten sich unüberwindbare Klüfte aufgetan und zwei Parteien am Hof gebildet. Zoe entschied sich, wieder (ein drittes Mal) zu heiraten. Die Wahl fiel auf den Richter Konstantinos Monomachos. Am 11. Juni ehelichte Zoe Konstantinos, der Patriarch Alexios blieb aus Protest gegen die dritte Verheiratung fern. Durch diesen Schachzug wurde Theodora zurückgedrängt, konnte aber immer noch bewirken, dass Ioannes *orphanotrophos* abgesetzt, exiliert und geblendet wurde († auf Lesbos 13. Mai 1043).

Konstantinos IX. Monomachos (1042–1055)
Am 12. Juni 1042 wurde Konstantinos zum Kaiser gekrönt und regierte zusammen mit den zwei Kaiserinnen. Sein Vater Theodosios Monomachos hatte als hoher Beamter unter Basileios II. und Konstantinos VIII. gedient. Konstantinos machte einen gesellschaftlichen Aufstieg durch, als er in seiner zweiten Ehe eine Nichte des Kaisers Romanos III. zur Frau nahm († 1035/1036). Michael IV. verbannte ihn nach Lesbos (Mitylene); er wurde dann als Richter nach Hellas beordert, trat den Dienst aber nicht an, sondern hielt sich in Konstantinopel auf. Konstantinos ordnete sofort die Neuerrichtung der Grabeskirche in Jerusalem an. Beeinflusst durch die Familie Skleros, aus der seine Mätresse Maria Skleraina stammte, berief er den General Georgios Maniakes aus Sizilien ab, welcher im September 1042 rebellierte und auf der Via Egnatia von Dyrrhachion aus Richtung Konstantinopel zog und in einem siegreichen Kampf gegen die kaiserlichen Truppen so stark verwundet wurde, dass er Anfang 1043 verstarb. Die Normannen gewannen durch die schwindende Präsenz der Byzantiner rasch an Boden. Kurz darauf bedrohten wieder die Kiever Rus die Hauptstadt, nur mithilfe des immer noch wirksamen und streng gehüteten „griechischen Feuers" wurde die Flotte besiegt. Um weiteren Konflikten vorzubeugen, verheiratete Konstantinos IX. seine Tochter Eirene (Maria) mit Vsevolod von Kiev. 1045 wurde das Königreich von Ani annektiert und im folgenden Jahr kam es zu dem ersten Kontakt mit den seldschukischen Türken, 1048 wurde ein erster Friedensvertrag geschlossen. Aus der Rückschau kurzsichtig entmilitarisierte Konstantinos IX. die Grenzzone, die armenischen Truppen wurden entlassen, was zu den katastrophalen Entwicklungen in den kommenden Dekaden führen sollte.

Die Herrschaft dieses Kaisers war des Öfteren von Usurpationen bedroht, so griff Leon Tornikes in Adrianopel nach dem Purpur und unterwarf weite Teile Thrakiens, konnte aber gefangen werden. Eine Folge dieses Zwistes war, dass die Petschenegen in byzantinisches Territorium einfielen und weiter nach Süden vordrangen; 1048 überschritten sie die Donau, hinter ihnen strömten die Kumanen, ein weiteres Reitervolk, nach. Die Petschenegen wurden von den Byzantinern immer wieder instrumentalisiert, nun hatte man sie aber als direkte Nachbarn und sie wurden zu einer ernsthaften Bedrohung. In der militärischen Auseinandersetzung nicht sehr erfolgreich mussten die Byzantiner auf das bewährte Mittel der Tributleistungen zurückgreifen.

Petschenegen

Konstantinos IX. versuchte, seine Stellung zu sichern, indem er die Mächtigen unterstützte und ihnen Steuererleichterungen verschaffte. Das sogenannte Pronoiasystem wurde aktiviert (Pronoia „Fürsorge", „Verwaltung"). Die Pronoia basierte auf Einkommen aus Besitz von Land oder aus anderen Quellen (Fischzucht, Wald etc.). Das Gut wurde vom Kaiser auf Lebenszeit an eine Person oder Personengruppe ausgegeben und der Pronoianehmer verpflichtete sich, Leistungen für das Reich zu übernehmen, insbesondere im Militärdienst. Die Bauern, die auf solchen Gütern lebten und arbeiteten waren frei und hießen Paroikoi oder Paröken. Der Unterschied zum westlichen Feudalwesen ist, dass nur der Kaiser die Pronoia verleihen konnte, es gab keine Mediatisierung, also die Übertragung auf Statthalter des Kaisers. Eine weitere Form der Pronoia war die Vergabe von fiskalischen Rechten oder Einkommensrechten an einem Besitz oder einer Ansammlung von Gütern. Die Pronoia ist also ein bedingtes Recht auf Steuern. Die Bestimmungen für eine Pronoia wurden in sogenannten *praktika* („Akten") festgehalten.

Pronoia

Einen geldpolitisch schwerwiegenden Schritt macht Konstantinos durch die Reduktion des Münzfußes auf gut 3/4 Goldgehalt im Histamenon (zuvor *nomisma*) um 1050. Damit setzte eine kaum mehr zu bremsende Inflation bzw. Geldentwertung bis zu den notwendigen Reformen unter Alexios I. (1091) ein.

Geldentwertung

Eine von den Zeitgenossen kaum wahrgenommene Episode spielte sich im Frühjahr 1054 ab. Im Laufe der Regierung Basileios' II. änderte sich das Verhältnis zu Rom, vor allem durch die spirituelle Angliederung der Südslaven an die orthodoxe Kirche. Die antirömische Stimmung verstärkte sich in Konstantinopel und deswegen verwundert es nicht, dass der Patriarch Sergios II. (999–1019) den Namen des römischen Papstes aus den *Diptycha* entfernen ließ. Papst Johannes XIX. (1024–1032) konnte überzeugt werden, dass das konstantinopolitanische Patriarchat zu dieser Zeit unter Alexios I. Studites „in seiner Sphäre universal sei", doch führte der drohende Konkurrenzkampf zu einem vorgezeichneten Bruch. Er hatte eine Reihe von Synodalentscheidungen entlassen, so gegen die Miaphysiten in der Gegend von Melitene, gegen die Messalianer (von Manichäismus beeinflusste Sekte, 431 anathematisiert) um Eleutherios von Paphlagonien. Trotz seines Reformeifers unternahm er nur wenig gegen die kaiserliche Gewalt, er wandte sich z. B. nicht aktiv gegen die Eheschließungen von Zoe, die zum zweiten und dritten Male heiratete. Während seiner Amtszeit wurde die wirtschaftliche Situation der Kirche bedeutend verbessert.

Das Schisma von 1054

Zwischen Papst Leo IX. (1147–1153) und dem Patriarchen Michael Kerullarios (1043–1059) entzündete sich ein Streit über liturgische Gepflogenheiten, wobei die orthodoxe Seite Auslöserin war. 1053 hatte Konstantinos, *sakellarios* des Patriarchen, **Azymen** zu Boden geworfen und konsekrierten Wein verschüttet. Leon von Ochrid schrieb seinem Kollegen Ioannes von

Leo IX. gegen Michael Kerullarios

Trani (im byzantinischen Unteritalien), dass die Lateiner wegen ihrer Beachtung jüdischer Riten (Azymen) keine reinen Christen seien.

E

Azymen
Die Frage, ob gesäuertes oder ungesäuertes Brot beim Abendmahl gereicht wurde, gehörte zu den theologischen Dauerthemen. Azymen (*azyma*) sind ohne Sauerteig gebackene Brotfladen, die als Opfergabe vorgeschrieben sind und als Speise beim Passah-Fest verwendet werden. Azymen sind nur durch griechische Polemiken gegen Juden bezeugt. Beim lateinischen Liturgiegebet ist eine gesteigerte Ehrfurcht festzustellen, die zu einer Bevorzugung des ungesäuerten Brotes führt (Hostie ist ab dem 9. Jahrhundert belegt). In der griechischen Liturgie wird gesäuertes Brot verwendet.

Michael Kerullarios betonte seine Stellung als ökumenischer Patriarch (einen Begriff, den er zum ersten Mal auf seinen Bleisiegeln einführte), was gegen den römischen Ehrenvorrang gerichtet war, und er sprach den Papst als Bruder, nicht als Vater an. Leo IX. (1049–1054) schickte seinen Kardinal Humbert von Silva Candida nach Byzanz, um dort zu verhandeln, Michael ging aber nicht darauf ein. Der Papst wusste, dass Kerullarios keine kaiserliche Unterstützung hatte. Am 16. Juli 1054 wurde von der päpstlichen Gesandtschaft eine Bannbulle am Altar der Hagia Sophia abgelegt, die aber nicht gültig war, dass der Papst bereits am 19. April gestorben war. Michael Kerullarios tat möglicherweise Ähnliches, eine Synode wurde einberufen, wo die lateinischen Praktiken verdammt wurden. Die Zusammenarbeit von Rom und Konstantinopel war damit jedenfalls für Jahrhunderte beendet. Dieses „große" genannte Schisma ist eine weitere Stufe des Auseinanderdriftens von Papsttum und Patriarchat, der erste Riss war schon seit dem 2. Konzil von Nikaia und seinen Folgen gegeben.

Konstantinos IX. starb am 11. Januar 1155.

Theodora (1055–1056)
Die hochbetagte Theodora setzte sich bei der Nachfolgeordnung als letzte Vertreterin der Makedonendynastie durch und wurde von der kaiserlichen Garde zur Kaiserin proklamiert. Theodora führte sogleich eine Umstrukturierung des Hofpersonals durch und ging gegen persönliche Feinde vor. Bevorzugt wurde ihr Vertrauter Leon Paraspondylas; erfahrene Militärs wie Isaakios Komnenos oder Nikephoros Bryennios wurden abgesetzt. Sie saß persönlich dem Senat vor und leitete auch Gerichtsverhandlungen.

Der enge Vertraute Theodoras Leon Paraspondylas trat in Opposition zu Michael Kerullarios, welcher zu einer Heirat riet, um die Herrschaft zu stabilisieren. Kurz vor ihrem Tod am 31. August 1056 hatte Theodora Michael Bringas, der für die Finanzen im Heerwesen zuständig gewesen war (*logothetēs tōn stratiōtikōn*), zu ihrem Nachfolger bestimmt.

Michael VI. Bringas oder Stratiotikos (1056–1057)
Michael hatte den Nachteil, dass er nicht direkt mit der Makedonendynastie verbunden war. Dies führte zu Legitimitationsproblemen und verstärkten Konkurrenzkämpfen zwischen den einflussreichen Familienclans, ehe ab 1081 die Familie Komnenos wieder stabile Verhältnisse sicherte.

Michael machte allerdings einen großen Fehler, als er dem *stratēgos* Nikephoros Bryennios nicht wieder seine Besitzungen zurückgab. Bryennios wurde nach Kappadokien geschickt, um dort eine Streitkraft aufzubauen, begann aber gleichzeitig, gegen den Kaiser zu intrigieren. Er wurde von einem kaisertreuen Beamten festgenommen, dann aber wieder freigelassen, von seinen Offizieren geblendet und so nach Konstantinopel zurückgeschickt. Isaakios Komnenos rief man indes zum Kaiser aus (8. Juni 1057). Er zog nach Nikaia, wo er eine kaiserliche Armee am 20. August 1057 in Petroe besiegte. Eine kaiserliche Gesandtschaft bestehend aus Konstantinos Leichudes, Leon Alopos und Michael Psellos traf ein und bot ihm den *kaisar*-Titel an. In der Hauptstadt formierten sich die Anhänger des Isaakios, und mit der Unterstützung des Patriarchen Michael Kerullarios wurde der Kaiser dazu gebracht, am 31. August abzudanken und den Mönchsstand zu nehmen. Am 1. September 1057 erreichte Isaakios die Hauptstadt und wurde vom Patriarchen gekrönt.

Isaakios I. Komnenos (1057–1059)

Isaakios stammte aus einer kleinasiatischen aristokratischen Familie und war seit etwa 1025 mit Aikatherine, der Tochter des letzten bulgarischen Herrschers Ivan/Vladislav, der Neffe des Zaren Samuel war, verheiratet. Isaakios war schon früh in militärischer Funktion und trug zuletzt den Titel *magistros* und hatte möglicherweise auch das Amt des *domestikos tōn scholōn tēs Anatolēs*, also des obersten Befehlshabers über die Truppen im Osten Kaiserin Theodora hatte ihn 1054 abgesetzt, Michael VI. aber wieder installiert. Durch seine militärischen Kompetenzen war Isaakios die prekäre Lage an den Außengrenzen des Reiches bekannt: Seit den 1050er-Jahren wurde der Druck der Seldschuken im Osten größer, in Italien begannen die **Normannen,** die Byzantiner zu vertreiben.

E

Normannen

Die Normannen erschienen spätestens um 1015/1016 in Süditalien, möglicherweise zunächst als Pilger auf dem Weg ins Heilige Land. Sie traten in den Dienst von langobardischen Fürsten und betätigten sich gegen die Sarazenen und Byzantiner. 1038 belehnte sie Kaiser Konrad II. mit der Grafschaft Aversa (in Süditalien in der Provinz Caserta, in der Nähe des antiken Atella). Anführer der Normannen war Rainulf Drengot, der erste Graf von Aversa (1030–1045).

In Konstantinopel merkte man wenig von den Vorgängen an den Grenzen und die Stimmung der Bevölkerung wandte sich gegen Isaakios, primär wegen seiner fiskalischen Bemühungen. Er kürzte die kaiserlichen Zuwendungen an seine Bediensteten und ging auch gegen kirchlichen Besitz, vor allem größere Klöster, steuerlich vor. Schenkungen seiner kaiserlichen Vorgänger an Einzelpersonen wurden wieder aufgehoben. Bevor der Patriarch Michael Kerullarios etwas gegen ihn unternehmen konnte, wurde er abgesetzt (8. November 1058) und Konstantinos III. Leichudes (1059–1063) zum Nachfolger bestimmt.

Die einzige militärische Aktion dieses Kaisers war ein Zug gegen Andreas I. von Ungarn (1047–1060) und die Petschenegen, die an der Nordgrenze des Reiches mit Plünderungen begannen. Er schloss Frieden mit den Ungarn (1059), bekam wieder Belgrad und kehrte in die Hauptstadt zurück. Während eines Jagdausfluges erkrankte er im November 1059. Er interpretierte dies als ein Zeichen Gottes und dankte auf Anraten des Michael Psellos gegen den Willen seiner Frau ab (21./22. November), um Konstantinos Du- Ungarn kas den Thron zu überlassen (unter Ausschluss des eigenen Bruders Ioannes Komnenos). Im Studiukloster genas er zwar, machte aber keine Anstrengungen, an die Macht zurückzukehren († 1060 oder 1061). Aufmerksam wurde das neue Münzbild dieses Kaisers von Zeitgenossen wahrgenommen: Als Erster ließ sich Isaakios mit gezücktem Schwert darstellen (nach Protesten durch das Labarum ersetzt).

Die makedonische Dynastie prägte die mittelbyzantinische Zeit – nur unterbrochen durch etwa 25 Jahre Herrschaft der Familie Lakapenos – nachhaltig: Nicht nur außenpolitisch konnte Byzanz seinen Einfluss vermehren (sukzessive Rückeroberung Kretas, Zyperns, Bulgariens und Syriens), auch kulturell wirkte Ostrom auf den lateinischen Westen und die Kiever Rus (verstärkt durch strategische Heiraten [etwa Theophano mit Otto II.], die Wissens- und Technologietransfer mit sich brachten). Konstantinopel behauptete sich nach wie vor als eine der größten Städte im mediterranen Raum, die zunehmend auch westliche Handelsinteressen anzog (insbesondere Venedig). Innenpolitisch kam es zu einem Erstarken der kirchlichen Macht (insbesondere des Patriarchats von Konstantinopel) und der Magnatengeschlechter (vor allem in Kleinasien), die zunehmend eine Konkurrenz zum hauptstadtzentrierten Kaisertum waren.

X. Die Familie Dukas (1059–1081) – Der Wettstreit der Familienclans um das Kaisertum

1059 Robert Guiskard in Italien
1067 Einnahme Kaisareias durch die Seldschuken
1071 Schlacht bei Mantzikert, Bari an Normannen

Konstantinos X. Dukas (1059–1067)
Konstantinos (* ca. 1006) stammte aus einer aristokratischen Familie (mögliche Herkunft Paphlagonien), deren Angehörige wichtige Ämter bekleideten. Konstantinos war unter Isaakios I. *proedros* (Vorsitzender) des Senats und pflegte eine intensive Freundschaft mit **Michael Psellos**, dem er seine Karriere als Kaiser verdankte (Krönung am 23./24. November 1059). Verheiratet war er in zweiter Ehe mit Eudokia Makrembolitissa, einer Nichte des Patriarchen Michael Kerullarios (seit 1059 auch *augusta*).

E

Michael Psellos
Michael Psellos (* 1018 – ca. 1078) stammte aus einfachen Verhältnissen, erhielt aber eine gute Erziehung in der Hauptstadt. Er wurde Richter in Philadelpheia in Lydien, ehe er in Konstantinopel die Stelle eines Untersekretärs am Kaiserhof annahm. Mit den wichtigsten Gelehrten und Intellektuellen seiner Zeit (Michael Kerullarios, Konstantinos Leichudes, Ioannes Alopos) bildete Psellos eine Wissensgemeinschaft, deren Netzwerk auch in die Innenpolitik einwirkte. Seine rhetorische Begabung mündete in der Verleihung des Amtes des *hypatos tōn philosophōn* („Höchster der Philosophen"). 1055 musste er sich in ein Kloster zurückziehen, um mit Isaakios I. Komnenos zu verhandeln und die Anklageschrift gegen Michael Kerullarios zu verfassen. Anhand seiner autobiografisch gefärbten historischen Schriften lässt sich die Hofpolitik gut rekonstruieren (Historia syntomos, Chronographia, Reden sowie Briefe an wichtige Persönlichkeiten).

Konstantinos vermochte jedoch nicht, die Autorität des Kaisertums zu stärken, und konzentrierte sein Wirken auf Konstantinopel und Umgebung. Er bestellte in den nun aufgewerteten Senat vornehme Einwohner Konstantinopels, darunter auch Gewerbetreibende und Kaufleute. Zunehmend traten Militärs zivile Laufbahnen an. Die Unzufriedenheit in der militärischen Führung bewirkte einen Umsturzversuch von Anhängern des Stadteparchen (1061). Konstantinos' Bevorzugung von Klöstern und einzelnen Persönlichkeiten mit Gütern musste durch Steuererhebungen ausgeglichen werden, was 1066 zu einem Aufstand in Nordgriechenland führte.

Außenpolitisch waren schleichende Bedrohungen festzustellen: Die Normannen konnten in Italien unter Robert Guiskard (seit 1059) Grafschaften errichten, nur mehr um Bari hielten sich die Byzantiner. Die für Byzanz wichtige Stadt Belgrad fiel wieder an die Ungarn (1064), eine neue Ethnie überschritt byzantinische Grenzen: die Uzen, die die Petschenegen in der russischen Steppe vertrieben hatten. In Kleinasien begannen sich verstärkt die Seldschuken bemerkbar zu machen (legendärer Gründer: Selǧuq). Sie kamen im 11. Jahrhundert aus der Gegend um den Aralsee und setzten sich zunächst im Zweistromland erfolgreich fest. Toghrul Beg, der Enkel von Selǧuq, residierte als Sultan in Bagdad ab 1055. Unter ihrem zweiten Sultan

Seldschuken

Alp Arslān (1063–1072) rückten sie ab 1064 weiter nach Westen vor, eroberten 1065 Ani, die Hauptstadt Armeniens, und nahmen das kappadokische Kaisareia ein (1067).

Romanos IV. Diogenes (1067–1071)
Nach dem Tod Konstantinos' X. (22. Mai 1067) blieb Eudokia Makrembolitissa als Vormund für ihre Söhne Michael, Andronikos und Konstantinos zurück. Ihre prominente Rolle hatte sie schon davor auf der Kupfermünzprägung gezeigt, wobei sie den Ehrenrang einnahm (auf der vom Betrachter linken Seite, also rechts vom Kaiser, abgebildet). Die Regierung lag aber faktisch noch in Händen des Ioannes Dukas und seines Beraters Michael Psellos. Eudokia hatte am Totenbett ihres Mannes (schriftlich) geschworen, nicht wieder zu heiraten und den angeblichen Verschwörer Romanos Diogenes zu exilieren. Sie widerrief ihren Schwur und wollte Romanos heiraten, ohne zunächst Ioannes Dukas, Michael VII. oder den Patriarchen Ioannes VIII. Xiphilinos (1064–1075) zu konsultieren. In der Folge überzeugte sie die beteiligten Parteien und rang ihnen die Zustimmung zu einem zweiten Eheschluss für das Wohl des Reiches ab (Heirat am 1. Januar 1068). Romanos hatte sich überdurchschnittliche Verdienste in mehreren Militärkampagnen (auch an der Donau) erworben. Die Entscheidung Eudokias für diese Verbindung schien ein Gebot der Stunde zu sein, denn nur so konnte sie der seldschukischen Bedrohung Herr werden, da gerade Kaisareia erobert (1067) und die Kirche des heiligen Basileios geplündert worden war. Opposition kam vonseiten der Warägergarde im Kaiserpalast und Angehörigen der Dukasfamilie, die einen Mann aus ihren Reihen für die Herrschaft favorisiert hatten. Romanos entschied sich, selbst gegen die Seldschuken zu ziehen, um daraus Kapital und Ansehen zu schlagen. Die byzantinische Armee bestand aus unterschiedlichen Söldnerabteilungen (Franken, Bulgaren, Armenier) mit ausgeprägten Eigeninteressen.

Die ersten Aktionen standen unter einem guten Stern: Zunächst versuchte er, in Antiocheia einzugreifen, wandte sich aber in die Pontusregion, als er von einem seldschukischen Einfall und der Plünderung Neokaisareias hörte. Er vermochte die Türken zu stoppen und von ihrem Plünderungszug abzubringen, doch entkam ein Großteil der Truppen. Zurückgekehrt nach Süden, war Romanos gegen das Emirat von Aleppo weniger erfolgreich. Er zog sich durch die kilikische Pforte nach Podandos zurück, wo er über ein weiteres Vordringen der Seldschuken informiert wurde: Amoriom war geplündert worden, doch kam Romanos zu spät. Wahrscheinlich im Januar 1069 war der Kaiser wieder in der Hauptstadt.

Crispin(us) in Kleinasien

Die weiteren Planungen waren überschattet durch den Aufstand normannischer Söldner unter Crispin in Kleinasien, die das Land zu plündern und kaiserliche Steuereintreiber zu drangsalieren begannen. Crispin wurde zwar festgenommen, doch wüteten die Söldner noch einige Zeit im Thema *tōn Armeniakōn*. Währenddessen nahmen die Seldschuken Kaisareia ein und Romanos befriedete Kappadokien in brutaler Weise. Weiter ging es dann über Melitene zum Euphrat und zum Van-See. Philaretos Brachamios wurde als Kommandant über die Truppen an der Euphratgrenze zurückgelassen, bald aber von Seldschuken besiegt, die auch Ikonion im Herzen Kleinasiens überfielen. Romanos musste seine Expedition nach Armenien abbrechen und die Seldschuken nach Aleppo zurückdrängen. 1070 war der Kaiser wieder in

Konstantinopel und schickte endlich eine Flotte in das seit zwei Jahren von den Normannen belagerte Bari, welches aber nicht entsetzt werden konnte, sondern am 15. April 1071 endgültig verloren ging.

Verlust Baris

Die Innenpolitik des Kaisers stieß auf Widerstand: Er reduzierte die Zuwendungen an die Verwaltungsarbeiter, ging gleichzeitig gegen Korruption vor und verbot auch Spiele im Hippodrom. Andererseits investierte er in Baumaßnahmen.

Die Schlacht von Mantzikert 1071

Hauptstoßrichtung der Außenpolitik blieb Kleinasien: Er schickte den Strategen Manuel Komnenos gegen die Seldschuken, der aber in Gefangenschaft geriet und unter dem Versprechen freigelassen wurde, mit Romanos ein Bündnisabkommen zu schließen. Alp Arslān besetzte daraufhin die Festung Mantzikert (Malazgirt, etwa 50 km nördlich des Van-Sees), die Romanos gegen Hierapolis in Syrien tauschen wollte.

Im Frühjahr 1071 zog Romanos mit einer den Berichten nach undisziplinierten Heerschar nach Mantzikert, um es wieder einzunehmen, führte aber parallel Gespräche mit Alp Arslān. Vor Mantzikert wurde die Streitmacht geteilt (ein Teil nach Ahlat am Van-See); doch wurde bekannt, dass sich eine große seldschukische Abteilung nach Mantzikert bewegte, Romanos versuchte, seine Truppen wieder zusammenzuführen. Die türkischstämmigen uzischen Söldner fielen ab und liefen zu den Seldschuken über.

Arslān wollte mit Romanos einen Friedensvertrag schließen, doch ging dieser nicht darauf ein, da er dachte, militärisch im Vorteil zu sein. Am 26. August 1071 begann der Kampf zunächst ausgewogen, doch kam es in der byzantinischen Armee zu Missverständnissen; sein Stiefsohn Andronikos Dukas verbreitete das Gerücht, er, Romanos, sei tot, und zog mit ungefähr 30 000 Mann ab; trotz starker Gegenwehr wurde Romanos verwundet von Alp Arslān gefangen. Die Byzantiner hatten verloren. Diese Schlacht stellte aus späterer Perspektive zwar einen Wendepunkt dar, der aber nicht überbewertet werden darf.

Nach der öffentlichen Demütigung seines Gegners (indem man den Fuß auf den Nacken des Unterlegenen setzte) wurde Romanos respektvoll behandelt und gegen eine Summe von 1 500000 Goldstücken (mit einer jährlichen Zahlung von 360000) freigelassen. An der Grenze zu dem byzantinischen Territorium legte Romanos die vom Sultan geschenkten Kleider ab und begab sich Richtung Konstantinopel, musste aber feststellen, dass ihn Michael VII. auf Betreiben des Ioannes Dukas und des Michael Psellos für abgesetzt erklärt hatte. Man verweigerte ihm die Unterstützung für das Lösegeld, nach gewaltsamen Auseinandersetzungen musste Romanos flüchten und zahlte dem Sultan das, was er bei sich hatte. Andronikos Dukas versprach ihm Schonung, wenn er den Purpur ablegte und in ein Kloster einträte. Romanos kehrte nach Konstantinopel zurück, Ioannes Dukas hielt sich aber nicht an die Abmachungen und Romanos wurde geblendet (29. Juni 1072); er starb kurz darauf in einem Kloster auf der Prinzeninsel Prote (4. Aug. 1072).

Michael VII. Parapinakes (1071–1078)

Michael Dukas war seit 1059, dem Beginn der Regentschaft seines Vaters Konstantinos X., Mitkaiser. Er opponierte wie seine Brüder gegen Romanos IV., und die Schlacht bei Mantzikert dürfte willkommener Anlass gewesen sein, ihn politisch aufs Abstellgleis zu stellen.

Zusammen mit seiner Mutter trat Michael nun die Kaiserherrschaft an. Diese schickte er bereits nach einem Monat in das Piperudion-Kloster bei Konstantinopel. Bevor Michael Kaiser geworden war, hatte er eine abchasische Prinzessin geheiratet, die den Namen Maria erhielt.

Wirtschaftskrise

Seine Regierung war gekennzeichnet von einer wirtschaftlichen Krise (Münzverschlechterung und Verminderung der Steuerleistung), was eine Folge der Niederlage von Mantzikert war, denn der Verlust an Land brachte eine Verringerung der besteuerbaren Güter mit sich. Michael versuchte, den Getreidehandel und die Lebensmittelversorgung für die Hauptstadt zu monopolisieren, und ließ unter der Aufsicht des *logothetēs tu dromou* (Minister für Verkehrs- und Kommunikationswesen) Nikephoritzes ein großes Lagerhaus in Rhaidestos anlegen, in das alles Getreide, das für die Hauptstadt bestimmt war, gebracht werden musste. Freier Getreidehandel wurde unter Strafe gestellt. Diese Maßnahme diente nicht so sehr der Versorgung, sondern der Wertschätzung für den Fiskus – das Getreide wurde teurer wieder verkauft (der Beiname „Parapinakes“ rührt daher, dass für gleiches Geld weniger, um ¼ Scheffel [= *pinakion*], Getreide gegeben wurde). Nach dem Sturz des Kaisers wurde das Lagerhaus in Brand gesteckt. Jedenfalls schien Nikephoritzes einigen Reichtum für sich und die Staatskasse angehäuft zu haben.

Die Verteidigung in Kleinasien wurde grob vernachlässigt, sodass es für die Seldschuken ein Leichtes war, weiter – oft kampflos – vorzudringen. Die Petschenegen überschritten die Donaugrenze, die Serben und Kroaten gewannen ihre Selbstständigkeit.

Im Westen fiel Bari 1071 an die Normannen, die in Unteritalien zur bestimmenden Macht aufgestiegen waren. Die Staatsgeschäfte wurden zentralisiert geführt, in mehreren Regionen machten sich Abfalltendenzen bemerkbar. Der Armenier Philaretos Brachamios brachte Tarsos, Antiocheia, Edessa und Melitene unter seine Herrschaft (bis in 1080er-Jahre unabhängig), unter der Führung von Theodoros Gabras Trapezunt.

Nikephoros III. Botaneiates (1078–1081)

Nikephoros, der aus dem phrygischen Lampe stammte (* etwa 1001/2) und angeblich mit der Phokas-Familie verwandt war, wirkte als Offizier unter Konstantinos IX. und hatte an dem Aufstand des Isaakios Komnenos gegen Michael VI. teilgenommen. Er hatte eine entscheidende Rolle bei der Schlacht von Petroe (20. August 1057) zwischen den kaiserlichen Truppen unter der Führung des Theodoros, *domestikos tōn scholōn* (militärischer Befehlshaber), und Isaakios I. Komnenos. Unter dem neuen Kaiser blieb er weiterhin aktiver Militär: 1064 war er zusammen mit Basileios Apokapes, *dux* von Paradunabon, an der Donau gegen die Uzen eingesetzt. Er wurde gefangen genommen, kam während einer Epidemie aber wieder frei. 1067 wurde er als möglicher Ehemann für Eudokia Makrembolitissa gehandelt. An der Schlacht von Mantzikert 1071 nahm er nicht teil, bekam aber unter Michael VII. das Amt des *stratēgos tōn Anatolikōn* übertragen. Wahrscheinlich im Oktober 1077 revoltierte er gegen Michael VII. und seinen Finanzminister Nikephoritzes; mit Unterstützung der Seldschuken kam er bis nach Nikaia, wo er zum Kaiser ausgerufen wurde. Gleichzeitig rebellierte Nikephoros Bryennios, wodurch Botaneiates die Unterstützung der Aristokratie zufiel und er am 3. April 1078 in Konstantinopel einzog. Der Patriarch Kosmas I.

(1075–1081) krönte ihn am 2. Juli (oder Juni). In der Folge ging er zusammen mit Alexios Komnenos erfolgreich gegen Nikephoros Bryennios vor, gegen die Seldschuken richtete er hingegen weniger aus. Sein Versuch der Machtkonsolidierung scheiterte, da der *kaisar* Ioannes Dukas sein Ansinnen, Eudokia Makrembolitissa zu heiraten, hintertrieb und er an ihrer Statt Maria von Alanien zur Frau nahm. Diese war noch verheiratet, da Michael VII. in das Studiukloster eingetreten war. Der Patriarch protestierte nicht offen dagegen, bestrafte aber den Priester, der das Ehesakrament gespendet hatte. Nikephoros erkannte Konstantinos Dukas, den Sohn Marias, nicht als Nachfolger an, sondern versuchte Synadenos, einen Thronprätendenten aus den eigenen Reihen zu protegieren. Seine Bemühungen, geordnet zu regieren, scheiterten fast durchweg: Das Reich konnte kaum stabilisiert werden, der Währungsverfall ging weiter. Zwei paulikianische (siehe oben S. 62) Rebellionen in Thrakien wurden mit großer Härte und Aufwand beendet (wieder durch Alexios Komnenos).

Von außen bedrohte Robert Guiskard, *dux* von Apulien, byzantinisches Territorium: Seine Tochter Helena war Konstantinos Dukas als Frau versprochen worden, und er fürchtete durch die Politik Nikephoros' ein Schwinden seines Einflusses. Usurpationen des Nikephoros Basilakes, Nikephoros Melissenos und schließlich der Komnenenfamilie folgten. Am 1. April betraten Isaakios und Alexios Komnenos die Hauptstadt; Botaneiates sah keinen Ausweg, dankte ab und zog sich am 4. April in das von ihm gegründete Periblептoskloster zurück.

Nach dem Erlöschen der makedonischen Dynastie rangen mehrere Familienclans um das Kaiseramt (Komnenen, Dukas, Diogenes, Botaneiates). Kleinasien wurde allmählich von den seldschukischen Türken besetzt, byzantinische Gegenmaßnahmen (Niederlage bei Mantzikert 1071) konnten die Einrichtung von Emiraten nicht verhindern. Gleichzeitig begannen die letzten Stützpunkte oströmischen Einflusses im Westen (Unteritalien) durch die Ausbreitung der Normannen zu verschwinden. Die byzantinische Währung erlitt einen rapiden Wertverlust.

XI. Die Familie Komnenos (1081–1185) – Das Zeitalter der Kreuzzüge

1081	Normannen beginnen, Balkangebiete zu erobern
1082	Vertrag mit Venedig
1085	Tod von Robert Guiskard
1091	Schlacht am Lebunionfluss gegen die Petschenegen
1096–1099	1. Kreuzzug
1108	Vertrag von Devol
1119	Niederlage der Kreuzfahrer gegen Muslime
1121	Sieg über Petschenegen
1122–1125	Venezianischer Kreuzzug
1136	Gründung des Pantokratorklosters in Konstantinopel
1137–1138	erste Offensive gegen Kreuzfahrerherrschaften
1142–1143	zweite Offensive gegen Kreuzfahrerherrschaften
1146	Heirat Manuels mit Bertha von Sulzbach
1147–1149	2. Kreuzzug
1148	Vertrag zwischen Konrad III. und Manuel I. in Thessalonike
1153	Vertrag von Konstanz zwischen Papst Eugen III. und Friedrich I. Barbarossa
1157	Heirat von Theodora Komnene mit Balduin III. von Jerusalem
1158	Frieden zwischen Byzantinern und Normannen
1161	Manuel I. heiratet Maria von Antiocheia
1162	Kılıç II. Arslān in Konstantinopel
1167	Byzantiner besiegen Ungarn
1169	erfolglose Ägyptenexpedition
1176	Niederlage der Byzantiner bei Myriokephalon
1177	Frieden von Venedig
1182	Massaker an Venezianern in Konstantinopel
1184	Isaakios Komnenos errichtet eine Herrschaft in Zypern
1185	normannische Einnahme Thessalonikes

Alexios I. Komnenos (1081–1118)

Alexios war der Sohn Ioannes Komnenos, *domestikos tōn scholōn*, und der Anna Dalassena. Die Familie Komnenos stammte aus der Gegend von Kastamon (modern Kastamonu südlich des Flusses Gökırmag). In Westkleinasien wies er Roussel de Bailleul (Phrangopulos) in die Schranken, der eine eigene Herrschaft errichten wollte (1074–1076). 1078 bekam er das Amt des *stratēgos tēs dysēs* (des Westens) übertragen und operierte erfolgreich gegen Nikephoros Bryennios (Schlacht von Kalabrye/Kalabryta auf der nördlichen Peloponnes).

Alexios hatte ein Familientreffen im ostthrakischen Tzurullon (Çorlu) organisiert, bei dem es um Zukunftsstrategien ging. Zugegen waren unter anderen sein älterer Bruder Isaakios Komnenos und der *kaisar* Ioannes Dukas, die ihn auf dem Kaiserthron haben wollten, weiterhin Nikephoros Melissenos (Schwager des Alexios). Melissenos musste sich mit dem *kaisar*-Titel zufriedengeben. Klug versöhnte Alexios die aristokratischen Familien und verband sie verwandtschaftlich. Er heiratete Eirene Dukaina, seine Tochter Anna verlobte er mit Konstantinos, dem Sohn Michaels VII.

Alexios wurde der Vorwurf gemacht, dass er die Aristokratie massiv bevorzugt und dadurch andere Potenziale im Reich gelähmt hätte. Allerdings waren ihm kaum andere Möglichkeiten geblieben. Unternehmungen einiger seiner Vorgänger gegen die Aristokratie hatten sich nicht als glücklich erwiesen.

Alexios zog gegen Konstantinopel, das er mit der Unterstützung von Söldnertruppen aus dem römisch-deutschen Reich einnahm. Nikephoros Botaneiates gab den aussichtslosen Kampf auf und kapitulierte. Alexios wurde am 4. April 1081 zum Kaiser gekrönt. Das byzantinische Reich stand zu diesem Zeitpunkt nicht glänzend da, der oftmalige Kaiserwechsel und die disparaten Interessen der Verantwortlichen hatten kaum Kontinuität zugelassen. Sichtbares Zeugnis des wirtschaftlichen Niedergangs war die Geldverschlechterung, die Alexios durch eine Reform in den Griff bekam (1091); kurzfristig waren auch Bleimünzen im Umlauf.

Das Bündnis mit Venedig 1082

Die Byzantiner sahen sich gezwungen, mit den Venezianern im Mai 1082 (oder 1083/1092) einen Vertrag zu schließen, um den Normannen wirkungsvoll begegnen zu können. Robert Guiskard hatte Dyrrhachion eingenommen; nicht weit rückte er auf der Via Egnatia Richtung Konstantinopel vor, da er nach Italien zurückkehren musste, um einen von Byzantinern entfachten Aufstand niederzuschlagen. Robert setzte seinen Sohn Bohemund als Anführer ein. Robert kehrte wieder nach Nordgriechenland zurück, doch starb er 1085 an einer Seuche und die danach ausbrechenden Nachfolgestreitigkeiten hemmten die Ostpolitik der Normannen vorübergehend. Durch den Vertrag wurden dem Dogen von **Venedig** und dem Patriarchen von Grado hohe Titel übertragen.

E

Venedig

Venedig hatte seit 751 unter byzantinischer Jurisdiktion gestanden, 810 versuchten die Franken, Venedig einzunehmen, was aber misslang. Die Stadt wurde von den lokalen *tribuni* (mit byzantinischen Ehrentiteln ausgezeichnet) unter einem byzantinischen Statthalter (*dux*) regiert. Grado war in dieser Zeit noch das wichtigste kirchliche Zentrum in der nördlichen Adria, allmählich ging man daran, ein Gegengewicht zu schaffen (Insel Olivolo). 828 erfolgte die listige *translatio* der Reliquien des Evangelisten Markus aus Alexandreia. Venedig übernahm eine wichtige Rolle in der Abwehr der arabischen Flottenverbände in der Adria. Unter dem Dogen Peter Tribuno (888–920) wurde Venedig eine *civitas*. In vielen Seestädten erhielten die Venezianer eigene Quartiere und genossen Abgabeermäßigungen (z.B. Dyrrhachion, Korinth, Athen, Nauplion oder Thessalonike). Verschlossen blieb den Venezianern vorerst der Schwarzmeerhandel, welcher für die Versorgung Konstantinopels eine wichtige Grundlage darstellte.

Der Nutzen der Byzantiner lag bei diesem Vertrag vor allem in der Inanspruchnahme der venezianischen Flotte, da man in den Dekaden davor die Landstreitkräfte forciert hatte. Zur Erhöhung des Militärbudgets mussten sogar Kirchenschätze eingezogen werden, was heftige Gegenreaktionen (von 1081 bis 1095) auslöste (insbesondere von Leon von Chalkedon).

Während der Auseinandersetzungen zwischen Byzantinern und Normannen dehnte der serbische Fürst Konstantinos Bodinos (1081–1101) sein Territorium weiter aus. Rascien (Raška, zwischen Serbien und Montenegro) und Bosnien wurden serbisch, von Dioklea (Duklja) aus wurden auch Angriffe gegen byzantinisches Gebiet unternommen.

Petschenegen und Kumanen

Eine ernsthafte Bedrohung waren nach wie vor die Petschenegen. 1090 belagerten sie Konstantinopel zu Lande und zu Wasser einen Winter lang. Die Petschenegen hatten sich mit Çaka Bey (Tzachas, † 1091), dem Emir von Smyrna, zusammengetan. Alexios vermochte diese gefährliche Lage nur durch Hilfe seitens der Kumanen zu entschärfen, die in Südrussland den Petschenegen nachgezogen waren. Die Petschenegen wurden bei Lebunion am Unterlauf der Maritsa besiegt (29. April 1091). Gegen Çaka Bey spielten die Byzantiner seinen Nachbarn Abul Kasim, den Emir von Nikaia, aus. Die Kumanen zogen unter Leon Diogenes, der sich als Sohn des Kaisers Romanos IV. ausgab, bald plündernd in die Gegend von Adrianopel; nach seiner Festsetzung konnten die Kumanen rasch untertan gemacht werden.

Der Erste Kreuzzug

Alexios I. hatte erkannt, dass es für die Rückeroberung Kleinasiens an qualifiziertem Militär fehlte. Im Frühjahr 1095 schickte Alexios eine Gesandtschaft an den Papst Urban II., um dort militärischen Beistand gegen die Muslime zu erbitten und die Anwerbung von Söldnern zu forcieren. Durch die Wahl des Papstes als Ansprechpartner kam es zu einer Betonung der religiösen Komponente, möglicherweise brachte Alexios die Aussicht auf eine Kirchenunion mit ins Spiel. Im Westen war der Kampf gegen die Muslime nichts Neues. Wie in Spanien konnte eine christliche Ritterschaft (*militia sacra* oder *militia Sancti Petri*) mobilisiert werden. Ob Urban zu diesem Zeitpunkt bereits an eine Eroberung Jerusalems gedacht hat, ist nicht klar. Am 27. November 1095 hielt Papst Urban II. außerhalb der Stadt Clermont in der Auvergne eine flammende Rede, in der er zu einem Kriegszug gegen Osten aufrief. Das größte Kontingent, welches sich um den Kreuzfahrtprediger Peter von Amiens (der Einsiedler genannt) scharte, stammte aus dem nordfranzösisch-flandrisch-niederrheinischen Raum. Dieser war auf seiner Pilgerreise nach Jerusalem nur nach Kleinasien gekommen, da ihn die Seldschuken gefangen nahmen und zurückschickten.

Q

Pilgerreise zum Heiligen Grab

(Anna Komnene, Alexias X 5 § 5–6; Übers. D.R. Reinsch ²2001, S. 335)

Ein Kelte mit dem Namen Petros und dem Beinamen Kukupetros hatte sich auf die Pilgerreise zum Heiligen Grab begeben, musste von den ganz Asien plündernden Türken und Sarazenen viel Ungemach erleiden und war nur mit Mühe und Not in seine Heimat zurückgekehrt. Dass er sein Ziel nicht erreicht hatte, nahm er nicht so einfach hin, sondern wollte sich wieder auf denselben Weg machen. Es war ihm aber klar, dass er nicht einfach erneut die Pilgerreise zum Heiligen Grab aufnehmen konnte, wenn ihm nicht noch etwas Schlimmeres zustoßen sollte, und daher entwickelte er einen schlauen Plan. Dieser bestand darin, in allen Ländern der Lateiner zu verkünden: „Eine göttliche Stimme befiehlt mir, allen Baronen in Frankreich zu predigen, sie sollten alle ihre Heimat verlassen, sich auf Pilgerfahrt zum Heiligen Grab begeben und sich mit ganzer Kraft und ganzem Herzen bemühen, Jerusalem aus der Hand der Agarenen (= Muslime, Söhne der Agar) zu befreien." Und das setzte er auch in die Tat um.

Der von Peter geleitete erste Volkskreuzzug erreichte auf dem Landweg durch Südosteuropa schon Anfang August 1096 Konstantinopel. Alexios I. ließ die Ankömmlinge sofort über den Bosporus übersetzen, wo sie allerdings rasch von den Seldschuken aufgerieben wurden. Peter selbst hielt sich in Konstantinopel auf.

In einer zweiten Welle brachen im August 1096 kriegserfahrene Fürsten auf unterschiedlichen Wegen Richtung Osten auf. Insgesamt waren 30000–70000 Bewaffnete und 30000 Unbewaffnete unterwegs, geleitet von Raimund IV., dem Grafen von Toulouse, Gottfried V. von Niederlothringen (= Gottfried von Bouillon) und seinem Bruder Balduin, Robert II. von der Normandie, Hugo von Vermandois sowie Bohemund aus Süditalien.

Man traf in unterschiedlichen zeitlichen Abständen in Konstantinopel ein (Spätherbst 1096 und Mitte Mai 1097), was Alexios I. ein getrenntes Verhandeln ermöglichte. Er verlangte von den westlichen Magnaten den Huldigungseid sowie das Zugeständnis, alle eroberten Gebiete, die früher römisch/byzantinisch waren, ihm zu übertragen. Nur Raimund IV. von Toulouse beschränkte sich auf die Anerkennung des Kaisers und seiner Besitzungen. Die Verträge beruhten auf dem westlichen Lehnsrecht, der Kaiser adoptierte die Adeligen aber zusätzlich nach byzantinischer Manier. Nicht erfüllt wurde der Wunsch der Lateiner, das Heilige Land samt Jerusalem in Besitz nehmen zu dürfen.

Kreuzfahrer in Kleinasien

Im Mai 1097 war man komplett in Kleinasien und zusammen mit byzantinischen Abteilungen wurde Nikaia, mittlerweile Hauptstadt der Seldschuken, am 19. Juni eingenommen. Die seldschukische Kapitulation folgte den byzantinischen Bedingungen (ohne Plünderung), die Kreuzfahrer wurden mit großzügigen Geschenken abgespeist. Die neue Hauptstadt der Rumseldschuken wurde danach Ikonion (Konya). Der byzantinische Kaiser hatte rasch erkannt, dass sich mithilfe der westlichen Militärs auch gut eigene politische Zwecke umsetzen ließen. Die Lateiner besiegten in der Folge ein Entsatzheer des Kılıç Arslān (1092–1107). Alexios stellte Hilfstruppen unter dem Strategen Tatikios zur Verfügung, welche die Kreuzfahrer bis zur Grenze des seldschukischen Reiches begleiteten. Dann kehrten byzantinische Kontingente um und führten Rückeroberungen im westlichen Kleinasien durch. Zwei Wochen nach dem Erfolg in Nikaia kam es zu einer Schlacht bei Dorylaion (1. Juli 1097), in der die Seldschuken abermals geschlagen wurden. Rasch zogen die Lateiner über Ikonion und Kaisareia Richtung Osten, wo sie in Kappadokien und am Taurusgebirge von christlicher Bevölkerung empfangen wurden.

Balduin, der jüngere Bruder Gottfrieds von Bouillon, zweigte nach Edessa (nordöstlich von Antiocheia gelegen) ab, wo er die Tochter des armenischen Machthabers Thoros heiratete und diesen bald darauf entthronte. Edessa wurde das erste Kreuzfahrerfürstentum, und man dachte nicht an die vertraglich besiegelte Übergabe an Alexios I.

Antiocheia

Ende Oktober 1097 erreichte man schließlich Antiocheia. Während der sieben Monate andauernden Belagerung kamen viele Kreuzfahrer um, die Situation verschlimmerte sich, als im Juni 1098 ein Entsatzheer unter Kerbogha, dem Herrn von Mossul, im Anmarsch war. Der byzantinische Stratege Tatikios verließ die Belagerer, ohne seinen Tross mitzunehmen, was er als Unterstützung verstanden wissen wollte, und berichtete seinem Kaiser Alexios I. Die Kreuzfahrer berieten sich, Bohemund wollte die Stadt demjenigen überlassen, der am meisten zur Eroberung beigetragen habe, die Übrigen waren dagegen, hielten sie sich doch an die Verpflichtungen gegenüber Alexios gebunden. Stephan von Blois verließ die Belagernden (aus Krankheitsgründen) am Tag vor der Entscheidung und traf Alexios I. mit seinem Heer auf dem Weg in Richtung Antiocheia. Aufgrund der Schilderung der wenig erfolgversprechenden Zustände sah Alexios keinen Sinn mehr in einer Unterstützung und kehrte um, was die Lateiner als Verrat auffassten. Die aussichtslose Lage rettete Bohemund, welcher Christen in der Stadt dazu bringen konnte, ein Stadttor zu öffnen. Am 3. Juni 1098 fiel die Stadt – außer der Zitadelle –, Kerbogha rückte an und belagerte nun die Stadt. Legendär gestaltete sich der weitere Verlauf: Petrus Bartholomäus aus dem Lager des Raimund von Toulouse verkündete, in einer Vision sei ihm der heilige Andreas erschienen, der ihm die **Heilige Lanze** gezeigt hätte. Grabungen in der Peterskirche in Antiocheia brachten diese zum Vorschein. Die so motivierten Kreuzfahrer fassten Mut für einen Ausfall und besiegten am 28. Juni 1098 die Truppen des Kerbogha.

E

Heilige Lanze
Die Heilige Lanze (Mauritius- oder Longinuslanze) war durch den römischen Soldaten Longinus verwendet worden, um den Tod des gekreuzigten Jesus Christus durch Öffnen der Seite des Leibes nachzuweisen. Mehrere Lanzenreliquien kursierten, von denen die heute in der Wiener Schatzkammer befindliche die berühmteste ist; diese hatte König Heinrich I. am Hoftag zu Worms (926) von dem Burgunder Rudolf II. erworben. Liutprand von Cremona beschrieb diese siegverheißende Reliquie genau (961). Die Heilige Lanze von Antiocheia wurde durch eine Feuerprobe, durchgeführt von Arnulf von Chocques (April 1099), als Fälschung überführt.

Die Umgebung der Neueroberung wurde abgesichert, und man plante wohl schon die Errichtung eines von byzantinischer Herrschaft unabhängigen Fürstentums. Bohemund wurde Herr von Antiocheia, während Raimund weiter nach Jerusalem zog. Eine fatimidische Gesandtschaft wurde zurückgeschickt, die eine Teilung des Heiligen Landes vorschlug, wobei Jerusalem unter arabischem Einfluss geblieben wäre.

Eroberung Jerusalems

Am 13. Januar 1099 setzte sich der Zug gegen Jerusalem in Bewegung, man schritt aber zunächst an die Belagerung von Arqa. Alexios schickte Gesandte zu Bohemund, welche die Übergabe Antiocheias vergeblich einforderten. Auch vor Arqa wurde ihnen kein Gehör geschenkt, da der Kaiser selbst Verträge (wie Nachschubleistungen) nicht eingehalten hätte. Man stellte das Eintreffen des Kaisers für den 25. Juni in Aussicht, doch stimmte das Raimund nicht um. Die Kreuzfahrer und der Kaiser beendeten nun formell die Kooperation, Arqa wurde verlassen und die Truppen setzten sich direkt gegen Jerusalem in Bewegung. Am 7. Juni 1099 erreichten die gut 20000 Kreuzfahrer den *mons gaudii* (Montjoie) bei Jerusalem, aus welcher Stadt alle Christen ausgewiesen worden waren, um einen Verrat wie in Antiocheia unmöglich zu machen. Wieder herrschte Zeitdruck, da ein fatimidisches Heer im Anmarsch war. Am 13./14. Juli 1099 begann der Angriff, am 15. Juli gelang es lothringischen Kämpfern, in die Stadt einzudringen, ein Massaker unter den Verteidigern fand statt, da sie nicht der Kapitulation zugestimmt hatten.

Gottfried, der den neu erworbenen Besitz gegen den fatimidischen Wesir al-Afdal verteidigen konnte, wurde die Regierung der Heiligen Stadt übertragen. Am 12. August 1099 wurden muslimische Soldaten bei Askalon besiegt. Innerhalb kurzer Zeit waren vier Territorien der Kreuzfahrer entstanden: Königreich Jerusalem, Fürstentum Antiocheia, Grafschaft Edessa und Grafschaft Tripolis. Durch die Kreuzfahrer erwuchs dem Kaiser ein neuer

Konkurrent im östlichen Mittelmeerraum, der den exklusiven oströmischen Anspruch auf die heiligen Stätten relativierte. Der Kaiserhof musste bei der Westpolitik stärker Rücksicht auf die Situation in den Kreuzfahrerstaaten nehmen.

Bohemund begann, byzantinische Festungen in Kilikien anzugreifen. Er geriet in muslimische Gefangenschaft, setzte seinen Sohn Tankred ein und kehrte 1103 wieder zurück. Allerdings überforderten die Anstrengungen Bohemunds die Infrastruktur seines Fürstentums, im Mai 1104 erlitten die Kreuzfahrer bei Karrhai (arab. Ḥarrān, in Nordmesopotamien) eine empfindliche Niederlage gegen Dschekermisch von Mossul und Sökmen von Mardin. Bohemund kehrte listenreich zurück nach Italien, wo er gegen die Byzantiner ein Heer sammelte. Er überquerte die Adria, musste aber schon bei Dyrrhachion aufgeben, da die byzantinischen Streitkräfte stärker waren als erwartet.

Vertrag von Devol 1108

Im Gegensatz zu den Verträgen von 1096 und 1097 zwischen den Byzantinern und den Kreuzfahrern ist man über den Vertrag von Diabolis (Devol in Albanien) genauer unterrichtet. Nach der Niederlage Bohemunds gegen Alexios und die mit ihm verbündeten Venezianer wurde der Vertrag aufgesetzt; beibehalten wurde die Klausel, dass Bohemund Vasall des byzantinischen Kaisers (*anthrōpos lizios*, d.h. er ging eine lehnsrechtliche Bindung ein) war. Er erhielt den Titel *sebastos* mit einer Zahlung von 200 Goldtalenten im Jahr sowie als *dux* die Herrschaft über Antiocheia und die Städte in der Umgebung, die er für den Kaiser erobern sollte. Dies war eine typisch byzantinische Vorgangsweise, die besiegte Feinde als Söldner beanspruchte. Der Patriarch von Antiocheia sollte wieder vom byzantinischen Kaiser eingesetzt werden.

Bohemund kehrte nach Unteritalien zurück, wo er am 3. März 1111 starb. Bestattet wurde er in seiner der konstantinopolitanischen Apostelkirche nachempfundenen Grabkapelle in Canosa di Puglia (zwischen Bari und Foggia). Sein Nachfolger Tankred setzte die antibyzantinische Politik fort, Alexios begann, gegen das Fürstentum von Antiocheia zu rüsten. Er suchte die Zustimmung des Papstes Paschalis II., schickte Gesandtschaften nach Monte Cassino und Pisa. 1111 erhielten die Pisaner ein Handelsprivileg samt Zuweisung eines Quartiers in Konstantinopel. Die Pisaner waren von König Balduin I. aus Jerusalem vertrieben worden. Sie gelobten, nur Kreuzfahrer zu transportieren, welche sich dem byzantinischen Kaiser unterordnen wollten, und anerkannten den oströmischen Einflussbereich von Dalmatien bis nach Alexandreia. 1112 verhandelte Alexios mit dem venezianischen Dogen Ordelafo Faliero (1102–1118). Wahrscheinlich war für 1113 eine Offensive gegen Antiocheia vorgesehen, doch waren Alexios die Kräfte durch die Seldschuken in Kleinasien und die Kumanen auf dem Balkan gebunden. 1116 machten die Venezianer Eroberungen an der dalmatinischen Küste, was die Byzantiner als Affront verstanden. 1117 besiegte Alexios rum-seldschukische Truppen unter Malik-Šāh in der Schlacht von Philomelion (Akşehir, nahe dem byzantinischen Ikonion).

Bogomilen

Alexios sorgte sich nicht nur um die Verteidigung byzantinischen Territoriums, er trat auch als Beschützer der Orthodoxie auf und beauftragte Euthymios Zigadenos, eine dogmatische Rüstkammer (*panoplia dogmatikē*) zu verfassen, in der alle Häresien charakterisiert wurden. Anna Komnene berichtete gegen Ende ihres Werkes „Alexias“ von dem Prozess gegen Basileios, des Anführers der Sekte der Bogomilen, die aus Bulgarien bis in die Hauptstadt am Bosporus eingesickert waren. Nach einem längeren Verfahren wurde Basileios auf dem Scheiterhaufen hingerichtet, zahlreiche Anhänger wurden eingesperrt. Alexios starb am 15. August 1118 im Manganakloster zu Konstantinopel.

Ioannes II. Komnenos (1118–1143)

Gegen Ioannes (* 13. September 1082, seit 1. September 1092 Mitkaiser) regte sich Opposition seitens der Familienmitglieder, vor allem seiner Mutter Eirene Dukaina. Anna Komnene, seine Schwester, und ihr Gemahl Nikephoros Bryennios versuchten, ihn zu stürzen, doch das Komplott flog auf. Man versöhnte sich, Anna Komnene lebte fortan im Kloster, wo sie ihr Geschichtswerk „Alexias", eine Biografie ihres Vaters Alexios I. Komnenos, verfasste.

Ioannes war seit 1104 mit Eirene (Piroschka), der Tochter von Ladislaus I. von Ungarn und Adelheid von Schwaben, verheiratet († 13. August 1134).

Trotz dieser Verbindung kam es 1127 zu einem Konflikt, da Ioannes II. Álmos, einem ungarischen Thronanwärter, Asyl gewährte. Stephanos II. von Ungarn fiel in byzantinisches Territorium ein, wurde aber 1129 wieder zurückgedrängt. In Verbindung mit der Abwehr der Ungarn startete Ioannes eine Kampagne gegen die Serben, welche sich mit den Ungarn verbündet hatten. Die Serben mussten die byzantinische Oberhoheit anerkennen.

Venedigs Expedition nach Osten

Ioannes bestätigte nicht die Privilegien der Venezianer von 1082, was sich längerfristig als weniger vorteilhaft erwies. Die Situation im Fürstentum Antiocheia verschlechterte sich, als am 27. Juni 1119 die Truppen aus Antiocheia und Edessa eine Niederlage gegen die Muslime erlitten. Roger von Antiocheia fiel, und das Fürstentum konnte nur durch König Balduin II. von Jerusalem weiterbestehen. Der Misserfolg löste im Westen Stimmen für einen neuerlichen Kreuzzug aus, besonders Venedig zeigte daran Interesse. Der Doge Domenico Michele (1117–1130) verfügte, dass sich die venezianischen Kaufleute bis zum Osterfest 1121 in Venedig einfinden sollten, um eine Flotte auszustatten. Im August 1122 verließ eine Streitmacht aus angeblich 200 Schiffen die Seerepublik (mit der Fahne des heiligen Petrus, welche Papst Calixtus II. geschickt hatte). Auf ihrer ersten Etappe plünderten sie die dalmatinische Küste und überwinterten auf Kerkyra (Korfu), im Frühjahr 1123 kamen sie im Heiligen Land an. Tyros wurde eingenommen (Venedig erhielt ein Drittel). In den Kreuzfahrerherrschaften wurde das Vorgehen Venedigs wegen der angespannten Situation zu Byzanz skeptisch gesehen. Im Sommer 1124 fuhr die venezianische Flotte nach Westen zurück, überfiel dabei aber Rhodos, Chios, Kos, Samos, Lesbos und Andros. Auch Methone auf der Peloponnes wurde geplündert, ohne dass man von kaiserlichem Widerstand hört. 1126 machten sich venezianische Schiffe abermals gegen die byzantinisch dominierten Ionischen Inseln auf. Jetzt erst reagierte Ioannes II. und bestätigte die Privilegien. Pisa dürfte sich wegen der Auseinandersetzungen mit Genua nicht zu Hilfeleistungen imstande gesehen haben.

Kleinasien

In den folgenden Jahren konzentrierte Ioannes II. seine Politik auf Kleinasien. Schon 1119 hatten die Seldschuken die Landverbindung nach Attaleia unterbrochen (wichtig für Nachschub und Kommunikation mit den Kreuzfahrerherrschaften), Ioannes und Alexios Axuch stellten nach der Wiedereroberung von Laodikeia und Sozopolis diese wieder her. Von 1130 bis 1135 schickte Ioannes II. mehrere Expeditionen gegen das Emirat der

Danischmendiden im oberen Euphratgebiet (um Malatya). Systematisch konnte er seit 1071 verlorene Gebiete in Kleinasien wieder byzantinischem Einfluss zuführen, darunter auch Kastamon, den Herkunftsort der Komnenen. Ausfluss der erfolgreichen Politik war die Neustrukturierung der Verwaltung in Kleinasien: Wieder eingerichtet wurden das Thema Thrakesion (Zentrum Philadelpheia) und im Süden davon neu etabliert das Thema Mylasa und Melanudion.

Im Frühling 1139 operierte Ioannes II. gegen nomadisierende Türken am Sangariosfluss und zog die Südküste des Schwarzen Meeres durch Bithynien und Paphlagonien entlang, um der Herrschaft des Konstantinos Gabras in Trapezunt ein Ende zu bereiten. Konstantinos war noch von Alexios I. zum *dux* von Chaldia (seit etwa 840 Thema) bestimmt worden und hatte sich ab 1126 mehr oder weniger selbstständig gemacht. Neokaisareia konnte der Kaiser allerdings 1140 nicht einnehmen.

Petschenegen

Nach den Erfolgen gegen die Seldschuken am Beginn seiner Regierung wandte sich Ioannes den Petschenegen zu, welche über die Donau in das Thema Paristrion eingefallen waren und sich bis nach Thrakien bewegten. Ioannes II. täuschte Verhandlungsbereitschaft vor, überfiel aber ihr Hauptlager und besiegte sie in der Schlacht von Beroia (Stara Zagora) vollständig, unter wirksamer Beteiligung der Warägergarde (1121).

Erste Expedition Ioannes' gegen Kreuzfahrerherrschaften

1130 war Bohemund II. gefallen, Fulko von Jerusalem hatte 1131 die Herrschaft übernommen, die eigentliche Erbin der Herrschaft in Antiocheia war Konstanze, die Tochter Bohemunds (geboren nach 1126). Ihre Mutter Alice setzte sich nicht gegen Fulko durch, sie strebte eine Verbindung mit Manuel, Sohn Ioannes' II. an, Fulko setzte aber die Verheiratung mit Raimund von Poitiers 1136 durch.

Ioannes plante Unternehmen gegen Antiocheia, musste dies aber vorher diplomatisch im Westen absichern. Gesandtschaften gingen an Lothar II. (1135) und Pisa (1136). Mit den Deutschen wurde über eine Allianz gegen die Normannen unter Roger II. verhandelt.

1137 eroberte Ioannes Tarsos, Adana und Mopsuestia, 1138 wurde Levon I. von Armenien als Geisel nach Konstantinopel gebracht. Joscelin II. von Edessa und Raimund von Antiocheia erklärten sich dem anrückenden Kaiser gegenüber loyal. Sogar Raimund II., Graf von Tripolis, bewies Ioannes seine Untertänigkeit. Der Kaiser führte dann ein Heer von Byzantinern und Kreuzfahrern, die sich eher im Hintergrund hielten, gegen die muslimisch regierten Teile Syriens an. Aleppo blieb uneinnehmbar, aber eine Kette von kleineren befestigten Plätzen (z.B. Balat) wurde besetzt. Trotz drohenden Entsatzes durch Zengi (arab. 'Imād ad-Dīn Zangī), den Emir von Mossul und Aleppo (seit 1127 Prinzenerzieher), wurde das Emirat von Schaizar unterworfen, welches als eines der wenigen Emirate den Byzantinern tributpflichtig wurde und den Kaiser als Lehnsherren anerkannte (bis 1157). Die Kreuzfahrer wollten allerdings Antiocheia nicht übergeben, der Kaiser musste erneut nach Kleinasien gegen die Seldschuken eilen und einer drohenden normannischen Invasion an der Westgrenze begegnen.

Expedition Ioannes' nach Syrien

Im Frühjahr 1142 musste Ioannes die Straße nach Attaleia sichern. Während dieser Aktion starb sein ältester Sohn Alexios an Fieber. Danach durchquerte er Kilikien. Fulko von Jerusalem, der um seinen Machterhalt fürchtete, ersuchte den Kaiser, aufgrund der Versorgungsengpässe mit einer kleinen Abteilung in sein Reich zu kommen. Ioannes entschloss sich, nach

Nordsyrien zu ziehen, um abermals die Übergabe Antiocheias von Raimund von Poitiers einzufordern (September 1142). Zunächst verlangte er von Joscelin II., der sich in Turbessel (Tilbeşar) westlich des Euphrats aufhielt, Geiseln. Er plünderte die Vorstädte Antiocheias, zog dann aber wieder nach Kilikien, um dort zu überwintern. Bei einer Bärenjagd im Taurusgebirge vergiftete sich der Kaiser wahrscheinlich und starb am 8. April 1143. Bestattet wurde Ioannes im von ihm 1136 gegründeten Pantokratorkloster (Zeyrek Kilise Camii) in Konstantinopel.

Manuel I. Komnenos (1143–1180)

Der dritte Sohn Ioannes' II. und Eirenes (* 28. November 1118) wurde zum Kaiser proklamiert, obwohl sein älterer Bruder Isaakios immer noch am Leben war. Manuel ließ ihn im Pantokratorkloster in Konstantinopel festsetzen und durch seinen Vertrauten Alexios Axuch in der Hauptstadt alles für einen reibungslosen Einzug vorbereiten. Das Volk wurde auf ihn eingeschworen, dem Klerus der Hagia Sophia und dem Patriarchen urkundlich eine jährliche Zuwendung von 200 Silbermünzen versprochen. Patriarch Michael II. Kurkuas nahm die Krönung vor (28. November 1143).

Politik im Osten

Zur Sicherung der Ostgrenze schickte Manuel eine Land- und Seestreitmacht gegen Raimund von Antiocheia, der zur See geschlagen wurde. Währenddessen fiel Edessa an Zengi (25. Dezember 1144); der seine Kräfte überschätzende Raimund war gezwungen, als Bittsteller zu Manuel nach Konstantinopel zu reisen (1145), wo er den Lehnseid leistete und die Zusicherung von Unterstützung bekam. 1146 startete Manuel von Lopadion (nahe Kyzikos) aus eine Expedition (ohne systematische Eroberungspläne) gegen Masud, Sultan von Rum (= von den Seldschuken dominiertes Gebiet in Kleinasien, abgeleitet von „Römer"), die mit einem byzantinischen Sieg in Akroinon endete. Ikonion blieb aber seldschukisch. Manuel forcierte die Errichtung von Befestigungsanlagen an Schlüsselpositionen (z. B. die Burg Melangeia am Sangariosfluss in Bithynien). Zengi starb 1146, sein Sohn Nūr ad-Dīn ließ aber keinerlei Hoffnung auf Rückeroberungen aufkommen.

Bertha von Sulzbach

Schon Manuels Vater hatte die Ehe mit Bertha aus dem Geschlecht der Grafen von Sulzbach (heute Sulzbach-Rosenberg, ca. 50 km östlich von Nürnberg), die zu den wichtigsten Familien des salischen und frühstaufischen Reiches gehörten, um 1140 mit Konrad III. eingefädelt. Sie erreichte 1142 Konstantinopel, wo sie in ihre neue kulturelle Umgebung eingeführt wurde (Hofzeremoniell, Spracherwerb und Vermittlung griechischer Literatur durch den Gelehrten Ioannes Tzetzes). Die Hochzeit, die der Festigung der Allianz zwischen dem deutschen König und dem byzantinischen Kaiser gegen den Normannen Roger II. von Sizilien diente und auch militärischen Beistand im Kampf gegen die Türken im Osten inkludierte, fand aber erst 1146 statt.

Bertha/Eirene brachte Manuel nicht den ersehnten männlichen Thronfolger (zwei Töchter Maria, 1152–1182, und Anna, 1154–1158) und starb am 29. August 1159. Manuel nahm 1161 Maria von Antiocheia, die Tochter von Konstanze und Raimund von Poitiers zur Frau (Heirat in der Hagia Sophia am 24. Dezember 1161). Anders als Bertha/Eirene trat Maria auch im politischen Alltag in Erscheinung.

Der Zweite Kreuzzug 1147–1149

Die zeitgenössischen Quellen (Ioannes Kinnamos, Niketas Choniates, Otto von Freising, Odo von Deuil) erlauben kein abgerundetes Bild dieses

Ereignisses. Durch den Fall Edessas rief Papst Eugen III. am 1. Dezember 1145 erneut zu einem Kreuzzug auf, Manuel versuchte durch Verhandlungen, die Expedition an Konstantinopel vorbeizuleiten und an die Verträge mit Alexios I. zu erinnern. Mit Nachdruck verlangte die byzantinische Seite die Rückgabe der eroberten Städte. Manuel ließ die deutschen Kreuzfahrer unter Konrad III. nicht Konstantinopel betreten und bemühte sich, sie rasch nach Kleinasien zu transportieren. Danach traf Ludwig VII. mit den Franzosen ein, der anders als Konrad III. von Manuel empfangen wurde. Trotz dieser Ehre gab es unter den Franzosen Stimmen, die sich für eine Einnahme Konstantinopels aussprachen. Rasch wurden auch diese Kräfte über das Marmarameer geschifft. In Kleinasien angekommen, zwangen sie kaiserliche Gesandte, den Lehnseid zu schwören; sie schlossen sich den Deutschen bei Nikaia an, die beim ersten Feindkontakt mit den Seldschuken ziemliche Verluste erlitten hatten.

Die Kreuzfahrer marschierten weiter nach Philadelpheia, als sich der erkrankte Konrad entschloss, über Ephesos nach Konstantinopel zurückzukehren, wo er diesmal empfangen wurde. Zunehmend prägten Missverständnisse das Verhältnis zwischen Byzantinern und Kreuzfahrern, zumal die versprochene Versorgung der Truppen nicht funktionierte. Am Maiander siegten die Franzosen über die Seldschuken. Mühsam erreichte man die Küstenstadt Attaleia (Antalya), wo Manuel zwar einen Flottentransport nach Antiocheia zur Verfügung stellte (1148), doch nur der König mit seinem Gefolge Schiffe bestieg, während der Rest sich über den Landweg unter großen Verlusten durchschlug. In Akkon vereinigten sich die dezimierten Truppen der Franzosen mit den noch schwächeren Kontingenten Konrads, welcher am 24. Juni 1148 auf einer Ratsversammlung den Angriff auf Damaskos, das leicht einnehmbar schien, beschließen ließ. Doch schrumpften die Erwartungen für einen prestigereichen Sieg rasch: Nach knapp einer Woche zog man ab, da Nūr ad-Dīn den Belagerten ein Entsatzheer in Aussicht gestellt hatte (erobert wurde die Stadt erst 1154 von ihm).

Konrad III. kehrte im September 1148 dem Heiligen Land den Rücken und traf in Thessalonike Manuel I. Die beiden kamen überein, gemeinsam gegen **Roger II.** vorzugehen.

Ludwig verweilte im Heiligen Land noch bis ins Frühjahr 1149. Ein Hauptgrund des Scheiterns des Unternehmens mag in den Verlusten während des Anmarsches durch Westkleinasien begründet sein. Auch für den Kaiserhof blieb das Ziel einer nachhaltigen Re-Byzantinisierung des Territoriums Illusion. Schlimm war die Lage in Antiocheia: Nūr ad-Dīn besiegte Kontingente von Raimund bei Baghras und belagerte die Stadt Inab. Am 28. Juni 1149 fiel Raimund, sein Haupt wurde in einer Silberschatulle dem Kalifen von Bagdad übermittelt.

E

Roger II.
Roger war seit Weihnachten 1130 durch den Gegenpapst Anakletus II. (1130–1138) gekrönter König von Sizilien geworden, und als solcher schwang er sich zu einer großen Konkurrenz, wenn nicht gar essenziellen Bedrohung für das byzantinische Reich auf. Er ließ seine Marine ausbauen (Zentrum: Messina) und durch seinen Vertrauten Georgios von Antiocheia (melkitischen Glaubens und *ammiratus ammiratorum* [= oberster „Admiral"]) Nordafrika (Tripoli 1146) und dann Korfu überfallen (1147, 1149 wieder von Manuel rückerobert); die wichtigen Wirtschaftszentren Korinth (Raub der Reliquien des heiligen Theodoros) und

Theben (1147, Verschleppung von Seidenarbeiterinnen) wurden geplündert. Charakteristisch für die Hofkultur Rogers ist die Verflechtung unterschiedlicher Einflüsse (Beispiele: Krönungsmantel in Wien; der sogenannte Skylitzes Matritensis in der *Biblioteca Nacional de Madrid*; die Cappella Palatina, Santa Maria dell'Ammiraglio oder La Martorana in Palermo).
Wie ernst die normannische Bedrohung war, zeigte sich daran, dass Rogers Admiral Georgios mit 40 Schiffen sogar Konstantinopel erreichte.

Italien

Am 15. Februar 1152 starb Konrad III., dem Friedrich Barbarossa nachfolgte (ab 1154 Kaiser). Nach dem Tod Rogers (26. Februar 1154) traten in der Normannenherrschaft unruhige Verhältnisse ein, der Nachfolger Wilhelm I. (1154–1166) war zunächst nicht Herr der Lage. Manuel schien ein Eingreifen günstig und er schickte Michael Palaiologos und Ioannes Dukas mit einer Flotte nach Unteritalien (1155), wo sich überraschenderweise schnell Erfolge einstellten. Bari öffnete Manuel die Tore, es folgten Trani, Tarent und Brindisi. Eine Streitmacht Wilhelms wurde besiegt und der byzantinische Kaiser dürfte auf die Wiedererrichtung des Römischen Reiches oder zumindest einen dauerhaften Besitz Unteritaliens gehofft haben. Dabei wurde auch eine kirchliche Verständigung angedacht: Das Papsttum war meistens anti-normannisch eingestellt gewesen und Manuel schritt zu Verhandlungen mit Papst Hadrianus (1154–1159) (jährliche Zahlung von 5000 Goldpfund und Stellung von Truppen gegen Anerkennung der Herrschaft über italienische Seestädte durch den Papst). Nach Streitigkeiten zwischen Michael Palaiologos und dem verbündeten Grafen Robert III. von Loritello wurde Michael abberufen und der byzantinische Vorstoß erlahmte. Der abermalige Kampf um Brindisi läutete das Ende der Reconquista ein, auch Alexios Axuch, der nach Ancona entsandt wurde, brachte nicht den erwarteten positiven Schub; zu diesem Zeitpunkt hatte Wilhelm bereits alle byzantinischen Eroberungen in Apulien wieder zurückerlangt. 1156 erreichten normannische Schiffe Euboia, Manuel musste in Friedensverhandlungen eintreten und 1158 war das Kapitel einer byzantinischen Herrschaft in Unteritalien für immer abgeschlossen.

Byzanz und der Balkan

Basileios' II. hatte seinerzeit die Balkangebiete weitestgehend direkt Byzanz unterstellt. Durch den Einfluss Rogers II. begannen die Serben aus Rascien, byzantinisches Gebiet zu besetzen (1149). Manuel machte ihren Anführer Uroš II. zum Vasallen (1150–1152). In Rascien wurde 1166 Stefan Nemanja zum Großzupan erhoben. Mit den Beziehungen zu den Serben verbunden war das Verhältnis zu den Ungarn. Manuel schickte in zwei Phasen Truppen gegen die Ungarn (1151–1153/1163–1168). In der Schlacht von Sirmium (oder Zemun) am 8. Juli 1167 konnte der General Alexios Kontostephanos ungarische Verbände besiegen und einen günstigen Friedensvertrag aushandeln. Bosnien und Dalmatien fielen dadurch an das oströmische Reich und 1168 herrschte Manuel I. beinahe über die gesamte dalmatinische Küste. Bela, der jüngere Bruder von Stephanos III. (István; 1162–1172) wurde zur Erziehung nach Konstantinopel geschickt. Manuel hatte vor, ihn mit seiner Tochter Maria zu verheiraten und ihn zu seinem Nachfolger zu machen. Bela, der in die Ehe Kroatien miteinbringen sollte, wurde in Alexios umbenannt und bekam den *despotēs*-Titel. Die Verhältnisse änderten sich, als Manuel I. 1169 Vater eines Sohnes wurde (Alexios II.). Als Stephanos III. von Ungarn 1172 nachfolgerlos starb, übernahm Bela/

Alexios die Herrschaft und schwor dem Kaiser, immer seine Interessen im Auge zu haben. 1172 siegte Manuel gegen Stefan Nemanja.

Byzanz und der Orient

1158 wies Manuel Thoros II. von Kleinarmenien (1140–1169) in die Schranken; sein Verbündeter Rainald von Antiocheia unterwarf sich barhäuptig mit einem Strick um den Hals und das Schwert in der Linken tragend. Denkwürdig war der Einzug Manuels in Antiocheia mit nachfolgenden Ritterspielen. Byzanz hatte in der Mitte der 1160er-Jahre höchsten Einfluss in den Kreuzfahrerreichen, da Manuel neben anderen Bohemund III. aus seiner Gefangenschaft bei Nūr ad-Dīn freigekauft hatte (1165). Als Gegenleistung durfte der griechische Patriarch wieder in Antiocheia residieren (1165–1170). In Jerusalem versuchte Manuel, positive Stimmung zu verbreiten (Stiftung für die Geburtskirche in Bethlehem). Den aus Kilikien geflohenen Andronikos Komnenos belehnte Amalrich I. von Jerusalem (1162–1174) mit Berytos (Beirut). 1165 versuchte Amalrich, die Verbindung zum Kaiser mit einer Heiratsallianz zu verstärken, Manuel hatte ja Maria von Antiocheia, die Nichte Amalrichs, geheiratet; nach zwei Jahren ehelichte der König von Jerusalem eine Großnichte Manuels in Tyrus.

Ägypten

Von Amalrich ging die Initiative aus, Ägypten (mit finanzieller Unterstützung von Byzanz) zu erobern. Zwei Faktoren schienen das Vorhaben zu begünstigen: Friedrich Barbarossa litt durch eine große Seuche in Rom (August 1167) und das Fatimidenreich war dabei zu zerfallen. Amalrich marschierte 1168 Richtung Nilland, ohne auf die Byzantiner zu warten. Die Aktion verlief enttäuschend, da Amalrich die nachkommenden Byzantiner Damiette belagern ließ, aber insgeheim eine Kapitulation der Befestigung verhandelte. Die Oströmer kehrten Anfang 1170 verlustreich zurück. 1171 reiste Amalrich nach Konstantinopel, um die Verstimmung Manuels durch die Leistung eines Lehnseides zu beenden. Als der König von Jerusalem 1174 starb, hatte Saladin (Begründer der Ayyubiden-Dynastie) die Macht in Ägypten längst übernommen. 1177 wurde ein letzter byzantinischer Versuch, Ägypten zu besetzen, bereits in Akre wegen mangelnder Unterstützung abgebrochen.

Seldschuken

Das byzantinische Reich hatte in dem Sultanat von Rum einen ständigen, unberechenbaren Gegner. Zwischen 1158 und 1161 führte Manuel einige erfolgreiche Vorstöße durch. Bemerkenswert war der mehrwöchige Besuch des Sultans Kılıç II. Arslān 1162 in Konstantinopel. In den folgenden Jahren zeigte sich jedoch, dass man mit Verträgen nicht zu einem Ausgleich kommen konnte. Zudem war die Außenpolitik weiterhin mit den Entwicklungen in Italien und den Kreuzfahrerstaaten beschäftigt.

Myriokephalon 1176

Manuel verfügte die Wiederinstandsetzung der Festung Dorylaion und wandte sich 1175/76 an den Papst, um für einen Kreuzzug gegen die Seldschuken zu werben. Ziel war es, den Verbindungsweg nach Palästina sicherer zu machen. Dazu gehörte die Einnahme Ikonions. Im Sommer 1176 rückte eine große byzantinische Streitmacht in seldschukisches Gebiet vor. Friedensangebote seitens des Sultans Kılıç II. Arslān wurden abgeschlagen; am 17. September 1176 geriet die Armee in Myriokephalon in einen Hinterhalt und wurde zum Teil aufgerieben. Die Niederlage verglich Manuel sogar mit Mantzikert, doch der Imageschaden dürfte größer gewesen sein als die tatsächlichen Verluste, zeigte sich doch, dass der byzantinische Kaiser nicht einmal den Seldschukensultan besiegen konnte. Der Katastrophe folgte eine Demütigung seitens Friedrich Barbarossas, der den byzantinischen Souverän als griechischen König aufforderte, den Kaisertitel abzulegen. In den restlichen Jahren der Regierung Manuels kam es zwar immer wieder zu Auseinandersetzungen mit den Türken, doch begann sich allmählich das Kräfteverhältnis in Kleinasien zugunsten der Seldschuken zu verändern.

Byzanz und Venedig

Auf der Apenninen-Halbinsel stritt Friedrich mit den norditalienischen Stadtstaaten. Manuel unterstützte den Lombardenbund (Zusammenschluss italienischer Kommunen gegen die Politik der Staufer, 1167) und den Wiederaufbau der zerstörten Stadtmauern von Mailand, am 29. Mai 1176 besiegte das Bündnis Friedrich in der Schlacht von Legnano; im folgenden Jahr wurde ein sechsjähriger Vertrag in Venedig geschlossen, wo es auch zu einer Aussöhnung zwischen Papst Alexander III. (1159–1181) und Friedrich kam. Manuels Beziehungen verbesserten sich zu Genua und Pisa, nicht aber zu Venedig (Ausweisung aller Venezianer von byzantinischem Territorium am 12. März 1171). Ungünstig für den Kaiserhof entwickelten sich die Verständigung des römischen Kaisers mit dem Seldschuken Kılıç II. Arslān (ab 1173).

Manuel gilt als ein Herrscher, der westlichen Einflüssen gegenüber aufgeschlossen war: So wurden im Hippodrom auch Turniere abgehalten, auch in der Literatur lassen sich Spuren aus dem Westen nachweisen. Als er starb, hatte sich der Einfluss des Reiches merklich reduziert, aber es reichte noch bis zur Donau und zur dalmatinischen Küste und umfasste den kompletten Agäisraum und weite Teile Kleinasiens sowie Antiocheia. Allerdings machten sich zunehmend innenpolitische Abnutzungserscheinungen bemerkbar.

Alexios II. (1180–1183)

Nach dem Tod Manuels trat Maria von Antiocheia unter dem Namen Xene („Fremdländische“) in ein Kloster ein. Anstelle ihres Sohnes favorisierte sie den *prōtosebastos* (= Ehrentitel für dem Kaiser besonders Nahestehende) Alexios (ein Cousin Alexios' II.) als Nachfolger. In Konstantinopel kam es in der Folge zu einem Bürgerkrieg zwischen der lateinerfreundlichen Maria Xene und Alexios gegen Maria (Halbschwester Alexios' II.) und ihren Mann, den *kaisar* Ioannes (Rainer von Montferrat). Am 2. Mai 1182 unterlagen die Anhänger von Maria Xene. Die Gunst der Stunde nutzte Andronikos Komnenos aus, der triumphal empfangen wurde. Gleichzeitig kam es zu einem Massaker an der lateinischsprechenden Bevölkerung in der Hauptstadt. Andronikos inszenierte sich als Beschützer des noch minderjährigen Alexios und wurde Mitkaiser. Alexios war 1180 mit Agnes/Anna, Tochter Ludwigs VII. von Frankreich, verlobt, dann wahrscheinlich auch verheiratet worden.

Während dieser Phase führte Bela III. von Ungarn einen erfolgreichen Eroberungszug nach Syrmia (fruchtbare Ebene zwischen Donau und Save) und Bosnien (1181), Dalmatien fiel unterdessen an die Venezianer. Auch in Kleinasien wendete sich das Blatt, die mühevoll befestigten Plätze gingen an die Seldschuken verloren, 1182 siegte Kılıç II. Arslān gegen die Byzantiner in der Schlacht von Kotyaion (Kütahya).

Andronikos I. Komnenos (1183–1185)

Andronikos (* ca. 1118) hatte eine wechselvolle Karriere (Gefangenschaft bei den Seldschuken, Usurpationsversuch gegen Manuel, Aufenthalt bei Georgios III. von Georgien) durchgemacht, ehe er sukzessive die Macht in Konstantinopel an sich riss. 1182 betrat er ungehindert die Hauptstadt. Er ließ zunächst Maria Xene mit der Zustimmung seines jungen Partners Alexios II. beseitigen, ehe er diesen selbst nach der öffentlichen Anerkennung seines (Andronikos') Kaisertums erdrosseln ließ. 1183 heiratete er die 12-jährige Witwe Agnes/Anna, seinen Sohn Ioannes Komnenos bestimmte er zum Mitkaiser.

Mit den Venezianern wurde 1184 ein Ausgleich vereinbart. In seiner kurzen Regierungszeit verfolgte Andronikos eine antiaristokratische und antikomnenische Politik. Er versuchte, die durch Vetternwirtschaft verkrusteten Strukturen des Reiches effizienter zu organisieren. An mehreren Orten brachen Aufstände gegen Andronikos aus. 1185 landeten normannische Truppen unter Wilhelm von Sizilien an der Küste von Epiros und nahmen in der Folge Thessalonike ein (1185). Eustathios, Erzbischof von Thessalonike, zeichnete in seinem autobiografischen Bericht die Versäumnisse der oströmischen Verwaltung und die Grausamkeiten der westlichen Eroberer in der Demetriosstadt auf. Andronikos I. versuchte erfolglos, die Normannen aufzuhalten. Am 12. September 1185 wurde Andronikos vom Mob in Konstantinopel grausam umgebracht. Sein Sohn Ioannes wurde in Thrakien getötet. Andronikos war der letzte Herrscher der Komnenendynastie, ein Teil lebte in dem Kaiserreich von Trapezunt weiter, das durch die Enkel des Andronikos, Alexios und David, im Gefolge des 4. Kreuzzuges errichtet wurde.

Normannen in Thessalonike

Alexios Komnenos konnte geschickt seine Ambitionen für den Kaiserthron durchsetzen. Er schaffte mit einer klugen Familienpolitik wieder einigermaßen stabile Verhältnisse. Eine Schattenseite dieser Politik war, das sich die Effizienz der Reichsverwaltung zunehmend verringerte. Um sich gegen die Seldschuken in Kleinasien zu wehren, band man vermehrt westliche Söldnertruppen ein. Mit dem Kreuzzugaufruf von 1095 begann eine neue Phase der Beziehungen zwischen Ost und West. Byzanz versuchte, die Kreuzfahrertruppen, die auf oströmische Hilfe angewiesen waren, in seine Politik vor allem gegen die Seldschuken miteinzubeziehen. Durch Lehnseide wollte sich der oströmische Kaiser alle zu erwartenden Eroberungen im östlichen Mittelmeerraum sichern. In der Praxis führte die Ankunft westlicher Kontingente zu Missverständnissen und Spannungen. In den Normannen erwuchs Byzanz ein starker Konkurrent in Unteritalien und auf der Balkanhalbinsel, dem das Kaisertum nur wenig entgegenzusetzen hatte (Eroberung Thessalonikes 1185).

XII. Die Familie Angelos (1185–1204) – Der Zerfall einer Großmacht

1185	Isaakios II. siegt gegen Wilhelm II.
1187	Kreuzritter verlieren gegen Saladin, der Jerusalem einnimmt
1189–1192	3. Kreuzzug
1190	Schlacht von Ikonion und Tod Friedrichs I. Barbarossa
1191	Eroberung Zyperns durch Richard Löwenherz/Ende der Herrschaft des Isaakios von Zypern
1194	Tod Tankreds von Lecce
1196	Beschluss zur Erhebung des Alamannikon („Deutschensteuer"), † Heinrich VI.
1198	Aufruf zum 4. Kreuzzug
1202	Abfahrt der Kreuzfahrer aus Venedig und Einnahme Zaras
1204	Eroberung Konstantinopels

Isaakios II. Angelos (1185–1195)

Isaakios, der trotz eines Usurpationsversuches gegen Andronikos I. ungeschoren blieb, versuchte, sein Kaisertum mit dynastischen Heiraten zu stärken. Die Familie der Angeloi war keine alteingesessene Familie und nur mit weniger einflussreichen Angehörigen des Komnenenclans verbunden. Ehe er selbst im Januar 1186 Maria/Margarethe von Ungarn, die zehnjährige Tochter Belas III., heiratete, wurde seine Nichte Eudokia Angelina mit Stefan, dem Sohn Stefan Nemanjas von Serbien, und Theodora, seine Schwester, mit Konrad von Montferrat verehelicht. Konrad befehligte mit anderen Lateinern die kaiserlichen Truppen in der Hauptstadt.

Am 7. November 1185 besiegte Isaakios Wilhelm II. von Sizilien, den Eroberer Thessalonikes, in der Schlacht von Demetritzes (Dimitrica, nahe Siderokastro). Die Normannen zogen sich daraufhin zurück, sie verließen Thessalonike, später auch Korfu und Dyrrhachion. Nur Kephallenia und Zakynthos erlangten die Byzantiner nicht zurück.

Bulgarien

In Bulgarien brach 1185/1186 ein Aufstand aus, als Isaakios die Steuern anhob. Die Familie Asen sicherte sich die Macht und etablierte 1186 das sogenannte zweite bulgarische Reich. Der nach Bulgarien geschickte Feldherr Alexios Branas führte seine Truppen gegen die Hauptstadt, um Isaakios abzusetzen. Konrad von Montferrat konnte ihn aber stoppen.

Im Frühjahr 1187 rückte Isaakios erfolgreich gegen die Bulgaren unter Asen und Peter vor. Doch sie formierten sich wieder und verbanden sich mit kumanischen Hilfstruppen, sodass Isaakios im Oktober 1187 erneut militärisch vorgehen musste. Wiederum wurden die bulgarischen Truppen in die Flucht geschlagen, aber der entscheidende Sieg wollte nicht gelingen. Die Aufständischen hatten die Unterstützung des serbischen Großzupans Stephan Nemanja und nutzten die bulgarisch-byzantinischen Spannungen aus, ihr Einflussgebiet zu erweitern. Da in Kleinasien ein Aufstand ausgebrochen war, musste Isaakios seine militärischen Operationen in Bulgarien einstellen. Ein Friedensvertrag wurde ausgehandelt, bei dem Kalojan, der Bruder von Peter und Asen, als Geisel nach Konstantinopel überstellt wurde. Wahrscheinlich wurde damals das Erzbistum von Tărnovo gegründet, wo Asen zum Zaren gekrönt wurde.

Der Versuch, seinen Bruder Alexios III. aus Akre zu befreien, scheiterte; vergeblich bemühte er sich, den Usurpator Isaakios aus Zypern zu vertreiben. Um die Effektivität der Flotte zu verbessern, wurde mit Venedig ein Vertrag abgeschlossen, in dem die Entsendung von 40 bis 100 Galeeren mit sechsmonatiger Kündigungsfrist für großzügige Handelsprivilegien vereinbart wurde.

Der 3. Kreuzzug

Sultan Saladin (1171–1193), Begründer der Ayyubidendynastie, hatte seinen Machtbereich bis nach Syrien ausgedehnt. 1187 hatten die lateinischen Streitkräfte unter Guido von Lusignan bei Hattin (arab. Ḥaṭṭīn (nahe Tiberias am See Genezareth) eine verheerende Niederlage erlitten. Guido wurde gefangen genommen und am 2. Oktober 1187 zog Saladin in Jerusalem ein.

Friedrich Barbarossa kündigte sich als Initiator eines weiteren Kreuzzuges an, nachdem er am Reichstag von Mainz 1188 versprochen hatte, das Kreuz zu nehmen. Im Sommer 1189 traf Friedrich Barbarossa auf dem Landweg auf der Balkanhalbinsel ein; er hatte versucht, mit Isaakios II. einen Vertrag zu schließen, allerdings ohne Erfolg; schon im Herbst 1188 hatten Byzantiner und Vertreter des römisch-deutschen Reiches in Nürnberg verhandelt, doch die Oströmer blieben misstrauisch, da Barbarossa auch Gespräche mit den Serben und Bulgaren sowie dem Sultan von Ikonion führte. Serben und Bulgaren leisteten ihm sogar den Lehnseid und erklärten sich bereit, gegebenenfalls gegen Konstantinopel zu ziehen. In Niš wurde Barbarossa freundlich empfangen.

Die Byzantiner kontaktierten Saladin und entschieden, die Kreuzfahrer nicht durch byzantinisches Territorium ziehen zu lassen. Friedrich besetzte Philippupolis, dann Adrianopel und war entschlossen, Byzanz nötigenfalls mit Gewalt einzunehmen, Ziel blieb allerdings Jerusalem. Isaakios II. musste nachgeben – Friedrich bekam den Titel „Kaiser des Alten Rom" zugesprochen – und in einem Vertrag im Februar 1190 in Adrianopel gestattete er den Kräften aus dem deutschen Reich das Übersetzen nach Kleinasien und die Bereitstellung von Lebensmitteln zu niedrigen Preisen. Byzanz hatte sich nicht durchsetzen können.

Ende März 1190 setzte Friedrich nach Kleinasien über und zog über Ikonion in Richtung Antiocheia. Sultan Kılıç II. Arslān genehmigte den friedlichen Durchmarsch, doch einer seiner Söhne stellte sich ihm entgegen. In der Schlacht bei Ikonion (18. Mai 1190) waren die Kreuzfahrer siegreich, Barbarossa ertrank aber am 10. Juni 1190 im kleinarmenischen Fluss Saleph, das Kreuzfahrerheer zog unter Herzog Friedrich von Schwaben, Barbarossas Sohn, weiter nach Nordsyrien.

Gleichzeitig fuhren die Könige von England und Frankreich, die sich 1187 ausgesöhnt hatten, auf dem Seeweg Richtung Heiliges Land. Aber alle Versuche, Jerusalem wieder unter christliche Herrschaft zu stellen, scheiterten. 1192 behielt Saladin in einem Friedensvertrag die Heilige Stadt. Richard I. Löwenherz eroberte 1191 Zypern und setzte den Gegenkaiser Isaakios Komnenos (seit 1185) ab, übergab die Insel dem Templerorden (1192) und dann dem ehemaligen König von Jerusalem, Guido von Lusignan. Zypern war danach nie mehr byzantinisch.

Balkan

Isaakios wandte sich wieder dem Balkan zu. Zwar wurde Stefan Nemanja 1190 an der Morava geschlagen, trotz eines Friedensvertrages blieb die Unabhängigkeit Serbiens aber eine Tatsache. Stefan, der zweite Sohn Nemanjas und sein Nachfolger (1195–1227), erhielt Eudokia, die Nichte des Kaisers, zur Frau und trug den Titel *sebastokratōr* (ab Alexios I. höchster Rangtitel, der über dem *kaisar* stand), womit eine Abhängigkeit vom byzantinischen Kaiser zum Ausdruck kommt. Ungarn blieb nach wie vor eine bestimmende Größe und dehnte seine Macht bis zur Adria aus.

Gegen die Bulgaren waren die Byzantiner weniger erfolgreich; sie drangen zwar bis Tărnovo vor, auf dem Rückzug wurden 1190 die Truppen Isaakios' geschlagen, er selbst floh unter großen Schwierigkeiten. 1194 musste Isaakios eine weitere Niederlage bei Arkadiupolis einstecken. Isaakios erneuerte die Freundschaftsbande mit Ungarn und wollte mit ungarischer Hilfe gegen Bulgarien vorgehen, aber es kam nicht dazu, denn der ältere Bruder von Isaakios, Alexios entriss ihm die Macht während eines Jagdausflugs im thrakischen Kypsella. Isaakios wurde in einem Kloster geblendet und danach in Konstantinopel inhaftiert. Auch sein Sohn Alexios (IV.) Angelos wurde gefangen gesetzt.

Alexios III. Angelos (1195–1203)

Alexios war der zweitgeborene Sohn von Andronikos Angelos und Euphrosyne Kastamonitissa; wegen eines Usurpationsversuches gegen Andronikos Komnenos (1183) musste er ins Exil gehen. 1190 war Alexios zu dem jüngeren Bruder zurückgekehrt und erhielt den *sebastokratōr*-Titel übertragen. Durch die Absetzung seines Bruders sah er sich mit hohen Kompensationszahlungen konfrontiert, was nach zeitgenössischen Berichten die Reichskasse stark belastete. Seine Frau Euphrosyne versuchte nach Kräften, den Ruf von Alexios zu festigen.

An Weihnachten 1196 forderte Heinrich VI., der 1190 seinem Vater nachgefolgt war und das normannische Königreich durch seine Frau Konstanze (Tochter Rogers II.) übertragen bekommen hatte, 5000 Goldpfund unter Androhung einer Invasion; Alexios konnte die gewünschte Summe zwar verringern, musste aber auf Kirchenschätze und kaiserliche Gräber (in der Apostelkirche) zurückgreifen (*Alamannikon*; „Deutschensteuer"). Heinrich starb im September 1197, sodass die Zahlungen nicht erfolgten.

Die innenpolitischen Bestrebungen schienen die Kräfte Alexios' absorbiert zu haben, was sich an der erfolglosen Außenpolitik zeigte: Sowohl die Bulgaren unter Kalojan (1197–1207) als auch die Seldschuken machten erfolgreiche Fortschritte in der Annexion kaiserlicher Gebiete, diplomatische Bemühungen fruchteten nichts.

Der Vierte Kreuzzug

Papst Innocentius III. (1198–1216) rief 1198 erneut zu einem Befreiungszug der heiligen Stätten auf, blieb aber ungehört. Erst ein Jahr später predigte Fulko von Neuilly im Rahmen eines Turniers auf der Burg Écny des Grafen Theobald III. von Champagne und man entschloss sich, nach Jerusalem zu ziehen. Theobald starb 1201 und wurde durch Bonifatius von Montferrat ersetzt. Man plante diesmal eine Expedition über See nach Ägypten, um von dort aus schneller und ungefährdeter ins Heilige Land zu kommen. Für den 29. Juni 1202 war die Abfahrt geplant, aber erst im Oktober stachen venezianische Schiffe mit hauptsächlich französischer Besatzung in See. Der Doge Enrico Dandolo (1192–1205) handelte als Entgelt für diesen Transport die Hälfte der Eroberungen sowie 85000 Silbermark aus. Die Seerepublik finanzierte die Flotte risikoreich auf Kredit, ein Misslingen der

Kreuzfahrt hätte also den Ruin bedeuten können. Da die Zahl der eingetroffenen Soldaten geringer war als erwartet, fürchtete man schnell Kapitalverlust, der nur durch rasche Beutezüge auszugleichen war: Als erstes Ziel des Unternehmens wurde Zara (Zadar) ausgewählt, welche Küstenstadt nach zweiwöchiger Belagerung fiel (November 1202). Der Angriff löste großes Unbehagen und Protest des Papstes aus, da eine christliche Stadt – unter ungarischer Herrschaft – geplündert wurde; mit der Beute wurden die Schulden verrechnet. Der Papst hatte den Kreuzfahrern verboten, gegen Christen gewaltsam vorzugehen, der Gesandte Petrus Capuanus wurde jedoch zurückgeschickt. Bonifatius von Montferrat entschuldigte sich später für dieses Vorgehen, der Papst akzeptierte dies, exkommunizierte aber die Venezianer. Zara blieb bis 1358 fast durchgehend venezianisch. Bonifatius von Montferrat stieß im Dezember 1202 zu den Kreuzfahrern und kurz darauf traf überraschend Alexios (IV.) Angelos, der Sohn des geblendeten Isaakios, mit Gesandten des deutschen Königs Philipp von Schwaben, der seit 1197 mit Eirene Angelina (Tochter Isaakios II. Angelos) verheiratet war, in Zara ein; die Entscheidung, nach Konstantinopel zu fahren, dürfte aber zu diesem Zeitpunkt schon gefallen sein. Alexios hatte versucht, Papst Innocentius zu gewinnen, doch war er erfolgreicher bei Philipp von Schwaben und Bonifatius. Im Mai 1203 wurde in Kerkyra ein Vertrag unterschrieben, in dem die westlichen Anführer dem byzantinischen Thronprätendenten Unterstützung zur Rückkehr zusicherten, im Gegenzug aber hohe Summen (200000 Silbermark) sowie logistische Unterstützung versprochen bekamen. In der zweiten Junihälfte 1203 erreichte die Flotte die Gewässer Konstantinopels, wo die Kreuzfahrer Alexios IV. für ihre Zwecke installieren wollten. Aber viele Zeitgenossen standen diesem Vorhaben äußerst kritisch gegenüber. Zunächst wurden Chalkedon und Chrysopolis, „Vorstädte“ Konstantinopels auf der asiatischen Seite, angegriffen. Dann setzten die Kreuzfahrer über den Bosporus, wo sie auf Verteidigungslinien Alexios' III. nördlich von Galata (Pera) stießen. Den Turm von Galata, von dem aus die Sperrkette im Goldenen Horn lag, kaperten die Kreuzfahrer und der natürliche Hafen lag für sie offen da. Sie positionierten sich am Nordwestende des Goldenen Horns, gegenüber des Blachernenpalastes (11. Juli). Einige Tage später schafften es die Kreuzfahrer, einen Teil der Landmauern und Seemauern einzunehmen (17. Juli) – Alexios III. floh nach Thrakien unter Plünderung der kaiserlichen Schatzkammer.

Zara

Kreufahrer vor Konstantinopel

Isaakios II. und Alexios IV. (1203–1204)

Alexios III. wurde rasch formell abgesetzt, (der geblendete) Isaakios II. aus dem Gefängnis geholt und als Kaiser eingesetzt; erst mit der Bestellung Alexios IV. zum Mitkaiser (1. August) waren die Kreuzfahrer zufriedengestellt. Mit Entsetzen musste Alexios realisiert haben, dass seine Zahlungsversprechungen mitnichten erfüllt werden konnten. Er begann, Kirchenschätze und Pretiosen einzuschmelzen, aber auch das reichte nicht aus.

Alexios IV. handelte einen sechsmonatigen Aufschub (bis April 1204) aus und machte sich auf, den geflüchteten Alexios III. in Adrianopel aufzuspüren. Kaum hatte er die Hauptstadt verlassen, brachen Unruhen aus, die zu Übergriffen gegen lateinische Bevölkerungsteile führten. Kreuzfahrer drangen in die Stadt ein, vom 19. bis 21. August wütete ein Großbrand, der viele Viertel in Schutt und Asche legte.

Alexios V. Murtzuphlos (1204)

Isaakios II. starb im Januar 1204, Alexios Dukas Murtzuphlos setzte sich gegen Alexios IV. durch, den er inhaftieren und strangulieren ließ. Als Alexios V. (ab. 5 Februar) betrieb er eine Verstärkung der Stadtmauern und missachtete die Vereinbarungen mit den Kreuzfahrern. Im März 1204 verständigten sich die Venezianer und die Kreuzfahrer auf eine *partitio terrarum imperii Romaniae* („Teilung der Länder des römischen Reiches"), bei der alles an Beute (bis zur Bezahlung aller Schulden) zu drei Vierteln an die Venezianer und zu einem Viertel an die Kreuzfahrer fallen, danach in einem gleichen Verhältnis geteilt werden sollte. Dazu kam die Verständigung über die Wahl des Kaisers durch sechs venezianische Vertreter und sechs Kreuzfahrer. Dem lateinischen Kaiser wurde ein Viertel von Konstantinopel und des Reiches zugewiesen, der Rest auf Venezianer und Kreuzfahrer aufgeteilt.

Der Fall Konstantinopels

Der Angriff der Kreuzfahrer erfolgte ab 9. April 1204 über das Goldene Horn, wo die Mauern weniger hoch und stark waren. Der hochbetagte und erblindete Doge Enrico Dandolo (* 1107) befand sich an der Spitze der venezianischen Eroberer. Um die Verteidiger zu schwächen, wurden Brände gelegt, was die Bausubstanz der Stadt massiv beschädigte und die urbane Prosperität für Jahrhunderte hemmte. Am 12. April fiel die Stadt, am nächsten Tag war sie unter vollständiger lateinischer Dominanz.

Q

Eroberung Konstantinopels
(Niketas Choniates übers. F. Gabler, 1971, S. 164–165).

An dem Tag, an dem die Stadt fiel, drangen die Plünderer in alle Häuser ein, raubten, was sie vorfanden, und bedrängten die Besitzer, ihnen das Versteckte anzugeben, indem sie einige schlugen, vielen auch schöntaten, alle aber bedrohten. ... In dichtgedrängten Gruppen zogen nun die Bürger der Stadt aus, in Lumpen gehüllt, von Hunger entkräftet, mit bleichen, totengleich verfallenen Gesichtern und blutgeröteten Augen, denn sie weinten mehr Blut als Tränen.

Beschleunigt wurde der Verlust durch die Flucht des Kaisers Alexios V. Als Innocentius von der Einnahme der Stadt hörte, schämte er sich für die Kreuzfahrer, die die Stadt mehr oder weniger als Ruine und fast zur Gänze ausgeplündert hinterließen. Angeblich 900000 Silbermark betrug der Wert der Beute (davon gingen 500000 an die Venezianer). Viele Denkmäler kamen in westliche Sammlungen, Konrad von Krosigk, Bischof von Halberstadt (1201–1209), etwa brachte eine Reihe von kostbaren liturgischen Geräten von seiner Reise mit, welche sich heute im Domschatz zu Halberstadt befinden.

Alexios V. fand bei Alexios III. Unterschlupf und heiratete seine Tochter Theodora Angelina. Wahrscheinlich aus politischem Kalkül ließ er ihn etwas später blenden und zu den Kreuzfahrern schaffen, die ihn als Verräter und Mörder Alexios IV. von der Theodosiossäule in Konstantinopel stürzen ließen.

Nach dem Tod Manuels I. kollabierte das Herrschaftssystem der Komnenen, das vor allem auf familiären Beziehungen in der Reichsorganisation aufbaute. Die Dynastie der Angeloi vermochte nach der kurzen Schreckensherrschaft des Andronikos kaum mehr, eine aktive Außenpolitik zu führen, und wurde zunehmend zum Spielball auswärtiger Interessen. Die hohen

Ausgaben zur Anwerbung von Söldnern brauchten die Ressourcen des Reiches auf. Durch das Schwinden der Zentralmacht traten wieder Abspaltungstendenzen innerhalb der Reichsgrenzen auf: Lokale Herrschaften entstanden in Kleinasien und in Griechenland. Der 4. Kreuzzug brachte dem Reich enorme materielle Verluste und markierte endgültig das Ende der oströmischen Großmacht.

XIII. Das lateinische Kaisertum und die byzantinischen Teilreiche

1204 Bonifatius König von Thessalonike
1208 Theodoros I. Laskaris, Kaiser von Nikaia; Ende der Herrschaft des Leon Sguros
1214 Friedensvertrag von Nymphaion zwischen Lateinern und Nikaia
1219 serbische Kirche autokephal
1221 Robert von Courtenay lateinischer Kaiser von Konstantinopel
1224 Theodoros Angelos in Thessalonike (Krönung 1225 oder 1227)
1230 Bulgaren siegen bei Klokotnica, Theodoros Angelos bei Iwan (Ioannes) Asen II.
1235 bulgarische Kirche autokephal
1242 Ioannes III. Dukas Batatzes kontrolliert Thessalonike

Nach dem Fall Konstantinopels fand vor allem ein Exodus der führenden Gesellschaftsschicht nach Westgriechenland (Epiros) und nach Südosten (Nikaia) statt, wo sich Herrschaften („Despotate") ausbildeten, die untereinander um die rechtmäßige Nachfolge des oströmischen Kaisertums zu konkurrieren begannen, aber beide gegen die lateinische Okkupation Politik machten.

1. Das lateinische Kaiserreich

In Konstantinopel wurde als erster lateinischer Kaiser Balduin I. (vorher Balduin IX. von Flandern) auf Betreiben Enrico Dandolos eingesetzt und am 16. Mai 1204 gekrönt; Bonifatius von Montferrat, dem militärischen Koordinator der Eroberung, wurde die Herrschaft über Thessalonike versprochen (ab Herbst 1204 König). Das lateinische Kaiserreich umfasste Teile Konstantinopels, Thrakien, sowie die Küstenregionen am Marmarameer, Teile Westkleinasiens sowie die Inseln der Ägäis (Herzogtum Naxos, 1207–1556). In Südgriechenland etablierten sich rasch Fürstentümer und Grafschaften; auch mit den lokalen Großgrundbesitzern/Magnaten baute man ein meist tragfähiges Verhältnis auf. Die Organisation des Reiches folgte feudalen Prinzipien, der Kaiser vergab an die Adeligen Lehen. Militärisch hatten die Byzantiner den Kreuzfahrern trotz deren zahlenmäßiger Unterlegenheit meist wenig entgegenzusetzen. Auch kirchlich änderte sich die Organisation: Ioannes X. Kamateros (1198–1206) verließ mit den Fliehenden die Stadt; zum ersten lateinischen Patriarchen wurde Thomas Morosini (1204–1211) bestimmt, der erst im Frühjahr 1205 von Papst Innocentius III. anerkannt wurde. Die Konkurrenten Balduin und Bonifatius waren uneins über die Fortsetzung der Eroberung. In Thrakien gingen sie zunächst gemeinsam gegen byzantinischen Widerstand vor. Bonifatius vermehrte seinen Territorialbesitz in Südgriechenland, wo er Otto de la Roche als Grafen von Athen und Boiotien installierte (Sommer 1205).

Seit 1201 hatte von Nauplion (Nafplion) aus der byzantinische Usurpator Leon Sguros eine Herrschaft über die Nordpeloponnes und Attika errichtet; 1204 traf er den abgesetzten Alexios III., der sich von ihm Unterstützung für seine Wiedereinsetzung erhoffte (Heirat mit Alexios' Tochter Eudokia Angelina). Nun musste er vor Bonifatius zurückweichen und sich nach Akrokorinth, dem Wirtschaftszentrum am Isthmus von Korinth, zurückziehen, das er bis 1208 halten konnte.

Leon Sguros

Bonifatius unterstützte auch die Herren Wilhelm von Champlitte und Gottfried von Villehardouin, die das Fürstentum von **Morea** errichteten.

E

Morea
Die Morea (= Peloponnes, s. unten S. 121) stellte eine der dynamischsten Kontaktzonen zwischen westlicher und östlicher Kultur dar. Der seit dem 10. Jahrhundert belegte Name wird meistens mit *morea*, dem in der Seidenraupenzucht notwendigen Maulbeerbaum, in Zusammenhang gebracht.

Schlacht vor Adrianopel

Einen schwer zu verkraftenden Rückschlag für die Konsolidierung lateinischer Herrschaft stellte die Auseinandersetzung um Adrianopel dar, wo am 14. April 1205 Balduin I. gegen den bulgarischen Zaren Kalojan (1197–1207) mit kumanischer und byzantinischer Hilfe unterlag. Neben anderen westlichen Adeligen kam auch Ludwig von Blois, designierter Herzog von Nikaia, um. Der lateinische Kaiser wurde gefangen genommen und verschwand. Nachfolger wurde Heinrich I. von Flandern, der von Thomas Morosini in der Hagia Sophia gekrönt wurde (20. August 1206). Von der orthodoxen Kirche wurde das neue geistliche, katholische Oberhaupt nicht anerkannt, alle Versuche, die griechische Seite in die neue Hierarchie einzubinden, fruchteten nichts.

Rasch zeigten sich Schwierigkeiten in der Konsolidierung der neuen Herrschaften: Nur wenig Zuzug erfolgte aus den westlichen Heimatländern. Schwer zu lösen war das Problem der Sprach- und Religionszugehörigkeit. Das Papsttum versuchte, die Bevölkerung für den katholischen Glauben zu gewinnen, vielerorts wurden westliche Klöster eingerichtet. Außenpolitisch vernachlässigt wurde Kleinasien, wo sich rasch das byzantinische Kaisertum regenerierte.

2. Das Kaiserreich von Nikaia

Theodoros I. Laskaris (1205–1222)
Die Stadt Nikaia war nach 1204 zunächst unabhängig geblieben, nahm aber Theodoros (I.) Laskaris, den Schwiegersohn von Alexios III., auf, der sich zunächst mühsam gegen Konkurrenten von lateinischer Seite (Heinrich von Konstantinopel), gegen das seldschukische Sultanat von Ikonion unter Kai Kaus I. (arab. 'Izz ad-Dīn Kai-Kāvūs I., 1211–1220) und gegen das gerade etablierte Kaiserreich von Trapezunt durchsetzen musste. 1206 zum Kaiser proklamiert, wurde er 1208 von dem neuen, zunächst nicht allgemein anerkannten Patriarchen Michael IV. Autoreianos (1208–1213) gekrönt. Der orthodoxe Klerus wanderte aus Protest gegen die päpstliche Suprematie dort-

hin aus. Dadurch erlangte Nikaia rasch den Status einer Hauptstadt im Exil und das Herrschaftsgebiet vergrößerte sich allmählich.

Die Seldschuken hatten sich mit den Lateinern verbündet (1209), während sich Theodoros Laskaris mit Leon II. von Kleinarmenien verständigte. Der noch lebende Alexios III. fand am Hof von Kai Chosrau I., Sultan von Rum, in Ikonion Unterschlupf. Im Frühjahr 1211 fiel in Antiocheia am Mäander der Sultan gegen Theodoros, Alexios III. wurde gefangen genommen und in einem nikänischen Kloster inhaftiert. Trotz des prestigereichen Sieges drangen die Lateiner bis nach Pergamon und Nymphaion vor, wo zum Jahresende 1214 ein Friedensvertrag mit Grenzbestimmungen geschlossen wurde.

Trapezunt

Im selben Jahr konnte David Komnenos (1204–1214) von Trapezunt in Sinope gestoppt werden, welcher mit lateinischer Hilfe gegen Theodoros Laskaris vorgegangen war. Anstelle von David wurde Alexios I. Komnenos von Trapezunt als Vasall des seldschukischen Sultans eingesetzt. Das wirtschaftlich autarke Territorium (Bergbau, Fernhandel) blieb danach für den weiteren Gang der Geschichte von nur untergeordneter Bedeutung. Theodoros Laskaris starb 1222.

Ioannes III. Dukas Batatzes (1222–1254)

Schon 1212 war Ioannes von Theodoros zu seinem Nachfolger ausgesucht worden und heiratete seine Tochter Eirene Laskarina (Sohn des Theodoros, * 1122/1123); am Beginn seiner Regierung sah er sich innerer Opposition ausgesetzt (1224 Schlacht von Poimamenon, südlich von Kyzikos). Durch die Niederlage erhielt er auch territoriale Zugeständnisse durch die Lateiner (1225), die seine Gegner unterstützt hatten. Ioannes begann, im europäischen Teil des byzantinischen Reiches kurzfristige Eroberungen zu machen (Adrianopel 1225), doch traf er bald auf Theodoros von Epiros, welcher 1227 große Teile Thrakiens besetzte. Nach 1230 verbündete sich Ioannes III.

Ivan Asen II.

mit Ivan Asen II. von Bulgarien (1218–1241) gegen das lateinische Kaiserreich, was 1235 zur Wiederbestellung eines bulgarischen Patriarchen sowie der Heirat zwischen Theodoros (II.) Laskaris und Helena Asena, Tochter Asens II. 1235/1236, führte. Man versuchte vergeblich, Konstantinopel einzunehmen. Der zurückhaltende und umsichtige Politiker Ivan II. starb allerdings 1241; Ioannes gewann die Souveränität über Thessalonike (1242) und die Kontrolle über Teile des bulgarisch dominierten Thrakien. 1246 nahm er trotz Widerstands von Theodoros von Epiros Thessalonike ein und wurde als Kaiser anerkannt, das Territorium des Despotats von Epiros begann zu schrumpfen. Nicht nur auf dem Festland expandierte das Kaiserreich von Nikaia, auch Inseln in der Ägäis konnten gewonnen werden (Rhodos).

Friedrich II.

Mit Friedrich II. von Hohenstaufen pflegte Ioannes intensive diplomatische Kontakte, heiratete seine (uneheliche) Tochter Konstanze (1244, nun Anna genannt) nach dem Tod von Eirene Laskarina und bot dem Papst die Unterwerfung des orthodoxen Patriachats für die Unterstützung gegen das lateinische Kaisertum an. Besonders nach dem Tode Friedrichs (13. Dezember 1250) verstärkten sich die Verhandlungen zur Union mit Papst Innocentius IV. (1243–1254), die jedoch durch die zunehmende Schwächung des lateinischen Konstantinopel allmählich obsolet wurden.

Der nordwestliche Teil Kleinasiens erlebte einen wirtschaftlichen Aufschwung, der sogar die Mitversorgung der östlich angrenzenden seldschukischen Emirate erlaubte. Ioannes gilt als ein umsichtiger Herrscher, der sich auch um das Wohl der Bevölkerung kümmerte (Spitäler, Klöster). Ein halbes Jahrhundert nach seinem Tod (3. November 1254) wurde Ioannes III., „der Barmherzige", heilig gesprochen (Festtag 4. November).

Theodoros II. Laskaris (1254–1258)
Nachfolger von Ioannes III. wurde der hochgebildete Theodoros II. Laskaris, der von dem Gelehrten Nikephoros Blemmydes erzogen worden war. Sein Vater hatte ihn nicht zum Mitkaiser erhoben, er wurde erst 1255 zum Kaiser durch den neu bestellten Patriarchen Arsenios Autoreianos gekrönt. Zu Beginn seiner Regierungszeit war er mit Angriffen seitens der Bulgaren unter Michael II. Asen (1246–1256) in Thrakien und Makedonien konfrontiert. Theodoros siegte zweimal entscheidend und konnte einen für sein Reich günstigen Frieden aushandeln. Michaels Nachfolger Konstantin Tich (1257–1277) wurde mit Eirene, der Tochter Theodoros', verheiratet. Problemlos wurden die Gebiete bis nach Dyrrhachion Nikaia unterstellt, wodurch die Konkurrenz in Epiros in Schach gehalten wurde.

Probleme verursachte die Personalpolitik Theodoros', welcher seine Mitarbeiter wie den *megas domestikos* (Offizier, der die Palastgarden befehligte und somit eine Schlüsselposition einnahm) Georgios Muzalon nicht aus den höchsten aristokratischen Kreisen wählte. Theodoros war gegenüber Michael Palaiologos (VIII.), der eine Blitzkarriere im nikänischen Kaiserreich gemacht hatte, negativ eingestellt, sodass dieser zum seldschukischen Sultan flüchtete, vom Kaiser aber unter Eiden zurückgeholt wurde. Wie sein Vater litt Theodoros an Epilepsie und als er am 18. August 1258 starb, war die Regentschaft für seinen minderjährigen Sohn Ioannes (IV.) dem Muzalon übertragen.

3. Das Despotat/Kaiserreich von Epiros

Michael I. Komnenos Dukas, ein Vetter des Kaisers Isaakios II. Angelos, war zunächst in Diensten des Bonifatius, setzte sich dann aber nach Westgriechenland in das Thema von Nikopolis am adriatischen Meer ab (Zentrum: Arta). Hier entstand rasch eine funktionierende, durch schwer zu überquerende Gebirgsketten gesicherte Herrschaft von etwa Dyrrhachion bis zum Golf von Korinth (Naupaktos), die viele Flüchtlinge aus den lateinisch eroberten Gebieten aufnahm. Kirchlich unterstellte er sich Papst Innocentius III., da ihn der Patriarch Ioannes X. Kamateros nicht anerkennen wollte. Heinrich von Konstantinopel verlangte seine Gefolgschaft, doch einigte man sich auf eine Heiratsallianz. Michaels Ziel war die Einnahme Thessalonikes. Das Bündnis mit Venedig führte zu keinem Erfolg (1209), der Despot konnte aber Larissa in Thessalien (1212) sowie Dyrrhachion und Kerkyra einnehmen (1214). 1215 wurde er ermordet, als er gegen die Serben kämpfte.

Peter von Courtenay

Sein Nachfolger wurde Theodoros Komnenos Dukas, Sohn des *sebastokratōr* Ioannes Dukas, der zunächst bei Theodoros I. Laskaris diente, um 1210 aber nach Epiros kam. Im April 1217 wurde Peter von Courtenay als Nachfolger Heinrichs († 11. Juni 1216) von Papst Honorius III. (1216–1227) zum lateinischen Kaiser gekrönt. Auf seinem Weg nach Konstantinopel wurden Peter und Würdenträger (darunter ein Kardinal) von Theodoros, der die Gunst der Stunde erkannte, gefangen genommen. Der Papst protestierte und mobilisierte seine Verbündeten. Peter starb in seiner Haft, seine Frau Jolante von Flandern († 1219) schaffte es bis ans Goldene Horn und trat die Regierung für ihre Söhne Robert und Balduin II. an. Der Kardinal wurde nach immer stärkerem Druck – Theodoros ordnete sich auch kurzfristig dem Papst unter – freigelassen. Theodoros Angelos, beflügelt durch seinen taktischen Erfolg, strebte den Kaiserthron an, allerdings war er nur ein regionaler, nicht gekrönter Herrscher. 1221 erhielt Robert von Courtenay (1221–1228) die Insignien und verstärkte die Kontakte zu Nikaia. Theodoros Angelos, der sich als Wiederhersteller und Beschützer des orthodoxen Glaubens verstand, vergrößerte seine Besitzungen, und im Dezember 1224 nahm er schließlich (das Königreich) Thessalonike ein. Dadurch konnte er an seine Krönung denken (1225 oder 1227 in Thessalonike durch Demetrios Chomatenos, Erzbischof von Ochrid). Dies ist auch als eine (späte) Reaktion auf die Investitur des Theodoros I. Laskaris 1208 zu werten.

Ziel von Theodoros war die Rückeroberung Konstantinopels, allerdings strebte das auch der bulgarische Zar Iwan (Ioannes) Asen II. (1218–1241) an, der die Gebiete Kalojans um Tărnovo vereinigt hatte. Theodoros von Epiros marschierte nicht direkt nach Osten, sondern entschied sich, zuerst nach Tărnovo zu ziehen. Allen Erwartungen zum Trotz wurde die epirotische Armee am 9. März 1230 bei Klokotnica von einer bulgarischen, bunt zusammengewürfelten Streitmacht besiegt, Theodoros gefangen genommen und als Geisel am Hofe Asens zunächst ehrenvoll behandelt, dann aber geblendet. Der bulgarische Zar machte in der Folge große Gebietsgewinne von Thessalien bis nach Albanien, das Despotat von Epiros verkleinerte sich, selbstständige Herrschaften entwickelten sich (Akarnanien, Thessalien). In Thessalonike wurde Manuel (mit Asens Tochter Maria verheiratet) als Regent eingesetzt, der sich mit kaiserlichen Insignien versah.

Schlacht von Klokotnica

Michael Angelos, Bruder von Theodoros, kehrte aus seinem Exil zurück und trat in Epiros die Herrschaft an.

Als kluger Politiker verstand es Asen, sowohl mit Epiros (mittels des gefangenen *despotes* Theodoros) als auch mit Nikaia (durch die Verheiratung seiner Tochter Helena Theodoros II. Laskaris 1235 in Lampsakos) kontrolliert Politik zu betreiben. Theodoros von Epiros wurde 1237 freigelassen, da der bulgarische Zar die Tochter Theodoros', Eirene, geheiratet hatte. Ihm wurde erlaubt, Thessalonike zu erobern, was wider Erwarten auch gelang. Manuel wurde ins Exil nach Attaleia geschickt und Ioannes, Theodoros' Sohn, wurde als Nachfolger installiert. Theodoros zog sich nach Bodena zurück, von wo aus er die politischen Fäden zog. Manuel kam mit Unterstützung des Ioannes Batatzes 1239 nach Thessalonike zurück, man einigte sich auf eine Teilung der Herrschaft in Thessalien (Manuel) und Thessalonike (Ioannes). Als Manuel 1241 starb, ging Thessalien wieder an Thessalonike bis 1244 († Ioannes), 1246 übernahm Ioannes Batatzes die Stadt nach Vorverhandlungen kampflos und setzte den Herrscher Demetrios gefangen. Thessalonike gehörte nun zu Nikaia. 1252 wurde Theodoros Angelos wegen abermaliger Unabhängigkeitsbestrebungen festgenommen und nach Nikaia gebracht, wo er kurz darauf starb. Das Despotat von Epiros durchlebte eine wechselvolle Geschichte bis zur endgültigen Eroberung durch die Osmanen 1449.

Thessalonike

Nach 1204 konnte sich das lateinische Kaiserreich in Konstantinopel nur zaghaft formieren. Auf den Verlust des Reichszentrums reagierten die Oströmer mit der Bildung voneinander unabhängiger Herrschaftsgebiete (Trapezunt, Nikaia und Epiros), die um die Legitimation und Nachfolge des byzantinischen Kaisertums stritten. Das Kaiserreich von Nikaia setzte sich letztendlich auf der Basis seiner diplomatischen, militärischen und wirtschaftlichen Erfolge durch. Die erste Hälfte des 13. Jahrhunderts ist durch eine Regionalisierung von Einzelinteressen sowohl auf byzantinischer als auch auf lateinischer Seite gekennzeichnet.

XIV. Die Familie Palaiologos (1261–1453) – Fragmentarisierung und Marginalisierung

1259	Schlacht bei Pelagonia
1261	Rückeroberung Konstantinopels, Vertrag mit Genua
1272/1274	Konzil von Lyon, Kirchenunion (nicht umgesetzt in Konstantinopel)
1282	„Sizilianische Vesper“, gegen Karl I. von Anjou gerichtet
1302	Katalanische Kompanie in Konstantinopel
1311	Katalanen in Athen, Herrschaft bis 1379
1337	Nikomedeia osmanisch
1341–1347	Bürgerkrieg in Byzanz
1347–1352	Pest in Byzanz
1354	Osmanen nehmen Kallipolis ein
1369	Adrianopel osmanisch
1388	Ende des bulgarischen Reiches durch Osmanen
1389	Schlacht am Amselfeld, Serben unterliegen
1396	Schlacht bei Nikopolis
1397	1. Griechisch-Lehrstuhl in Florenz
1402	Osmanen verlieren gegen Timur Lenk, Sultan Bayezid in Gefangenschaft
1422	Belagerung Konstantinopels
1423	Thessalonike venezianisch
1430	Thessalonike osmanisch
1438/39	Konzil von Ferrara-Florenz
1444	Sieg der Osmanen in Varna
1453,	29. Mai Konstantinopel fällt
1460	Mistras an Osmanen
1461	Kaiserreich von Trapezunt osmanisch

Michael VIII. Palaiologos (1261–1282)

Michael machte unter Ioannes III. und Theodoros II. eine militärische Karriere, wobei er früh Ambitionen zur Machtübernahme zeigte und sich zum seldschukischen Sultan absetzen musste, der ihn ehrenvoll empfing. Er hoffte, mit diesem fähigen General Kompetenzen gegen eine drohende mongolische Invasion zu gewinnen. Theodoros II. holte Michael zurück, welcher schwören musste, die Macht nicht zu usurpieren und seinem Sohn Ioannes IV. die Treue zu halten. Nach dem Tod Theodoros' II. (1254–1258) sollte sein Nachfolger Ioannes IV. bis zu seiner Volljährigkeit unter der Obhut von Georgios Muzalon und dem Patriarchen Arsenios Autoreianos (1255–1260/1261–1267) stehen. Muzalon wurde von der aristokratischen Oberschicht angefeindet und Michael Palaiologos nutzte diese negative Stimmung aus. Ende August 1258 wurden während eines Memorialgottesdienstes für Theodoros II. in Sosandra bei Magnesia Georgios Muzalon samt Angehörigen vor dem Altar niedergemacht. Michael Palaiologos regierte nun für den minderjährigen Thronfolger, erhielt den *despotēs*-Titel und wurde zu Beginn 1259 zum Mitkaiser gekrönt.

Außenpolitisch hatte Michael VIII. einen Konflikt mit Manfred von Sizilien, Sohn Friedrichs II. von Hohenstaufen, auszufechten. Manfred schloss sich mit dem Despotat von Epiros, dem Fürstentum Achaia und König Stefan Uroš I. von Serbien (1243–1276) gegen Nikaia zu einer Allianz zusammen. Er überquerte von Apulien aus die Adria und konnte Kerkyra besetzen. Die antibyzantinische Koalition marschierte daraufhin Richtung Makedonien. Michael VIII. schickte seinen Bruder Ioannes Palaiologos ins Feld. Bei Pelagonia, in der westmakedonischen Gegend um Bitola gelegen, kam es zu einer Schlacht (1259), in deren Verlauf Wilhelm II. von Villehardouin, Prinz von Achaia, gefangen genommen wurde. Für seine Freilassung musste dieser einige wichtige strategische Punkte auf der **Peloponnes** an die Byzantiner (von Nikaia) zurückgeben.

Schlacht bei Pelagonia

E

Peloponnes
Die Peloponnes war bis zum Ende des 8. Jahrhunderts abgesehen von Handelsstützpunkten nur zum Teil unter byzantinischer Kontrolle; im 11. Jahrhundert wurde die Peloponnes dem Thema Hellas angeschlossen und Korinth zum Hauptort bestimmt. Im Gefolge des 4. Kreuzzuges wurde die Halbinsel den Venezianern zugeteilt, dann aber von drei fränkischen Fürsten, Bonifatius I. von Montferrat, Gottfried von Villehardouin und Wilhelm von Champlitte, erobert. Wilhelm wurde als *princeps totius Achaiae provinciae* eingesetzt und das gesamte Fürstentum in zwölf Baronien unterteilt. Zahlreiche Festungsbauten (z.B. Kastell Tornese bzw. Chlemutzi, die Feste Passavant, Maina, Mistras), aber weniger sakrale Bauten (in Andravida, dem Verwaltungszentrum der Morea ab 1295, Reste des Ostchores einer gotischen Kirche, die zu einem Dominikanerkloster gehörte) stehen noch. Die Villehardouin besaßen Mistras am Rand der lakonischen Ebene (s. unten S. 136–137).

Michael Palaiologos spürte nach diesem Erfolg in Pelagonia Aufwind, erhöhte den Druck gegen die Venezianer und verschaffte den Genuesen ähnliche Privilegien wie Venedig 1082. Die Rückeroberung der alten Reichsstadt lag in der Luft. Im Juli 1261 hielt sich der Feldherr Alexios Strategopulos in der Nähe von Konstantinopel auf, und er bemerkte, dass die Stadt kaum bewacht war. Die Venezianer hatten die Häfen in Richtung Daphnusia im Schwarzen Meer verlassen, und kurzerhand startete er eine Expedition gegen die Hauptstadt Konstantinopel, die er mit Unterstützung der griechischen Bevölkerung am 25. Juli 1261 einnehmen konnte. Drei Wochen später zog Michael triumphal ein und wurde vom Patriarchen Arsenios ein zweites Mal gekrönt. Der Erfolg wurde der Unterstützung durch den Erzengel Michael zugeschrieben. Der „neue Konstantin" Michael ließ vor der Apostelkirche eine Säule mit dem Erzengel errichten und sich am Fuß des Monuments mit einem Stadtmodell darstellen, welches er dem Engel offerierte.

Die Rückeroberung Konstantinopels

Die mehr als 50-jährige Herrschaft der Lateiner hatte die Stadt wirtschaftlich ruiniert, der einstige Reichtum war hauptsächlich nach Genua oder Venedig abgeflossen. Die Venezianer mussten nun ihr Viertel in Konstantinopel verlassen, die Genuesen durften sich in Pera/Galata, also auf der anderen Seite des Goldenen Horns, niederlassen.

Kirchen und Befestigungsanlagen wurden wiederhergestellt (ein besonderes Denkmal des Renovierungswillens stellt das Mosaik der *Deēsis* [„Fürbitte"; Christus zwischen der Mutter Gottes und Ioannes dem Täufer] in der Südempore der Hagia Sophia dar).

Eine Flottenaufrüstung trotz begrenzter finanzieller Mittel war beabsichtigt.

Ioannes IV.

Ioannes IV., der legitime Nachfolger aus der Laskaridenfamilie, wurde von Michael nicht in seine Planungen miteinbezogen. Um einen Thronanspruch unmöglich zu machen, entschied sich Michael, Ioannes IV. am 25. Dezember 1261 (an seinem elften Geburtstag) blenden und damit amtsunfähig machen zu lassen. Er wurde in einer bithynischen Festung inhaftiert. Was Michael nicht einkalkuliert hatte, war der sofortige Protest seitens des Klerus, vornehmlich von dem Patriarchen Arsenios Autoreianos, der beide, Michael und Ioannes, gekrönt hatte. Arsenios exkommunizierte den Souverän wegen dieser Verfehlung und bis 1264 war dieser Zustand ungelöst, als er Michael Arsenios durch einen Synodalbeschluss absetzen ließ. Die Anhänger Arsenios', die Arseniten, formierten sich zu einer starken antikaiserlichen Partei.

Karl von Anjou

Karl, Bruder Ludwigs IX. von Frankreich, wurde zum König von Sizilien und Neapel ernannt, nachdem er Manfred hatte besiegen und töten können. Karl übernahm die außenpolitischen Vorgaben seines Vorgängers und organisierte wie Manfred eine antibyzantinische Allianz.

Kirchenunion

Michael VIII. bekam Unterstützung durch die Päpste Klemens IV. (1265–1268) und Gregor X. (1271–1276), die vehement eine Kirchenunion einforderten. Die Kirchenunion wurde seit dem 9. Jahrhundert immer wieder diskutiert. Gemeinhin gilt das Jahr 1054 als der Beginn des „Großen Schismas" (zwischen Papst Leo IX. und Patriarch Michael Kerullarios), der endgültige Bruch zwischen katholischer und orthodoxer Kirche war 1204 eingetreten, als auch ein lateinisches Patriarchat in Konstantinopel eingesetzt wurde, das von der Orthodoxie nicht anerkannt war. Unionsbestrebungen gab es von beiden Seiten, für die katholische Kirche wäre der Einflussbereich angewachsen, für die Byzantiner wäre (vermeintliche) militärische Unterstützung gegen Bedrohung von außen die attraktive (weltliche) Komponente eines Zusammengehens gewesen; diese Schwäche und Erpressbarkeit der byzantinischen Seite bemerkten das Papsttum und westliche Machthaber früh.

Michael versuchte, ein Bündnis gegen Karl zu entwickeln, und initiierte Vereinbarungen mit den Ungarn, den Tartaren der Goldenen Horde in Russland und den Mamluken in Ägypten. Die Venezianer spielte er gegen die Genuesen aus. Trotz der Ausbreitung der wiedererstarkenden byzantinischen Zentralmacht blieben Epiros und Thessalien sowie Trapezunt noch unabhängige Herrschaften und damit unsichere Koalitionspartner.

Konzil von Lyon

Michael ließ sich mit den Unionsverhandlungen so lange Zeit, bis ihn Papst Gregor X. dazu drängte; 1274 wurde auf dem 2. Konzil von Lyon die Union beschlossen, die orthodoxe Kirche also formal dem Papsttum unterstellt. Michael hatte ohne Abstimmung mit kirchlichen Würdenträgern zuhause ein Dokument unterzeichnet, in dem er sein Bekenntnis bekräftigt hatte. Byzantinischen Kaisern oblag es seit jeher, im Sinne der orthodoxen Kirche zu entscheiden, um sie zu beschützen; Michael erhielt im Gegenzug päpstliche Unterstützung gegen Karl I. Der Patriarch Ioseph I. (1267–1275) billigte das Unionsabkommen nicht und wurde wie sein Vorgänger kurzerhand abgesetzt, was aber keinen Stimmungsumschwung (für die Union) in Konstantinopel mit sich brachte. Der neue Patriarch Ioannes XI. Bekkos (1275–1282) akzeptierte zwar die kaiserliche Meinung – die serbische orthodoxe Kirche (seit 1219 unabhängig oder autokephal, Sitz des Erzbistums zunächst Žiča, ab 1253 Peć) und das bulgarische Patriarchat in Tărnovo (seit 1235) aber nicht.

Trotz des Widerstandes der Arseniten und der Partei um den geblendeten Ioannes IV. hinderte Michael nichts daran, eine entschiedene Aktion gegen Karl von Anjou einzuleiten, der weiterhin seine Rüstungen gegen Byzanz betrieb und dem sich 1281 der neue Papst Martin IV. (1281–1285) anschloss. An der Balkangrenze gab es ein bedrohliches Vorrücken der Serben, Stefan Uroš II. (1282–1321) marschierte in Makedonien ein.

Michael wandte nur durch diplomatisches Geschick eine Katastrophe ab: Er fädelte einen Kontakt zu Peter III. von Aragón, dem Schwager von Manfred, ein. Michael investierte eine große Summe an Bestechungsgeldern in Sizilien gegen die Anjous, welche dort nicht sonderlich beliebt waren. Im März 1282 fand eine Revolte („Sizilianische Vesper") statt, die Karl dazu zwang, seine Expedition gegen Konstantinopel abzubrechen und alle Kräfte in Sizilien einzusetzen. Doch die Aragonesen vertrieben das Geschlecht der Anjou. Sizilien 1282

Michael hatte für seine Erfolge einen hohen, vielleicht zu hohen Preis bezahlt, denn im Inneren war das Reich, das sich 20 Jahre zuvor wieder so euphorisch am Goldenen Horn behaupten konnte, keineswegs gefestigt und vereinheitlicht. Michael hatte vor allem eines – in den Augen der Orthodoxie Verwerfliches – getan: Er hatte zum ersten Mal die byzantinische Kirche der westlichen untergeordnet. Die Ereignisse von 1204 und die lange lateinische Dominanz waren noch nicht aus dem kollektiven Gedächtnis verschwunden.

Andronikos II. (1282–1328)

Andronikos II., knapp 24-jähriger Sohn und **Mitkaiser** (seit 1272) Michaels VIII., übernahm ein schwieriges Erbe.

Mitkaiser E

Anders als in der mittelbyzantinischen Zeit war der Mitkaiser nun dem Hauptkaiser titular gleichgestellt (siehe oben S. 78). Mit der Erlaubnis des Hauptkaisers durfte der Mitkaiser den Basileus- und Autokrator-Titel führen. Dieses Faktum ist in Zusammenhang mit der Zersplitterung des Reiches zu sehen, da eine zentralistische Regierung in dieser Zeit aufgrund der Teilherrschaften kaum mehr möglich war. Die Gesamtherrschaft eines Kaiserhauses wurde angestrebt.

Nach dem Tod seiner ersten Frau Anna von Ungarn 1284 wurde Irene (Jolante) von Montferrat seine neue Gemahlin. Damit konnte er die Ansprüche des Hauses von Montferrat auf Thessalonike neutralisieren und ein gewisses Gegengewicht zu den lateinischen Fürstentümern in Griechenland bilden. Jolante aber schlug (westlichen Vorstellungen entsprechend) vor, die byzantinischen Gebiete auf ihre Söhne aufzuteilen. Doch Andronikos war strikt dagegen, Jolante/Eirene verließ daraufhin die Hauptstadt in Richtung Thessalonike und knüpfte Beziehungen mit dem serbischen Zaren Stefan Uroš II. Milutin (1282–1321) an: Sie wollte einen ihrer Söhne zu seinem Nachfolger bestimmen, doch hatte sie keinen Erfolg damit.

Andronikos kündigte die Kirchenunion von 1274 auf, was ihm Zustimmung seitens der Bevölkerung und des Klerus brachte. Anstelle des Ioannes Bekkos wurde sein Vorgänger Ioseph schwer krank wieder eingesetzt. Dieser verfügte, dass alle unionistischen Priester drei Monate lang vom Sakrament fernbleiben müssten. Die Hagia Sophia wurde mit geweihtem Wasser gereinigt und wieder eingeweiht. Bekkos wurde von einer Synode ins Exil geschickt. Michael VIII. solle dem Bann verfallen, es durften keine Memorialgottesdienste abgehalten und ihm kein christliches Begräbnis erlaubt werden.

Der Arsenitenstreit

Am 23. März 1283 starb der Patriarch Ioseph und die Arseniten rechneten damit, dass einer aus ihren Reihen nachfolgen würde. Andronikos dachte, in dem Gelehrten Georgios Kyprios einen Kompromisskandidaten gefunden zu haben (nun Gregorios II.). 1284 kam es zu einem Versuch der Versöhnung auf der Synode von Adramyttion (gegenüber von Lesbos). Zunächst akzeptierten die Arseniten den Patriarchen Gregorios, kurz darauf widersetzten sie sich ihm, woraufhin Gregorios II. alle anathematisierte, die ihn nicht anerkannten. Andronikos versuchte, die Arseniten zu beruhigen, indem er ihnen gestattete, den Leichnam des Arsenios aus Prokonnesos nach Konstantinopel zu bringen. 1285 wurde Ioannes Bekkos der Häresie angeklagt und zu einer Kerkerstrafe verurteilt.

Gegen Gregorios II. regte sich auch Widerstand in theologischer Hinsicht (wegen der strittigen Positionen über den Heiligen Geist). Ioannes von Ephesos und Theoleptos von Philadelpheia argumentierten gegen ihn und nach einem freiwilligen Verfahren trat Gregorios 1289 von seinem Amt zurück. Daraufhin war der Patriarchenstuhl einige Monate vakant. Was bei dem arsenitischen Schisma bzw. Streit klar wird, ist, dass es sich auch um eine politische Angelegenheit handelte, denn Anhänger des Arsenios wie Ioannes Tarchaneiotes konspirierten gegen den Kaiser. Die Spannungen und Streitigkeiten hielten noch bis in das beginnende 14. Jahrhundert an, doch verliefen sie sich dann allmählich, da die Anhänger ihre Plätze in der kirchlichen Hierarchie fanden. Nach der Abdankung des Patriarchen Athanasios I. (1303–1309) endete der Streit versöhnlich (1310). Die orthodoxe Kirche bekam einen immer größeren Einfluss im politischen Leben. Bezeichnend ist in diesem Zusammenhang auch, dass Andronikos II. im November 1312 dem Patriarchen die Athosklöster unterstellte. Seit Alexios I. Komnenos standen die Klöster unter kaiserlicher Obhut, und der Protos, der Vorsitzende im Rat der Äbte, wurde nun vom Patriarchen bestimmt.

Wirtschaftlich musste Andronikos zu intensiven Einsparungen übergehen. Das Söldnerheer wurde reduziert, die Flotte aufgelöst. Der Goldgehalt des Hyperpyron wurde reduziert und büßte gegenüber den harten Währungen der Seerepubliken ein.

Venedig gegen Genua

Andronikos hatte sich entschlossen, mehr mit den Genuesen zusammenzuarbeiten; 1294 brach ein Konflikt zwischen Venedig und Genua um die Vorherrschaft im Osten aus, der in einem Friedensschluss 1299 endete. Byzanz musste nun einen Ausgleich mit den Venezianern schaffen (1302), bei dem diese alle alten Handelsprivilegien bestätigt bekamen. Die Genuesen behielten Galata jenseits des Goldenen Hornes und 1304 besetzte der Genuese Benedetto Zaccaria die Insel Chios. Um 1300 war fast das gesamte Kleinasien von Türken besiedelt, nur wenige Plätze waren noch byzantinisch: Nikaia, Nikomedeia, Bursa, Sardes, Philadelpheia, Magnesia und einzelne Hafenstädte. Möglicherweise erkannte der Kaiserhof nicht, dass sich die Türken dauerhaft niederzulassen begannen und die Bauern und Landbesitzer sich in den Grenzregionen oftmals den Türken anschlossen, da die byzantinische Steuerlast zu drückend war. Außerdem fanden viele Seeleute/Marinesoldaten eine neue Beschäftigung in den Flotten der türkischen Emire der Südküsten Kleinasiens. Andronikos hatte zum ersten Mal militärischen

Kontakt mit den Türken im Jahre 1278 – dort lernte er sicher die Taktik der Gegner kennen und auch die Gefahr, die davon ausging.

1290 verließ Andronikos III. die Hauptstadt und setzte nach Bithynien über. Auf dem Weg nach Nikomedeia besuchte er – um Versöhnung bemüht – Ioannes IV. Laskaris in seinem Gefängnis in einer Burg am Marmarameer (Dakibyze), wo er, nun um die 40 Jahre alt, blind und abgeschottet sein Leben fristete.

Andronikos schickte eine Armee unter seinem Bruder Konstantinos Porphyrogennetos und Michael Strategopulos Richtung Nymphaion voraus. Der Kaiser blieb etwa drei Jahre lang in der Region und inspizierte die befestigten Städte der Region (Nikaia, Bursa, Lopadion). 1293 war Andronikos III. wieder in der Hauptstadt und begann, kretische Flüchtlinge entlang der Grenzregionen anzusiedeln, um die Verteidigung dort sicherzustellen. Die beabsichtigte Grenzverstärkung erwies sich als wenig effektiv, da Neuangesiedelte zu den Türken übergingen.

Der Versuch, alle Gewinne aus kirchlichem Besitz für Militärausgaben zu verwenden, scheiterte. Der Patriarch Athanasios I. sandte dem Kaiser kommentarlos einen Olivenzweig. Einige tatkräftige Bischöfe erneuerten allerdings die Verteidigungsanlagen ihrer Bischofssitze auf eigene Faust (z.B. in Kyzikos, Philadelpheia, Magnesia).

Alexios Philanthropenos

Alexios Philanthropenos, Kommandant in der Region von Nymphaion und Lydien, gelang es, die Türken über den Mäander zurückzudrängen und sogar Gebietsgewinne zu machen (z.B. Melanudion). 1295 rebellierte Philanthropenos und wurde zum Kaiser ausgerufen. Trotz der Unterstützung durch die Bevölkerung ließ ihn sein kaisertreuer Kollege Libadarios festnehmen und im Dezember 1295 blenden.

Alanen

Andronikos versuchte, die Alanen militärisch einzubinden. Im Jahre 1302 kamen sie (etwa 10000–16000 Personen) auf der Flucht vor den Mongolen über die Donaugrenze nach Süden und baten in Byzanz um Asyl. Unter der Führung von Andronikos' Sohn Michael IX. zogen sie im Frühjahr 1302 nach Kleinasien Richtung Hermosfluss nach Magnesia. Michaels Front bröckelte ab, als die Türken starke Truppen positionierten. Er setzte sich in Richtung Pergamon nach Westen ab, die Alanen folgten ihm. Panisch flüchtete die Bevölkerung in andere byzantinische Stützpunkte, die Alanen erreichten Kallipolis. Fast gleichzeitig wurde ein Teil der Alanen, die zur Sicherung der Grenze am Sangariosfluss in Bithynien abbestellt waren, von den Türken zurückgedrängt und am 27. Juli 1302 bei Bapheus nahe Nikomedeia besiegt. Der Historiograf Georgios Pachymeres nennt auch zum ersten Mal ihren Anführer: Atman (= Osman/Othman).

Die katalanische Kompanie

Ein Hoffnungsschimmer tat sich allerdings auf, als Roger de Flor, der Befehlshaber der Katalanischen Kompanie, dem Kaiser seine Dienste anbot. Die Katalanen aus dem Nordosten Spaniens hatten Friedrich von Sizilien im Kampf gegen die Anjou unterstützt. Nach dem Friedensschluss von Caltabellota (31. August 1303) zwischen Aragonesen und Anjou (über die Aufteilung der Einflusssphären im Mittelmeer) hatten sie keine Einkünfte mehr. 1303 kam Roger de Flor, der Sohn eines deutschen Falkners, mit 6500 Mann am Goldenen Horn an, Andronikos leistete Soldvorauszahlungen. 1304 drängten die Byzantiner die Türken aus Kyzikos zurück, wobei sie in der Stadt so viel Schaden anrichteten, dass Roger sich genötigt sah, den Einwohnern Reparationen zu zahlen. Sie zogen nach Pegai und dann in Richtung Philadelpheia. Die Erfolge der Katalanen waren insgesamt bescheiden und ihr Auftreten muss teilweise auf Unverständnis gestoßen sein. In Magnesia wurde die Beute Rogers gelagert, die Stadt wurde als Basis eines katalanischen Fürstentums angedacht. Roger wurde der Zugang gesperrt, er musste seine Belagerung wegen Wintereinbruchs abbrechen und in Kallipolis (Gallipoli) ausharren. Roger de Flor bekam den *kaisar*-Titel, wurde bei einem Treffen mit Michael IX. aber von einem Alanen niedergemacht (4. April 1305). Die Katalanen wandten sich unter ihrem neuen Anführer Berenguar de Rocafort wegen ausstehender Soldzahlungen gegen den Kaiser. Kallipolis wurde als Stützpunkt für Plünderungen ausgebaut. Michael IX. wurde 1305 bei Apros vernichtend geschlagen. In dieser aussichtslosen Lage befahl Andronikos II., die Gebiete zwischen Selymbria und Konstantinopel unter Vernichtung der Ernte zu verlassen. Städte wie Didymoteichon oder Adrianopel trotzten allerdings der katalanischen Bestürmung. Die Katalanen zogen weiter nach Westen, da Thrakien fast vollständig ausgeplündert war. Die Athosklöster wurden überfallen, Thessalonike wurde aber nicht eingenommen; Ioannes II. Dukas von **Thessalien** (1303–1318) warb die Katalanen als Söldner an.

E

Thessalien
Thessalien ist eine fruchtbare Landschaft in Zentralgriechenland, südlich des Themas Makedonia und nördlich von Hellas gelegen. Im Westen wird es durch das Pindosgebirge von Epiros getrennt; die große Ebene am Peneios-Fluss ist von Gebirgen umrahmt, Zentralort war Larissa (andere wichtige Siedlungen: Trikala, Stagoi/Lamia und Neopatras/Demetrias und Nea Anchialos); nach 1204 stritten sich lateinische Fürsten, Epiros und Nikaia um die Region; Ioannes I. Dukas (1267/68?–89?) errichtete ein unabhängiges Territorium mit dem Hauptort Neopatras und expandierte nach Osten und Westen (Ätolien und Akarnanien). Gegen Nikaia, den Fürsten von Athen und Karl von Anjou konnte er sein Gebiet verteidigen; Ioannes II. war zum Westen hin orientiert (1303–1318) und suchte Kontakte zu den Venezianern, die landwirtschaftliche Produkte aus Thessalien bezogen; die katalanische Kompanie hatte Thessalien zum Ziel (1309).

Athen

1310 zogen die Katalanen weiter Richtung Grafschaft Athen, wo sie Walter von Brienne (Gautier de Brienne), *dux* von Athen, in der Schlacht am Kephissos bei Theben (15. März 1311) schlugen und die burgundische Herrschaft beendeten. Sie baten um Schutz bei Friedrich II. von Sizilien (1296–1337) und errichteten ihre Herrschaft mit dem Zentrum Theben (Herzogtümer von Athen und Neopatria). Die Zustände in Thessalien änderten sich nach dem Tod Ioannes' II. Der Kaiser beanspruchte zwar das Gebiet, konnte aber nur im Norden unter Schwierigkeiten Fuß fassen. In Thessalien gab es eine starke Aristokratie (z.B. die Familie Melissenos). 1379 wurde Theben von der navarresischen Kompanie erobert, Athen fiel 1388 an den Florentiner Nerio I. Acciajuoli. Eine Hauptquelle für die Geschichte der Katalanen stellt die Chronik von Ramón Muntaner dar. Die Katalanen waren für die wirtschaftliche Infrastruktur des byzantinischen Reiches ein enormer Schaden, da sie als Söldner nur auf Beute aus waren und zunächst nicht an eigene Herrschaft dachten. So stieg der Salzpreis; der Zuzug von Flüchtlingen nach Konstantinopel bewirkte Versorgungsengpässe.

Peloponnes

Waren Attika und Boiotien verloren, so zeigten die Byzantiner zumindest auf der Peloponnes wieder stärkere Präsenz. 1308 änderte Andronikos II. den alljährlichen Wechsel des dortigen Statthalters. Michael Kantakuzenos verwaltete zunächst bis zu seinem Tode 1316 die Gebiete dort, Nachfolger wurde Andronikos Asen (1316–1323). Die befestigte Siedlung Monemvasia erhielt wichtige Handelsprivilegien

Von Bulgarien ging nach dem Tode des Khan Nogai (1299), des Führers der Goldenen Horde, wieder stärkerer Druck aus. Der Zar Todor Svetoslav (1300–1322) konnte die geschwächte Position von Byzanz ausnutzen und einige Hafenstädte am Schwarzen Meer (Mesembria und Anchialos) besetzen; 1307 kam es zu einem Friedensvertrag.

1318 starb die Dynastie der Angeloi aus. In Epiros wurde der *despotēs* Thomas von seinem Neffen Nikolaos Orsini aus dem Weg geräumt. Dieser kam aus Kephallenia und vermählte sich dann mit Anna, der Witwe Thomas' und Tochter Michaels IX. Er konvertierte zum orthodoxen Glauben und erhielt den *despotēs*-Titel. Damit waren Teile Epiros' wieder byzantinisch.

Der Versuch, die Mongolen in den Kampf gegen die Osmanen einzubinden, brachte kein Ergebnis.

Nachfolge

Andronikos II. wollte immer, dass sein ältester Sohn und Mitkaiser (seit 1294) Michael, der Sohn seiner ersten Gattin Anna von Ungarn, ihm auf den Thron folgte. Lange Zeit erhoffte man sich, dass er Katharina von Courtenay, die lateinische Titularkaiserin von Konstantinopel, ehelichen würde, aber 1301 ging sie mit der Heirat von Karl von Valois, dem Bruder des französischen Königs, eine schwerwiegendere Verbindung ein. Andronikos' zweite Frau Yolanda/Eirene von Montferrat (1284 geheiratet) hatte drei Söhne, für die sie sich Hoffnungen auf den Thron machte.

Michael IX.

Michael zeichnete sich durch keine glänzende Karriere aus, nach der Schlacht von Halil residierte er in Thessalonike. Er ehelichte Maria/Rita von Kleinarmenien; ihr Sohn Andronikos (* 1296) wurde zusammen mit seinem Bruder Manuel im Palast seines Großvaters erzogen; Andronikos entwickelte bald Herrschaftsambitionen. Eirene/Adelheid von Braunschweig (Tochter Heinrichs I., Herzog von Braunschweig-Lüneburg, † 1324), wurde mit ihm im Oktober 1317 verheiratet. Irrtümlich ermordete Andronikos seinen Bruder Manuel, Michael IX. verstarb kurz darauf (12. Oktober 1320). Andronikos II. enterbte seinen Neffen und setzte an seine Stelle den Despoten Konstantinos, den Bruder Michaels IX., ein.

Streit um Vorherrschaft

Andronikos III. begann nun einen (in der Rückschau unnötigen) Krieg gegen seinen Großvater. Die Hauptpersonen in diesem Aufstand waren neben Andronikos III. Ioannes Kantakuzenos, Syrgiannes Palaiologos und Theodoros Synadenos. Ioannes Kantakuzenos stammte aus einer reichen Familie, sein Vater war Statthalter der Peloponnes gewesen, seine Mutter war mit der Palaiologenfamilie verwandt. Syrgiannes und Kantakuzenos verschafften sich Statthalterschaften in Thrakien und wählten diese als Basis für ein Vorgehen gegen Andronikos II. Andronikos III. wurde wegen Umsturzverdachts festgenommen, konnte aber zu Ostern 1321 aus der Hauptstadt entfliehen. Andronikos II. ließ seinen Neffen exkommunizieren und am 6. Juni 1321 wurde das Reich geteilt: Andronikos III. (in Adrianopel) und Andronikos II. (in Konstantinopel) regierten als gleichberechtigte Herrscher. Nach erneuten Auseinandersetzungen wurde im Juli 1322 ein zweites Mal ein Ausgleich zwischen den beiden Andronikoi hergestellt. Der Enkel solle über das gesamte Reich als Kollege Andronikos' II. regieren. Andronikos III. residierte in Didymoteichon. Am 2. Februar 1325 wurde Andronikos III. schließlich in der Hagia Sophia zum Kaiser gekrönt. 1327 brach die Auseinandersetzung zwischen Großvater und Neffen erneut aus, wobei sich der ältere Andronikos mit einer schwindenden Unterstützung konfrontiert sah, nur sein Vertrauter Theodoros Metochites hielt noch zu ihm. Am 23. Mai 1328 drangen schließlich Männer Andronikos' III. in die Hauptstadt ein. Trotz Verbots wurden Häuser reicherer Leute, darunter das des Metochites, geplündert. Metochites wurde ins Exil geschickt, ihm wurde aber erlaubt, in die Hauptstadt zurückzukehren und in seinem Kloster (Chorakloster) seine letzte Zeit zu verbringen. 1332 starben sowohl Andronikos II. als auch Theodoros Metochites.

Theodoros Metochites

Andronikos III. (1328–1341)

Schon im Oktober 1326 hatte er seine zweite Frau Johanna/Anna, die Tochter des Grafen Amadeus V. von Savoyen, geheiratet, die ihm einige Kinder, darunter Ioannes (V.) Palaiologos (18. Juni 1332), gebar. Die Administration des Staates lag in den Händen des *megas domestikos* Ioannes Kantakuzenos. Zwischen 1328 und 1340 sah es so aus, dass sich das Reich wieder etwas erholte, der Bürgerkrieg war überstanden und zumindest Nordgriechenland war wieder byzantinisch. Ziel der Politik war es, die Peloponnes komplett zu erobern.

Serbien und Bulgarien

Das serbische Königreich erstarkte; das byzantinische Bündnis mit Michael Asen III. (1323–1330) wirkte sich kaum aus, da dieser gegen die Serben in Velbužd (Küstendil) fiel (28. Juni 1330); Andronikos III. zog sich rasch zurück. In Bulgarien wurde die Schwester des Serbenkönigs Anna und ihr Sohn Stefan installiert. Durch die Niederlage Bulgariens wurden Mesembria und Anchialos wieder byzantinisch. In Tărnovo übernahm Ioannes (Ivan) Alexander (1331–1371) die Herrschaft, in Serbien Stefan Dušan (1331–1355). Ioannes und Stefan schlossen einen Freundschaftsvertrag. Stefan Dušan heiratete Helena, die Schwester von Ioannes Alexander. 1332 versuchte Andronikos, die bulgarisch dominierten Teile Bulgariens zurückzuerobern, wurde aber von Ivan Alexander bei Rusokastron geschlagen; Gebietskonzessionen und Verheiratung der Kinder der beiden Herrscher waren die Folge. Die Serben kontrollierten nun Ochrid, Prilep, Kastoria, Strumitza und Edessa. 1334 machte Stefan Dušan Andronikos III. ein für Byzanz günstiges Friedensangebot, da Serbien durch einen Einfall Ungarns im Norden gebunden war.

Osmanen

In Kleinasien unternahmen 1329 Andronikos III. und Ioannes Kantakuzenos eine Expedition gegen die Osmanen, die Nikaia belagerten. Doch verloren sie am 2. März 1331 in der Schlacht bei Philokrene, Nikaia wurde osmanisch. 1337 fiel Nikomedeia, nur mehr Philadelpheia, Herakleia am Pontos und einige Hafenstädte blieben byzantinisch. Die Osmanen begannen, die türkischen Emire systematisch anzugreifen.

Martino Zaccaria

Kleinere Erfolge verzeichnete Andronikos III. in der Ägäis gegen Martino Zaccaria, dem Herrn von Phokaia und Chios (1314–1330, seit 1319 „Lateinischer Kaiser von Konstantinopel"). Martino besaß Chios, Tenedos, Samos, Marmora, Lesbos und Phokaia; von Philipp I. von Tarent erhielt er den Titel „König und *despotēs* von Kleinasien"; 1329 erklärte ihn Andronikos III. für abgesetzt und landete auf Chios, Martino wurde gefangen genommen und als Geisel nach Konstantinopel gebracht (1341 freigelassen). Wahrscheinlich 1336 wurde die Halbinsel Phokaia (Foggia oder Foglia), die für den Alaunabbau (für Textilfärbung und Gerbung) wichtig war, dem letzten genuesischen

Verwalter Domenico Cattaneo kurzfristig abgenommen. Bis 1346 blieb Chios byzantinisch, Phokaia bis 1455 genuesisch.

Kleinräumigere Eroberungszüge korrespondierten mit ständig wechselnden Allianzen. Generell waren die lateinischen/westlichen Anführer miteinander verbunden, auch byzantinische Interessen waren eigentlich mit dabei, denn man hatte sich als Christen zu einer Union gegen die türkischen Seeräuber und die osmanische Expansion zusammengetan. Aber auch hier sind Abweichungen zu finden, wie Ioannes Kantakuzenos etwa, der mit den Emiren gegen die Osmanen zusammenarbeitete und dadurch eine Stärkung der Flotte erhoffte (1332 hatte man zehn Schiffe!).

Thessalien

In Trikala (Thessalien) residierte Stephanos Gabrielopulos Melissenos. Nach seinem Tod 1332 ging die Herrschaft an Ioannes II. Orsini, den letzten Despoten von Epiros (1323–1335), über; Ioannes Monomachos, der Statthalter des Kaisers in Thessalonike, eroberte Landstriche bis an die Grenze des Fürstentums der Katalanen. Nach dem Tod Ioannes Orsinis trat die Witwe Anna mit ihrem Sohn Nikephoros II. die Regierung an. Ein Heer von Andronikos III. und Kantakuzenos konnte mit türkischer Unterstützung 1337 Epiros und Akarnanien Konstantinopel unterstellen, Anna und Nikephoros mussten nach Thessalonike fliehen. In Epiros organisierte sich aber Widerstand, Katharina von Valois-Courtenay (lateinische Titularkaiserin von Konstantinopel 1308–1346) zettelte einen Aufstand an, in Arta wurde Nikephoros II. zum Kaiser ausgerufen. Fehlender Rückhalt brach dem Aufstand das Genick, als 1340 Andronikos III. und Kantakuzenos erneut auftauchten. Nikephoros wurde nach Thessalonike zurückgebracht und mit einer Tochter des Kantakuzenos verlobt. Stefan Dušan beendete den kurzen Höhenflug, da er 1340 Ioannina einnahm und sich dann nach Thessalien wandte. Am 15. Juni 1341 starb Andronikos III., der ansatzweise sein Reich wieder zu einer überregionalen Macht am Balkan geführt hatte. Das Hauptproblem lag jedoch darin, dass die Kräfte nicht reichten, Eroberungen längerfristig zu halten.

Ioannes V. (1341–1391)

Andronikos III. hatte (den gerade neunjährigen) Ioannes nicht zum Mitkaiser bestimmt, sodass es Ioannes Kantakuzenos (deswegen Ioannes VI.) für legitim hielt, die Regierungsgeschicke in die Hand zu nehmen. Andronikos III. hatte seinen engen Freund Kantakuzenos darum gebeten, für das Wohl der Witwe zu sorgen. Doch Anna von Savoyen hatte ihm nie getraut und stand unter dem Einfluss des Patriarchen Ioannes XIV. Kalekas (1334–1347). Kantakuzenos, der sich stets um den Ausgleich bemühte, bezog den Palast und schrieb an alle Statthalter, dass keiner versuchen möge, die Macht an sich zu reißen und die Herrschaft zu usurpieren. Auch die Steuereinhebung sollte wie gehabt fortgesetzt werden.

Im September 1341 brach Kantakuzenos Richtung Thrakien auf, um von dort aus abermals die Morea unter byzantinische Macht zu bringen. Ein Unruhefaktor war der *megas dux* Alexios Apokaukos, der schon in der Auseinandersetzung zwischen Andronikos II. und Andronikos III. eine Rolle gespielt und schließlich den Befehl über die Flotte erhalten hatte. Als Kantakuzenos die Stadt verlassen hatte, verschaffte ihm Anna das Eparchenamt. Apokaukos veranlasste die Verfolgung von Verwandten und Anhängern Kantakuzenos' sowie die Konfiskation von Besitz. Kantakuzenos ließ sich am 26. Oktober 1341 in Didymoteichon in Westthrakien zum Kaiser ausrufen

(Ioannes VI.), obwohl er immer seine Loyalität gegenüber Ioannes V. bekundet hatte. Danach brachen Unruhen in Adrianopel aus, die sich gegen die Aristokratie wandten. In der Hauptstadt wurde dem jungen Ioannes V. die Kaiserkrone aufgesetzt und Kantakuzenos wurde exkommuniziert.

In den letzten Jahren der Regierung des Andronikos III. wurde die byzantinische Kirche in eine theologische Diskussion, den sogenannten **Hesychastenstreit**, gezogen, die Vorschriften und Praktiken einer kleinen Gruppe von Mönchen, hauptsächlich am Berg Athos, betraf.

E

Der Hesychastenstreit

Die Hesychasten praktizierten eine Methode des Gebets in Stille/Abgeschiedenheit (*hesychia*), bei dem sie danach strebten, das göttliche Licht (Taborlicht) zu sehen. Fürsprecher der Hesychasten war Gregorios Palamas († 1359), der eine Unterscheidung machte zwischen der Essenz Gottes, die unerkennbar und unzugänglich für Menschen ist, und den unerzeugten Energien Gottes, die gottgleich sind. Diese, zu denen auch das Taborlicht gehört, sind Menschen zugänglich. Das System Palamas' basierte auf der sogenannten apophatischen Tradition der byzantinischen Theologie, die besagt, dass kein logisches System fähig ist, Gott zu verstehen. Barlaam von Kalabrien, Abt des Akataleptosklosters in Konstantinopel seit ungefähr 1335, war der Exponent der Kritiker, die das Taborlicht nicht als ewig, sondern bloß als erzeugt ansahen. Andronikos III. hatte den hoch geschätzten Barlaam sogar auf eine Mission zu Papst Benedikt XII. nach Avignon geschickt (1339), um dort den byzantinischen Standpunkt bezüglich der Union der Kirchen zu erläutern. Am 10. Juni 1341 wurde das Werk des Barlaam auf einer geistlichen Versammlung unter dem Vorsitz des Kaisers Andronikos III. in der Hagia Sophia verdammt. Palamas' Lehre wurde als orthodox eingestuft. Barlaam kehrte nach Italien zurück und wurde katholisch. Die kirchliche Streitigkeit war aber keineswegs beendet. Barlaams Kritik lebte weiter und Palamas musste sich abermals verteidigen, unterstützte Ioannes Kantakuzenos, hatte aber in Gregorios Akindynos einen neuen erbitterten Gegner. 1343 wurde Palamas inhaftiert, und im November 1344 exkommunizierte ihn die patriarchale Synode. Man kann zu dem Eindruck kommen, dass sich die beiden Lager ganz klar trennen lassen: Hesychasten oder Palamiten auf der Seite des Kantakuzenos, Anti-Palamiten auf der Seite der Regierung. Sicher profitierte Kantakuzenos von der Loyalität des Palamas und der Athosmönche, aber Intellektuelle wie Nikephoros Gregoras, der in seinen politischen Ansichten Kantakuzenos folgte, fühlte sich gehalten, gegen Palamas und die Hesychasten aufgrund religiöser Ursachen zu agieren. Die Kaiserin Anna erkannte immer mehr, dass der Patriarch die Palamas-Geschichte dazu verwendete, seinen Einfluss zu stärken.

Zeloten

1342 vertrieben die Zeloten („Eiferer"), die sich aus armen Bevölkerungsschichten und den Seeleuten zusammensetzten, alle Angehörigen der Aristokratie und den Statthalter Theodoros Synadenos, der von Kantakuzenos bestellt worden war, aus Thessalonike. Eine weitgehend unabhängige Herrschaft wurde errichtet (bis 1349), Michael Palaiologos an die Spitze der Stadtregierung (zwei Archonten und ein Stadtrat) gestellt. Die Zeloten unterstützten Alexios Apokaukos und Ioannes V. gegen die Herrscherambitionen des Ioannes Kantakuzenos. Letzterer versuchte, in Serbien bei Stefan Dušan Hilfe gegen Anna zu bekommen (1342); doch schon im nächsten Jahr schlug sich Stefan auf die Seite Annas, Kantakuzenos verhandelte daraufhin mit den Türken.

Der Regentschaftsbeauftragte Alexios Apokaukos kam in eine schwierige Situation, da sich seine Mitstreiter allmählich den Kantakuzenen zuwandten.

Er veranlasste die Beseitigung des Michael Palaiologos 1345, wodurch Widerstand von ihrem Führer Andreas Palaiologos, entfacht wurde und Anhänger des Kantakuzenos niedergemacht wurden. Apokaukos umgab sich in der Hauptstadt mit einer starken privaten Truppe, wurde aber in einem ungeschützten Moment am 11. Juni 1345 ermordet, was als „turning point" des Bürgerkriegs angesehen werden kann.

Im Februar 1347 berief Anna eine Synode ein, auf der sie versuchte, alle Gegner des Kantakuzenos zu gewinnen. Der Patriarch wurde seines Amtes enthoben, Palamas hingegen freigesprochen. Aber Anna war zu spät mit dieser Taktik, denn Kantakuzenos betrat am folgenden Tag mit seinen Truppen die Hauptstadt; Anna schickte unter anderen Palamas als Boten, um Frieden zu suchen.

Ioannes VI. Kantakuzenos (1347–1354)

Schon am 21. Mai 1346 war Kantakuzenos in Adrianopel zum Kaiser gekrönt worden, am 2. Februar 1347 zog er nun siegreich in Konstantinopel ein. Seine Tochter Helena wurde Ioannes V. zur Frau gegeben und gleichzeitig wurde sein Sohn Matthaios (seit 1341 mit Eirene Palaiologina verheiratet) zum Mitkaiser gekrönt. Am 21. Mai 1347 wurde er nochmals in Konstantinopel gekrönt. 1349 wollten die Zeloten die Stadt an die Serben unter **Stefan Uroš IV. Dušan** übergeben, doch Ioannes VI. konnte sie isolieren, in Thessalonike einziehen und Gregorios Palamas als Bischof installieren. Anna lebte ab 1351 in Thessalonike, wo sie Hof hielt und sogar eigene Münzen prägen ließ († 1365). Im selben Jahr wurde die palamitische Theologie nochmals bestätigt.

E

Stefan Dušan

Der serbische König Stefan Uroš IV. Dušan, Sohn des Stefan Uroš III. Decanski, profitierte besonders durch den Bürgerkrieg in Konstantinopel. Stefan verbrachte 1314–1321 in konstantinopolitanischem Exil. 1322 wurde er zum Mitherrscher seines Vaters bestimmt, 1331 König. Er kontrollierte ganz Makedonien ohne Thessalonike. Vom unabhängigen Patriarchen von Bulgarien ließ er sich 1346 zum Kaiser der Serben und Griechen krönen, gleichzeitig wurde der serbische Erzbischof zum Patriarchen erhoben (Sitz in Peć). Das daraus resultierende Schisma mit dem Konstantinopolitaner Patriarchat dauerte bis 1375 an. Dušan besuchte den Athos persönlich, beschenkte Klöster und integrierte byzantinische Verwaltungsbeamte in seine Administration (Griechisch als Amtssprache). Zudem bemühte er sich um eine Verbesserung der Infrastruktur seiner Herrschaft.

Kantakuzenos setzte die Politik seiner Vorgänger fort, indem er Familienmitgliedern Statthalterschaften übertrug (Matthaios Kantakuzenos in Thessalonike, Manuel in Mistras).

Um die Abhängigkeit von den genuesischen Schiffen zu verringern, setzte Kantakuzenos alles daran, eine eigene Flotte aufzubauen. Durch Zollerleichterungen für byzantinische Kaufleute liefen mehr Schiffe im byzantinisch kontrollierten Hafen Konstantinopels als im genuesisch dominierten Galata ein. Die Genuesen reagierten mit der Zerstörung byzantinischer Schiffe (1349).

Schwarzmeerhandel

Zwischen Genua und Venedig brachen Streitigkeiten wegen des Schwarzmeerhandels aus, den Genua alleine ausüben wollte. Die Genuesen konfiszierten venezianische Schiffe in Kaffa (auf der Krim). Venedig verbündete sich mit Peter IV. von Aragón (1336–1387). Am 13. Februar 1352 entlud sich die Spannung in einer entscheidungslosen Seeschlacht im Bosporus zwischen Genuesen und Venezianern, erst 1355 konnte man sich einigen. Die Byzantiner mussten durch den Abzug der aragonesisch-venezianischen Flotte einen Ausgleich mit Genua suchen, das seinerseits ein Bündnis mit Orchan schloss. Die Venezianer protegierten Ioannes V., der Herrschaftsansprüche anmeldete und ihnen die strategisch wichtige Insel Tenedos am Eingang zu den Dardanellen um 20000 Dukaten versprach.

Kantakuzenos versuchte, die Spannungen im Herrschaftsgefüge auszugleichen, indem er seinen Sohn Matthaios aus Thessalonike abberief und Ioannes V. dort einsetzte. Matthaios bekam ein Gebiet um Adrianopel, doch brachen 1352 erneut Zwistigkeiten aus: Ioannes V. wurde von Stefan Dušan unterstützt, die Kantakuzenen suchten Hilfe bei den Osmanen, die zu dieser Zeit von Orchan (1326–1362), dem Nachfolger von Osman regiert wurden. Dem legitimen Kaiser Ioannes V. öffneten sich überall die Stadttore, auch in Adrianopel, doch besiegten die Kantakuzenen mit den Osmanen Ioannes V. Im folgenden Jahr wurde Matthaios Kantakuzenos zum Kaiser ausgerufen; Ioannes V. unterstützte er nun nicht mehr und sein Name wurde aus den (öffentlichen) Akklamationen entfernt, wogegen der Patriarch Kallistos (1350–1353, 1354–1363) protestierte. Dieser wurde durch Philotheos Kokkinos (1353–1354) ersetzt, der Matthaios 1354 in der Blachernenkirche zum Kaiser krönte. Die Stärke der Kantakuzenen sollte nur kurz andauern, denn Orchan löste die Verbindung mit ihnen und ließ die Stadt Kallipolis (Gallipoli), schwer beschädigt durch ein Erdbeben, durch seinen Sohn Suleiman besetzen. Die Osmanen setzten sich nun zum ersten Mal auf europäischem Boden fest.

Francesco Gattilusio

Ioannes V. verständigte sich mit dem Genuesen Francesco Gattilusio, der zwei Galeeren besaß; er versprach ihm die Hand seiner Tochter Maria und als Mitgift Lesbos, die größte noch byzantinische Insel. Francesco trat am 17. Juni 1355 die Herrschaft als *archōn* von Lesbos an. Der in Tenedos oder Lemnos weilende Ioannes V. kam so am 11. November 1354 nach Konstantinopel, Ioannes VI. dankte am 6. Dezember 1354 ab und zog sich unter dem Namen Ioasaph in das Manganenkloster in Konstantinopel zurück, 1381 reiste er mit seinem Sohn Matthaios zu seinem Sohn Manuel, dem Despoten von der Morea, wo er zwei Jahre später starb. Ioannes Kantakuzenos hinterließ ein vierbändiges Geschichtswerk (1320–1356 bzw. 1363), eine Schrift für Gregorios Palamas und eine Apologie des Christentums gegenüber dem Islam.

Ioannes V. (1354–1391)

Als Ioannes definitiv sein Kaisertum antrat, kontrollierten die Kantakuzenen noch immer einige Gebiete. Kaiser Matthaios hielt sich noch bis 1357 im Rhodopengebirge auf, ehe er von den Serben gefangen genommen und an Ioannes übergeben wurde; Manuel Kantakuzenos stärkte auf der Peloponnes seinen Einfluss.

Die Reputation des byzantinischen Reiches schwand rasch – ab dieser Zeit wurden nicht einmal mehr Goldmünzen geprägt –, und es war längst kein Geheimnis mehr, dass es sich nicht aus eigener Kraft gegen auswärtige Feinde verteidigen konnte. Der venezianische **Bailo** berichtete am 6. August 1354 dem Dogen Andreas Dandolo, die Byzantiner seien – von Türken und

Genuesen bedroht – bereit, sich jeder Macht zu unterwerfen. Ein Jahr darauf riet der Doge Marino Falier zur Annexion des Reiches.

E

Bailo
Bailo (bailiff) war der von Venedig nach Konstantinopel geschickte Gesandte, der den podestà ersetzte und die Interessen der Seerepublik vertrat (seit 1268). Verantwortlich war der Bailo für Handelsangelegenheiten, Gerichtsverhandlungen und die Betreuung der vier venezianischen Kirchen in Konstantinopel.

Stefan Dušan schied als möglicher Kandidat aus († 1355), sein Nachfolger Stefan Uroš (1355–1371) konnte das enorm vergrößerte serbische Reich nicht zusammenhalten. Die Osmanen fielen erstmals in Thrakien ein und nahmen Didymoteichon (1361) und Adrianopel (1360er-Jahre, fortan Edirne) ein. Der Sohn Orchans, Murad I. (1359–1389), fand am Balkan erfolgreich Partner.

Verhandlungen mit dem Papst

Ioannes V. dachte wieder an Unterstützung aus dem Westen und schickte 1355 einen Brief an Papst Innocentius VI. (1352–1362) nach Avignon, in dem er die Kirchenunion für die Entsendung von Truppen versprach. Ioannes bat um fünf Galeeren und 15 Transportschiffe mit 1000 Kriegern und 500 Reitern. Der Papst antwortete freundlich; die Idee der Union stieß in Byzanz weiterhin auf breite Ablehnung. 1365/1366 reiste Ioannes vergeblich nach Ungarn zu Ludwig I. Daraufhin schloss Ioannes mit seinem Cousin Amadeus VI. von Savoyen ein Bündnis, der einen Kreuzzug gegen Murad I. startete (ab 1366). Kallipolis wurde von den Osmanen zurückerobert, dazu kamen Städte an der bulgarischen Schwarzmeerküste.

Ioannes schlug abermals ein Unionskonzil vor, doch der neue Papst Urban V. (1362–1370) konnte diesem Ansinnen nichts abgewinnen, lud den Kaiser aber nach Rom ein (Oktober 1369). Ioannes übertrug seinen Söhnen Andronikos IV. und Manuel (II.) die Vertretung von Konstantinopel und Thessalonike. In Rom ordnete er sich öffentlich dem Papst unter und unterschrieb am 18. Oktober 1369 das Glaubensbekenntnis zur römischen Kirche, in Venedig verhandelte er über einen Schuldennachlass im Austausch gegen Tenedos. Andronikos IV. war nicht bereit, die Insel an Venedig abzugeben, was dazu führte, dass Ioannes erst im Herbst 1371 (ohne Hilfe) nach Konstantinopel zurückkehrte.

Während seiner Abwesenheit versuchten die Nachfolger von Stefan Uroš, Vukasin und sein Bruder Jovan Uglesa, gegen die Osmanen militärisch vorzugehen, doch erlitten sie am 26. September 1371 eine Niederlage an der Maritsa.

In Anbetracht der neuen Machtverhältnisse strebte Ioannes eine Allianz mit dem osmanischen Sultan Murad I. an. Er erhoffte sich, die wenigen byzantinischen Besitzungen in Thrakien halten zu können. Ioannes V. erkannte den Sultan als übergeordneten Herrscher an und willigte ein, ihm Tributzahlungen sowie militärische Unterstützung zu leisten.

Innere Streitigkeiten 1373–1379

Zwischen Ioannes V. und seinem Sohn Andronikos IV. kam es zu Spannungen, als Sultan Murad I. seinen Vater zum Vasallen degradierte (1373). Andronikos, der von Genua unterstützt wurde, und Savci Bey, der Sohn des Sultans, bildeten eine Allianz und revoltierten 1373 gemeinsam gegen ihre Väter – allerdings ohne Erfolg: Savci wurde von seinem Vater geblendet, Andronikos nur an einem Auge und inhaftiert. Kurz darauf verkaufte Ioannes V. Tenedos an die Venezianer. 1376 konnte Andronikos IV. durch osmanische und genuesische Unterstützung befreit werden. Rasch erlangte er Kontrolle über die Stadt und inhaftierte Ioannes V. und seinen jüngeren Bruder Manuel. Andronikos IV. übertrug Tenedos den Genuesen, während den Osmanen Kallipolis zurückgegeben wurde. Die Venezianer fühlten sich brüskiert und begannen einen Krieg gegen den Kaiser. Nach knapp drei Jahren schafften es Ioannes V. und Manuel zu Murad I. an den osmanischen Hof zu fliehen. Philadelpheia, eine der letzten prosperierenden byzantinisch dominierten Städte in Kleinasien, wurde dem Sultan übertragen, und Ioannes V. wurde wieder als Kaiser installiert. Andronikos IV. floh nach Galata, wo er seine Mutter Helena Kantakuzene und seinen Großvater Ioannes VI. Kantakuzenos († 15. Juni 1383) als Geiseln hielt. 1381 durfte Andronikos nach Konstantinopel zurück. Vertraglich wurde Andronikos zum Erben Ioannes' V. bestimmt und sein Sohn Ioannes VII. zu seinem Nachfolger. Manuel II., der jüngere Sohn Ioannes' V., floh daraufhin nach Thessalonike, von wo aus er weite Teile Thessaliens und Makedoniens unter seinen Einfluss bringen konnte. Die Auseinandersetzung um Tenedos zwischen Genua und Venedig endete durch die Erklärung der Insel zu neutralem Territorium (Entvölkerung und Schleifung der Befestigungsanlagen). Andronikos IV. starb 1385.

Osmanische Expansion

Murad I. nahm auf seinem Expansionszug Sofia (1385) sowie Niš (1386) ein. Er betrachtete Manuel II. in Thessalonike seit seinem Eidbruch als ernst zu nehmenden Feind. Nach drei Jahren der Belagerung fiel die Stadt im April 1387 an die Osmanen, Manuel II. floh nach Lesbos.

Doch musste Murad I. nach Kleinasien zurückkehren, um gegen seldschukische Emire vorzugehen. Die Byzantiner waren unfähig, dieses kurzfristige Machtvakuum auszunutzen. Die Serben hingegen schlugen unter Lazar, einem sehr einflussreichen Aristokraten und Herrscher von Rascien, und Vuk Branković, der den Kosovo kontrollierte, bei Pločnik an der Toplica ein osmanisches Heer (1388). Durch diesen Erfolg aufgestachelt, erklärten sich die Bulgaren von den Osmanen unabhängig. Doch Murad I. kehrte rasch zurück und zwang den bulgarischen Zaren zur Unterwerfung.

Amselfeld 1389

Dann zog er weiter nach Serbien, wo es am 15. Juni 1389 zur berühmten, oft auch verklärten Schlacht am Amselfeld kam. Anfänglich agierten die Serben erfolgreich gegen die Osmanen, Sultan Murad fiel, doch sein Sohn Bayezid gewann die Oberhand und konnte die serbische Streitmacht bezwingen. Der Fürst Lazar wurde gefangen genommen und getötet. Lazar wird seit damals als Heiliger in der serbischen Kirche verehrt. Sultan Bayezid (1389–1402) organisierte die eroberten Territorien sorgfältig und setzte eine Kopfsteuer für alle nichtmuslimischen Einwohner fest (hradj). Nach der Schlacht vom Amselfeld war Konstantinopel beinahe zur Gänze von osmanisch dominierten Territorien umgeben. Einzig die Peloponnes blieb noch byzantinisch. Bayezid galt als einer der fähigsten osmanischen Sultane; mehr noch als sein Vater nutzte er Unstimmigkeiten in der byzantinischen Herrscherfamilie aus, durch die zudem hohe Geldzahlungen für Unterstützung oder noch besser: Stillhalten gewonnen werden konnten.

1390 wurde Ioannes V. durch Andronikos' Sohn Ioannes VII. mit osmanischer Unterstützung vom Thron vertrieben (14. April 1390), doch wurde er mithilfe seines Sohnes Manuel II. und Rittern von Rhodos wieder installiert (17. September 1390). Allerdings wurde die Herrschaft nicht von den Osmanen mitgetragen. Manuel begab sich an den Hof des Sultans und unterwarf sich ihm. Manuel kämpfte in demütigender Weise an der Seite Sultan Bayezids I. (1389–1402) gegen (das byzantinische) Philadelpheia.

Als der Tod Ioannes' V. bekannt wurde (16. Februar 1391), kehrte Manuel auf schnellstem Wege in die Hauptstadt zurück, um sich der Herrschaft zu bemächtigen.

Manuel II. (1391–1425)

Als Manuel Kaiser wurde, bestand das byzantinische Reich eigentlich nur aus der Stadt Konstantinopel, denn die Peloponnes war zwar byzantinisch dominiert, führte aber ein nahezu eigenständiges Leben. Die Verzögerung der Eroberung dieses Stadtstaates stellt sich in der Rückschau als Kapriole der Geschichte dar. Warum der osmanische Sultan vor einer raschen Einnahme zurückschreckte, ist unverständlich. Er beschränkte sich auf Plünderungen und Zerstörungen im Umland von Konstantinopel und unterstützte propagandistisch Ioannes VII.

Am 10. Februar 1392 heiratete Manuel Helena Dragaš (Mutter der beiden letzten Kaiser Ioannes VIII. und Konstantinos XI.).

Expansion der Osmanen

Bayezid änderte seine Politik im Winter 1393/1394, als er offensiv gegen Byzanz zuzurechnende Gegenden vorging. Schon 1393 war Thessalien durch Evrenoz-Beg osmanisch geworden. In Attika herrschte der aus Florenz stammende Nerio I. Acciajuoli (Herzog von Athen 1388–1394). Nach seinem Tod wurden Gebiete nicht an seinen Freund Theodoros Palaiologos von Mistras, sondern an Carlo Tocco von Kephallenia vermacht. Verärgert besetzte Theodoros Korinth, Carlo Tocco suchte bei den Osmanen Unterstützung, die die Belagerung Korinths auflösten und in die Peloponnes einfielen. Die Navarreser machten bei der Eroberung der Festungen Leontarion und Akova (1395) mit. Athen fiel 1397 an die Osmanen. In Bulgarien endete die Eigenständigkeit mit der Schlacht von Rovine (17. Mai 1393).

Schlacht bei Nikopolis

Unterdessen wurde auch in den westlichen Reichen die Ausbreitung der Osmanen registriert. Die Idee eines Kreuzzuges hing mit der Schlacht am Amselfeld zusammen, da sich die Pufferzone zwischen dem ungarischen Königreich und den Osmanen verringert hatte.

Der Ungarnkönig (und spätere Kaiser) Sigismund I. von Luxemburg (1387–1437) nahm mit walachischen Verbündeten 1395 die Festung Nikopolis (nordwestlich von Tărnovo) ein. Venedig trat auch der Koalition bei und überwachte die Dardanellen. Bei Nikopolis wurden die westlichen Heere am 25. September 1396 jedoch durch die Osmanen vernichtend geschlagen.

Möglicherweise war dieser Vorstoß auch dazu gedacht, Konstantinopel zu entlasten, welches seit 1394 von Bayezid I. mit einem Belagerungsring umgeben war. Die Venezianer erkannten den Ernst der Lage (vor allem durch die Errichtung der Festung Anadolu Hisarı an der kleinasiatischen Küste des Bosporus) und versprachen den Byzantinern militärische Unterstützung. Karl VI. von Frankreich (1380–1422) sicherte Hilfsleistungen zu, da er die Oberherrschaft über die Genuesen und damit die Interessen der Seerepublik übernommen hatte. Der von ihm geschickte Jean II. Le Maingre, genannt Boucicaut, überwand mit 1200 Mann die Blockade der Osmanen (1399) und riet sofort zur Anwerbung neuer Verteidigungstruppen. Er überzeugte Manuel, mit ihm in den Westen zu reisen. Boucicaut schaffte es auch, Ioannes VII. mit seinem Onkel Manuel zu versöhnen. Manuel II. besuchte Paris,

London (Dezember, Januar 1400–1401) und Venedig, brachte aber außer Interessensbekundungen wenig mit. Manuel II. reiste über das Despotat von Mistras nach Konstantinopel zurück (1403).

Schlacht von Ankara

In der Schlacht von Ankara (28. Juli 1402) erlitten die Osmanen eine katastrophale Niederlage gegen die Mongolen unter Timur Lenk oder Tamerlan, was ihre Expansion für die nächsten 20 Jahre zum Erliegen brachte. Bayezid wurde gefangen, Tamerlan wandte sich dann China zu. Die Belagerung Konstantinopels wurde aufgegeben und Suleyman Çelebi neuer osmanischer Sultan in Edirne. Die Streitigkeiten im Sultanat dauerten an (osmanisches Interregnum, 1402–1413), bis mit Mehmed I. Çelebi wieder Einheit gestiftet war (1413–1421) und unverzüglich mit der Belagerung Konstantinopels begonnen wurde (1422).

Konzil von Konstanz

Auf dem Konzil von Konstanz (1414–1418), das von dem römisch-deutschen König und künftigen Kaiser Sigismund I. einberufen wurde, sollte das „Große Abendländische Schisma" (1387–1417, Problem der Gegenpäpste) bereinigt und die Einheit der Christenheit wiederhergestellt werden. Als einziges nachwirkendes Ergebnis kann die Wahl Martins V. 1417 zum allgemein anerkannten Papst bewertet werden. Erst 1429 wurden weitere Beschlüsse umgesetzt, als Martin V. sich mit dem Gegenpapst Clemens VIII. verständigen konnte und das westliche Schisma endgültig beendete. Teilnehmer waren nicht nur katholische Kirchenvertreter, sondern auch Abgesandte der östlichen Christenheit wie **Manuel Chrysoloras**.

E

Manuel Chrysoloras
Chrysoloras pendelte zeit seines Lebens zwischen Ost und West (1. Reise in 1390/1391 zusammen mit Demetrios Kydones nach Venedig, letzter Aufenthalt im Westen in Konstanz 1414). 1395/1396 weilte der Humanist Jacopo Angeli da Scarperia in Konstantinopel, wo er Griechisch bei Chrysoloras lernte. Der Agent Caluccio Salutatis, des Kanzlers von Florenz, war mit dem Auftrag gekommen, Chrysoloras als Griechischprofessor nach Florenz zu bringen, da sich Florenz als Wissenschaftsstandort profilieren sollte. 1396 wurde ein Griechisch-Lehrstuhl für Chrysoloras eingerichtet (ab 2. Februar 1397). Chrysoloras starb während des Konstanzer Konzils (15. April 1415).

1415 verließ Manuel II. die Hauptstadt in Richtung **Mistras**/Peloponnes und ließ am Isthmos von Korinth eine Mauer errichten, das sogenannte Hexamilion (sechs Meilen lang), das die Halbinsel vor osmanischen Einfällen schützen sollte (wie schon bei Kaiser Theodosius II. gegen die Goten). Die Venezianer freuten sich darüber, da auch ihre Besitzungen, vornehmlich Korone und Methone an der Südwestspitze der Peloponnes, davon profitierten. Manuel konnte in den folgenden Jahren die letzten lateinisch dominierten Regionen der Morea (des Fürsten von Achaia Centurione Zaccaria und des Grafen von Kephallenia, Carlo Tocco) unter seine Oberherrschaft bringen.

E

Mistras
Mistras war in dieser Zeit einer der letzten Orte, wo das byzantinische Gemeinwesen blühte. Die Geschichte der Bergfestung Mistras begann mit Gottfried I. von Villehardouin, Fürst von Achaia (1206/07). Sein Sohn Gottfried II. (1218–1246) residierte zunächst in Lakedaimon (= antikes Sparta), der berühmten Metropolis von Lakonien, wo der Heilige Nikon Metanoeite wirkte (10. Jahrhundert). Sein Bruder Wilhelm II. von Villehardouin (1246–1278) ließ ab 1249 eine Burg in Mistras (vielleicht von einem Namen eines Großgrundbesitzers) auf einem bisher un-

bewohnten, dem Taygetosgebirge vorgelagerten Felsen errichten. Von dort aus konnte der Zugang zur lakonischen Ebene bequem kontrolliert werden. 1259 musste die Burg den Byzantinern übertragen werden und bald siedelte sich die Bevölkerung von Lakedaimon/Sparta an. Seit 1349 residierte Manuel Kantakuzenos als erster *despotēs* (Statthalter des Kaisers) dort. Ioannes V. installierte Theodoros I. Palaiologos (1381–1407), es folgten Theodoros II. (1407–1443), Konstantinos XI. (1443–1449) und schließlich Thomas und Demetrios Palaiologos (bis 1460). Unter Theodoros II. erstarkte das kulturelle und intellektuelle Leben in Mistras. Es hielten sich dort Isidoros, der spätere Bischof von Kiev, Bessarion, späterer Bischof von Nikaia (beide wurden Kardinäle in der römisch-katholischen Kirche), und Georgios Scholarios, der als Gennadeios erster ökumenischer Patriarch unter osmanischer Macht wurde, auf. Georgios Gemistos Plethon (ab 1409 dort) entwickelte eine Staatsphilosophie gegründet auf antiken Vorstellungen. 1460 fiel die Stadt an die Osmanen. Sichtbar sind noch heute der Despotenpalast sowie Reste der Herrenhäuser.

Ioannes VIII. Palaiologos (1425–1448)

Nach Manuels II. Tod (21. Juli 1425) übernahm Ioannes VIII. viele ungelöste bzw. unlösbare Probleme. Auf der Peloponnes konnten die territorialen Rückgewinnungen fortgesetzt werden: 1423 hatte es den osmanischen Einfall gegeben, bei dem die Isthmosmauer zerstört und weite Teile der Peloponnes verwüstet wurden. Ein Friedensvertrag mit Murad II. (1421–1451) musste geschlossen werden.

Konstantinos Palaiologos nahm 1430 Patras ein und in den folgenden zwei Jahren wurden fast alle fränkischen Besitzungen (außer Koron und Modon, Nauplia und Argos) byzantinisch.

Die Zustände in Thrakien waren besorgniserregend. Der dritte Sohn Manuels, Andronikos, verkaufte die Stadt Thessalonike 1423 an die Venezianer für 50000 Dukaten. Aber innerstädtischer Zwist verhinderte die Reparatur der Verteidigungsanlagen, sodass der über diesen Handel verärgerte Murad II. ein leichtes Spiel hatte und die Stadt des heiligen Demetrios einnahm (1430). Sinan Pasha, verantwortlicher osmanischer General im Westen, wandte sich daraufhin nach Ioannina, wo sich die Bevölkerung ergab (1430, bis 1913 osmanisch).

Konzil von Ferrara/Florenz

Ioannes VIII. strebte die Union an, um Hilfe gegen die Osmanen zu bekommen. Am 24. November 1437 verließ der Kaiser Konstantinopel in Begleitung seines Bruders Demetrios und des Patriarchen Ioseph II. (1416–1439) und erreichte im Frühjahr 1438 die Stadt Ferrara. Trotz geringer Verhandlungsspielräume wurde eifrigst debattiert und verhandelt. Im Gegensatz zu Lyon nahm der Kaiser persönlich an den Verhandlungen teil. Ioannes VIII. trat zum katholischen Glauben über und am 6. Juli 1439 wurde in der Hauptkirche von Florenz die Union – nach dem Tod des Patriarchen Ioseph – verkündet, Kardinal Julian Cesarini und Bessarion von Nikaia verlasen das Dekret lateinisch und griechisch (unscharfe Formulierung des päpstlichen Primats und Beibehaltung des Ritus in der orthodoxen Kirche). Nicht nur aus Konstantinopel, sondern auch aus dem Großfürstentum Moskau kamen Proteste. Moskau begann sich gerade unter Wassili II. Wassiljewitsch, dem Blinden († 1462), aus dem Tatarenreich („Goldene Horde") zu lösen. Die Tataren wirkten von ca. 1230 – ca. 1480 auf den Lauf der russischen Geschichte ein. Wassili schuf 1448 eine eigenständige russisch-orthodoxe Kirche durch die Einsetzung von Ionas als Metropoliten von

Tataren

Moskau (1451 von Konstantinopel anerkannt). Der unionsfreundliche Isidoros von Kiev wurde nach seiner Rückkehr vom Großfürsten abgesetzt und es war keine Hilfe aus Moskau mehr zu erwarten. Ioannes VIII. beschwichtigte den misstrauischen Murad II. und meinte, es sei nur um religiöse Dinge gegangen.

Der letzte Kreuzzug

Johannes Corvinus-Hunyadi von Ungarn konnte sich mehrmals in Serbien und in der Walachei gegen die Osmanen durchsetzen, welche Belgrad 1440 und 1442 Hermannstadt erfolglos belagerten. Der Papst Eugen IV. (1431–1447) hatte schon 1440 die christlichen Völker zur Unterstützung Konstantinopels aufgerufen. In Südungarn versammelten sich Tausende, die dem Jagellonenkönig Vladislav III., Johannes Corvinus und dem serbischen König Georg Branković folgten (Oktober 1443). Murad II. war in Kleinasien gegen Ibrahim Bey, den Emir des Fürstentums Karaman, beschäftigt. Die (türkischen) Karamaniden bildeten ein Fürstentum (Beylik), welches im südöstlichen Anatolien im 13. Jahrhundert entstand und erst 1468 von den Osmanen unterworfen werden konnte.

Die vereinigten Kreuzfahrer überquerten die Donau nach Sofia, von wo aus man nach Thrakien weiterzog. Militärisch in der Defensive, vereinbarten Türken und Ungarn 1444 zunächst einen Friedensvertrag auf zehn Jahre in Adrianopel. Die Übereinkunft verschaffte den christlichen Mächten zwar Ruhe, aber andererseits machte sich auch Enttäuschung breit, da man trotz der großen Erfolge nun aufhören musste zu kämpfen. Man vertraute auf die aus Venedig zugesagte Flottenhilfe. Von Südgriechenland rückte Konstantinos Palaiologos aus Mistras an und ließ die 1423 zerstörte Hexamilion-Mauer wieder errichten. Kardinal Giuliano Cesarini entband jedoch König Wladyslaw von seinem Eid, der daraufhin den Marsch zum Schwarzen Meer fortsetzte. Venedig und Burgund schlossen sich der Allianz an. Nach der Eroberung und Zerstörung der Schlüsselfestung Schumen und dem weiteren Vordringen der Kreuzritter setzte der Sultan mit seiner Armee auf das europäische Ufer des Bosporus über und zog den westlichen Kräften in Eilmärschen entgegen.

Schlacht bei Varna 1444

Am 10. November 1444 kam es zu einer Schlacht bei Varna, die den osmanischen Truppen den Sieg bescherte. Hunyadi floh mit einiger Mühe vom Schlachtfeld, der päpstliche Kardinallegat Giuliano Cesarini fiel hingegen im chaotischen Rückzug. Der byzantinische Kaiser konnte dem erfolgreichen Sultan nur ohnmächtig Glückwünsche übermitteln und ihn gnädig stimmen.

Da die Türken zunächst nach Süden in Richtung Griechenland weiterzogen, schritt Hunyadi zu Rüstungsvorbereitungen. Die Osmanen nahmen Konstantinos Palaiologos 1446 die Gebietsgewinne in Böotien und Phokis wieder ab. Am 10. Dezember1446 wurde die Hexamilion-Mauer durch Kanonenunterstützung erneut überwunden. Die Osmanen strömten in die Peloponnes und machten etwa 60000 Gefangene. Im Oktober 1448 kam es zu einem Treffen zwischen Murad II. und Hunyadi in Kosovo Polje, wobei die Ungarn zusammen mit serbischen Truppen (erneut am Amselfeld) geschlagen wurden.

Konstantinos XI. Palaiologos (1448–1453)

Konstantinos Palaiologos Dragases wurde auf Wunsch seiner Mutter Helena nach dem Tod von Ioannes VIII. (31. Oktober 1448) zum Nachfolger bestimmt (gegen Demetrios und Thomas Palaiologos). Im Dezember 1448 schickte sie den Historiker Georgios Sphrantzes zu Murad, um ihm Konstantinos als neuen Ansprechpartner vorzustellen und ihn anzuerkennen. Am 6. Januar 1449 wurde er in Mistras, zwei Monate später in Konstantinopel zum Kaiser gekrönt.

Krönung Konstantinos XI.

Seine Brüder Thomas und Demetrios blieben in Mistras zurück, teilten die Morea unter sich auf: Thomas bekam Achaia mit Patras und Glarentza, Demetrios den Rest. Beide versuchten, mithilfe der Türken Boden zu gewinnen und sich von Venedig zu lösen. Ende 1450 startete Konstantinos XI. einen Vermittlungsversuch, da er entsetzt über den ressourcenvergeudenden Bruderstreit war.

Konstantinos XI. hatte keinen Nachkommen, da seine zwei Ehefrauen frühzeitig starben (Theodora Tocco † 1429, Caterina Gattilusio † 1442). Der georgische König Georgios VIII. verlangte eine für Byzanz zu hohe Summe an Geldzahlungen für seine Tochter. Mit dem Königreich Georgien, dessen Blüte am Beginn des 13. Jahrhunderts lag (Königin Thamar 1184–1213), pflegte man traditionellerweise gute Beziehungen. Nach dem Einfall Timur Lenks zerfiel das Herrschaftsgebiet in mehrere Teilreiche. Man erhoffte sich von byzantinischer Seite Unterstützung an der Ostgrenze des osmanisch dominierten Territoriums.

Murad II. starb im Februar 1451 in Adrianopel und Mehmed II., der später den Beinamen Fatih oder „der Eroberer" erhielt, folgte ihm auf den Thron. Der 19 Jahre alte osmanische Machthaber plante offenbar sofort die Einnahme von Konstantinopel. Er galt als ein sehr lernbegieriger, intelligenter junger Mann, der bei Byzantinern und westlichen Machthabern unterschätzt wurde. Die Karamanen, immer noch erbitterte Feinde der Osmanen im Inneren Kleinasiens, zettelten einen Aufstand in den ehemaligen Emiraten Aydin und Menteshe an (Herbst 1451).

Konstantinos wollte diese Situation für sich ausnutzen: Orchan, ein Verwandter des verstorbenen Sultans Suleiman, lebte im konstantinopolitanischen Exil. Der Kaiser schrieb Mehmed II., dass Orchan ein möglicher Thronanwärter wäre. Der Sultan ging eine Vereinbarung mit dem Emir der Karaman ein und überquerte den Bosporus im Winter 1451. Gleichzeitig gab er den Auftrag, Konstantinopel zu belagern und an der europäischen Küste ein Bollwerk zu errichten. Im April 1452 wurde damit begonnen (türkisch Boghazkesen „Kanaldurchschneider", besser bekannt als Rumeli Hisar). Nach vier Monaten Bauzeit (August 1452) riegelte es zusammen mit Anadolu Hisar den Bosporus ab. Der Kaiser ließ alarmiert die Befestigungsanlagen der Hauptstadt ausbessern, die Speicher mit Vorräten ausstatten und bat allerorten um Naturalien. Die Venezianer schienen das Interesse trotz Privilegienbestätigung 1450 an den Byzantinern verloren zu haben, trieben sie doch auch regen Handel mit den Osmanen (1451 Vertragserneuerung des Abkommens von 1446).

Alfons V. von Aragón

Konstantinos XI. baute auf Hilfe aus dem Westen und trat mit Alfons V. von Aragón (1396–1458) in Kontakt. Als geradezu typischer Renaissancefürst, der antike Literatur schätzte und später byzantinische Gelehrte an seinen Hof in Neapel lud, wollte Alfons das lateinische Kaiserreich wiederauferstehen lassen. Papst Nikolaus V. (1447–1455) stellte geringe Mittel zur Verfügung, die Alfons allesamt verbrauchte. Die „Rettung" des byzantinischen Kaisertums war allerdings nicht das Ziel der militärischen Planungen.

Der unionsfreundliche Patriarch Gregorios III. Mammas (1443–1450) versuchte, die Wogen zu glätten, doch nahmen die antiunionistischen Meinungen (besonders durch Traktakte von Gennadios Scholarios und Markos Eugenikos) zu, dem Kaiser wurde der Zutritt in die Hagia Sophia verwehrt. Gregorios III. dankte ab und wanderte nach Rom aus (August 1451). Papst Nikolaus V. unterstütze ihn materiell und verlangte, dass Konstantinos XI. ihn wieder einsetzte. Sein angeblicher Nachfolger Athanasios II. wurde nicht anerkannt, seine historische Existenz ist heute umstritten (V. Grumel und V. Laurent).

Kardinal Isidoros, ehemaliger Metropolit von Kiev und ganz Russland, lebte nach seiner Absetzung ab 1443 in Rom und wurde nun als päpstlicher Legat im Mai 1452 nach Konstantinopel geschickt. Trotz großer Unstimmigkeiten verkündete man in Anbetracht der drohenden Gefahr am 12. Dezember 1452 in der Hagia Sophia die Union und feierte unter Anwesenheit des Kaisers nach katholischer sowie orthodoxer Liturgie.

Schon 1422 wurde bei der Belagerung Konstantinopels neue Kriegstechnologie – Kanonen – eingesetzt, die große Angst erzeugte:

Q

Kanonen

(Laonikos Chalkokondyles, Historiarum demonstrationes II 1, ed. J. Darko, Budapest 1923, S. 11; Übers.: F. Grabler, Europa im XV. Jahrhundert von Byzantinern gesehen, Graz 1954, S. 85).

Die Geschütze scheinen anfangs aus Eisen gewesen zu sein, später erfand man den sogenannten „Guß" aus einem Gemisch aus Erz und Zinn. Dies gilt als das beste Material, um Steine gut und wuchtig zu schleudern. ... Sie (die Kanone) ist sehr lang, je länger sie ist, umso weiter schleudert sie den Stein. Darum soll es, wie wir erfahren, eine Kanone geben, die den Stein auf 70 Stadien (12,33 km) wirft, und dabei bebt die Erde rings beim Abschuß und beim Einschlag.

Im Sommer 1452 hatte ein ungarischer Techniker dem Kaiser angeboten, Kanonen zu gießen, doch hatte er weder das Geld noch das Material dazu. Also bot Urban dem Sultan seine Dienste an: Auf Rumeli Hisar wurde eine große Kanone aufgestellt, somit konnte kein Schiff die Blockade des Sultans durchbrechen.

Der *megas dux* Lukas Notaras übernahm die Kontrolle der Seemauern am Goldenen Horn, die übrigen Bereiche wurden auf die einst verfeindeten Familien Kantakuzenos und Palaiologos aufgeteilt. Alle in Konstantinopel vertretenen westlichen Mächte (Venezianer, Genuesen, Katalanen) sowie Orchan in Konstantinopel sicherten vollen Beistand zu. Giovanni Giustiniani Longo brachte im Januar 1453 700 Mann aus Genua, Chios und Rhodos nach Konstantinopel und organisierte die Verteidigung der Landmauern. Im Februar 1453 sollten aus Venedig zwei Schiffe mit 800 Soldaten ablegen, diese waren erst im April startklar. Kein europäischer Herrscher setzte sich persönlich für die Stadt ein.

Das Verhältnis zwischen Verteidigern und Angreifern wird unterschiedlich angegeben, von knapp 5000 (oder 6000 bis 7000) Mann in der Stadt gegenüber 80000 bis 200000 Osmanen (mindestens ein Verhältnis von 1:15).

Um jedwede Unterstützung von der Peloponnes her zu unterbinden, marschierte der Sultan Ende 1452 dort ein. Am Beginn des Jahres 1453 trug der

Sultan auf, die verbliebenen Städte Epibatai und Herakleia am Marmarameer zu annektieren, dazu kamen weitere Städte wie Anchialos oder Mesembria.

Ab 2. April kampierten die Truppen des Sultans in Sichtweite des Romanostores vor den Landmauern. Nach Ostern begann das erste Bombardement (6. April), besonders stolz war man auf das Geschütz Urbans, das aus Adrianopel, von 60 Ochsen gezogen und von 200 Soldaten bewacht, herangebracht wurde (Kanonenkugel von 600 kg, Schussfrequenz 7 Mal/Tag). Nach einigen Tagen waren die Landmauern mürbe und vermochten kaum mehr repariert zu werden.

Ein schwacher Hoffnungsschimmer für die Verteidiger war, dass die osmanische Flotte die am Eingang des Goldenen Horn gespannte Kette nicht überwinden konnte; drei genuesische Schiffe wurden hingegen in den Hafen gelassen. Mehmed ließ daraufhin von seinen Technikern eine Schiffstraße über den Hügel hinter Galata bauen, über die die Schiffe von Ochsen gezogen wurden (22. April). Auf einem Ponton im Goldenen Horn wurde eine weitere Kanone platziert. Die Möglichkeiten der Verteidiger hatten sich nun rapide verschlechtert, da sich die Verteidigungslinien erweitert hatten (auf insgesamt 20 km).

Der Kaiser wurde von seinen Hofbeamten aufgefordert/gedrängt, die Stadt Richtung Morea zu verlassen, doch er harrte aus. Der Sultan machte das Angebot, dass alle Einwohner nach Übergabe der Stadt bei jährlicher Tributzahlung dort bleiben oder frei wählen könnten, an einen anderen Ort zu ziehen. Wie zu erwarten, war die Antwort negativ und Mehmed rüstete zum großen Sturm, am 28. Mai ließ er seine Truppen rasten und mahnte die Genuesen, sich neutral zu verhalten.

In den frühen Morgenstunden des 29. Mai begann der Angriff und die Osmanen drangen durch die Kerkoporta, eine Ausfallspforte, in die Stadt ein, beim Romanostor wurde Kaiser Konstantinos XI. zum letzten Mal gesehen. Zu Mittag kontrollierte die osmanische Flotte das Goldene Horn. Am Nachmittag begab sich der Sultan mit seinen höchsten Würdenträgern zur Hagia Sophia, um Gott zu danken. Ein islamischer Geistlicher bestieg den Ambo und pries Allah und seinen Propheten. Die Plünderungen und Zerstörungen dauerten drei Tage, aber das Schlimmste war nach zwölf Stunden überstanden – angeblich gab es 4000 Tote und 50000 Gefangene.

29. Mai 1453

Der Sultan ließ nach den Entscheidungsträgern in der Stadt suchen; da der Kaiser nicht gefunden wurde, musste er sich vergewissern, dass er tot und nicht entkommen war. Der Sultan inhaftierte Offiziere und Hofbeamte wie den *megas dux* (oberster Kommandant) Lukas Notaras. Dieser verweigerte dem Sultan, ihm einen Sohn als Geisel zu übergeben, woraufhin die gesamte Familie niedergemacht wurde.

Nicht alle Aristokraten fielen in die Hände der Eroberer, manche flüchteten rechtzeitig, wie die Passagierliste eines Genuesenschiffes zeigt (Ioannes und Demetrios Kantakuzenos, sechs Angehörige der Palaiolologenfamilie, zwei Laskariden, zwei Komnenen, zwei Notaras). Kardinal Isidoros konnte sich retten, indem er seine Kleider mit denen eines Bettlers tauschte. Er wurde später für wenig Geld von einem genuesischen Kaufmann von den osmanischen Behörden ausgelöst.

Anstelle der weltlichen Macht – das Kaisertum war beendet – trat nun die kirchliche Hierarchie, die einen Teil des byzantinischen Erbes bis heute vertritt. Der Sultan verfügte, dass die christliche Bevölkerung weiterhin einem

Patriarchen unterstehen solle. Als einziger Leiter kam der unionsfeindliche (damit antiwestliche) Gennadios Scholarios infrage (ab Januar 1454). Mehmed Fatih frohlockte, nun der Nachfolger der römischen und byzantinischen Kaiser zu sein. Aus Konstantinopel wurde Konstantinyye bzw. ab 1930 offiziell İstanbul (aus „eis tēn polin", d.i. „in die Stadt"). Mit der Eroberung von Mistras (1460) und Trapezunt (1461) waren alle eigenständigen byzantinischen Territorien verschwunden.

Zwar hatten die Palaiologen die Hauptstadt ihres Reiches wieder eingenommen, doch war die Basis für ein überregionales, wenn nicht gar globales Wirken verschwunden. Konstantinopel war seines Reichtums beraubt und viele Landstriche des ehemals oströmischen Reiches waren zum Teil unabhängige Herrschaften geworden. Es erwies sich als unmöglich, diesen Fleckenteppich wieder zu einem Gebilde zusammenzufügen. Die folgenden beiden Jahrhunderte waren mehr von Glück als von einer wohlgeordneten Reichspolitik bestimmt. Neben innenpolitischen Zwisten (Bürgerkrieg und religösen Streitigkeiten) sickerten die osmanischen Türken ein, die sukzessive die verbleibenden byzantinischen Gebiete besetzten. Die Versuche, westliche Hilfe gegen die Union der Kirchen unter dem Vorsitz des Papstes zu erlangen, scheiterten mehrmals, Byzanz war in westlichen Augen keineswegs mehr ein gefragter Partner.

Schon vor dem Fall Konstantinopels kam es zu einem intensiven Austausch mit der im Westen aufkeimenden Renaissance und dem Humanismus. In vielen Bibliotheken liegen die Handschriften antiker Autoren, die im Zuge dieses Transfers „gerettet" wurden und in ihrem neuen Ambiente wesentlich zur europäischen Geistesgeschichte beitrugen.

Die Vorstellung von einem „dritten Rom" entstand einige Zeit nach 1453, man kann keinen nahtlosen Übergang von oströmischem Kaisertum auf russisches Großfürstentum bzw. Zarentum (ab 1547 Titel „Zar", Iwan IV.) konstatieren. Byzanz war untergegangen und hatte jegliche Strahlkraft verloren (ein großes Problem stellte auch die angestrebte Union mit dem katholischen Christentum dar, dass in Moskau schärfstens kritisiert wurde; eigenes unabhängiges/autokephales Erzbistum ab 1446/1448, 1589 Patriarchat). Die russischen Großfürsten orientierten sich zunächst an europäischen Höfen. Die Vorstellung von der *translatio imperii*, was im 20. Jahrhundert unter dem Schlagwort „Byzance après Byzance" (Nicolae Iorga, 1935) subsumiert wurde, entwickelte sich erst allmählich und erreichte einen Höhepunkt im 17. Jahrhundert in Russland. Der orthodoxe (griechische) Patriarch in İstanbul erhoffte sich vom Zaren, dass er nach Vertreibung der Osmanen am Bosporos wieder einen byzantinischen Kaiser einsetzte oder selbst dort residierte.

Bei der Konstituierung des neugriechischen Staates im 19. Jahrhundert spielte die byzantinische Tradition, abgesehen von der Orientierung am oströmischen Gesetzbuch, eine untergeordnete Rolle, da die Rückbesinnung auf die klassische Antike schwerer wog.

Glossar

Akklamation: öffentliche, lautstarke Zustimmung für einen Kaiser(kandidaten), auch Teil des Zeremoniells

Annona: Abgabe an Naturalien, die zur Versorgung des Militärs und der Verwaltung diente

Apophatische Theologie: thematisiert das menschliche Unvermögen, Gott in seiner Transzendenz zu erfassen

Azymen: ohne Sauerteig gebackene Brotfladen, die in der orthodoxen Kirche nicht verwendet werden; Dauerthema bei kirchlichen Verhandlungen zwischen Ost und West

basileopatōr: zum ersten Mal wurde dieser Titel an Stylianos Zautzes, Schwiegervater Leons VI. vergeben, dann an Romanos I. Lakapenos

Cäsaropapismus: bringt die Dominanz der weltlichen Macht über die Kirche zum Ausdruck, was für das byzantinische Kaisertum aber nicht zutrifft, das sich der Kaiser als Beschützer der Orthodoxie verstand, aber nie als oberster Priester

chrysobullos logos: kaiserliche Urkunde mit einem Goldsiegel

Demen (*dēmoi*): Anhänger von Wagenrennen (mit 4 „Klubfarben": blau, rot, grün, weiß), die auch für die Politik instrumentalisiert werden konnten (besonders bis zum 6. Jh.); später fixer Bestandteil im Hofzeremoniell

Despotat: eingebürgerte Bezeichnung für die byzantinischen Herrschaften oder Teilreiche in Epiros und Nikaia

despotēs: Bezeichnung des Kaisers, später auch des Herrschers eines byzantinischen Teilreiches (Epiros, Nikaia); ab 1163 höchster Rangtitel (löste *sebastokratōr* ab) als Titel wurde *despotēs* auch an fremdländische Herrscher verliehen; in Spätbyzanz vom Kaiser eingesetzter Statthalter (in Thessalonike oder Mistras)

Diptycha: 1) zusammengehängte Täfelchen aus Holz oder Elfenbein; Consulardiptycha wurden in der Spätantike beim Dienstantritt ausgegeben; 2) Liste von Namen lebender und toter Personen, die während der Eucharistie vom Diakon verlesen wurden

domestikos tōn scholōn: Befehlshaber der Eliteeinheit des Kaisers; militärischer Befehlshaber (ab dem 10. Jh. gab es einen *domestikos* für den Osten und einen für den Westen des Reiches)

Dukat: Verwaltungseinheit einem dux unterstehend

dux: ursprünglich Leiter eines kleineren Verwaltungsbezirkes, später Leiter eines Themas, also zivile und militärische Kompetenzen; ab dem 10. Jahrhundert auch Ehrentitel für Angehörige der Kaiserfamilie

Eklogē (Ecloga): von Leon III. und Konstantinos IV. veröffentlichte Gesetzessammlung

Emir: ursprünglich Heerführer, dann Verwalter einer Provinz (Emirat); oft sehr eigenständiges Auftreten

eparchos tēs poleōs: entspricht dem *praefectus urbi*, der die Stadtaufsicht (Handel, Recht) ausübte

Exarchat: Statthalterschaft, der *exarchos* vertrat den Kaiser mit allen Befugnissen (Exarchat von Ravenna bis 751; Karthago bis 697/698)

Henotikon: ein Dokument, das eine Einigung bzw. Konfliktbeilegung besiegelt (z. B. beim „Akakianischen Schisma")

Hesychasmus: durch ein Gebet in Stille versuchte man das Licht Gottes zu schauen; führte zu theologischen Auseinandersetzungen im 14. Jh., die auch die Innenpolitik beeinflussten; ab 1351 als religionskonform akzeptiert

Hexagramm: von Kaiser Herakleios eingeführte Silbermünze mit Dreistufenkreuz

Hyperpyron: von Alexios I. Komnenos eingeführte Münze mit niedrigerem Goldgehalt als das nomisma zuvor

kaisar: höchster Würdentitel nach dem Kaiser, also meistens an Mitkaiser verliehen

katepano: Verwalter von Provinzen (10./11. Jh.)

Koinobiten: Mönche, die in einer Gemeinschaft unter einem Abt zusammenleben

kuropalatēs: Titel, normalerweise an Mitglieder der kaiserlichen Familie vergeben (unter dem Titel kaisar), dann auch an fremdländische Fürsten

labarum: Standarte mit dem Christusmonogramm (Chi-Rho) (seit Konstantinos I.)

logothetēs: diese Funktion in der Reichsverwaltung kann mit einem Minister oder Staatssekretär verglichen werden

logothetēs tu dromu: verantwortlich für Infrastruktur und Kommunikationswesen

logothetēs tu geniku: Schatzmeister

Maroniten: syrische Christen, die den Papst anerkennen (681 als Häretiker verurteilt)

megas domestikos: Offizier, der die Palastgarden befehligte; ab dem 11. Jh. Bezeichnung des wichtigeren der beiden *domestikoi tōn scholōn*

megas dux: seit dem 12. Jh. Oberkommandant der Flotte

Melkiten: meist griechischsprachige Christen in der Levante, die die (kaiserlichen) Beschlüsse des Konzils von Chalkedon 451 anerkannten

Miaphysitismus: christliche Strömung, die seit dem Konzil von Chalkedon 451 zur Häresie erklärt wurde; die Meinung der Anhänger war, dass in dem menschgewordenen Christus nur eine Natur, die göttliche, wirkte; bis zur Ausbreitung der Araber im 7. Jahrhundert spielte die Richtung in den östlichen Provinzen eine große Rolle

Monotheletismus: entstand als Kompromiss zwischen Orthodoxen und Miaphysiten: In Christus wirke nur ein Wille; 680/681 als Häresie verurteilt

Nomisma: Konstantinos I. führte den solidus/nomisma ein; der Münzfuß blieb bis zum Beginn des 11. Jh. beinahe konstant und stellte gleichsam eine Leitwährung dar; die byzantinischen Münzen nannte man dann Histamenon

oikonomos: Verwalter des kirchlichen Vermögens

Orthodoxie: durch dogmatsche Diskussionen, Häresieprozessen und zuletzt dem Bilderstreit hatte sich das östliche Christentum endgültig im 9. Jh. konstituiert (Triumph der Orthodoxie 843)

Pantokrator: Darstellung Christi als „Weltenherrscher"

parakoimōmenos: engster Vertrauter des Kaisers („der bei ihm schläft"), meist ein Eunuch

Pentarchie: die fünf Patriarchate (Rom [Ehrenvorrang], Konstantinopel, Alexandreia, Antiocheia und Jerusalem)

praktika: Steuerakten bzw. Bestimmungen bei Klostergütern

pronoia: für eine gewisse Zeit vergab der Kaiser Land; für die daraus erwirtschafteten Einkünfte wurden Gegenleistungen verlangt (besonders Militärdienst); derartiger Besitz wurde auch vererbbar

prōtos: der Vorsitzende im Rat der Äbte

Schisma: „Spaltung", „Trennung"; verwendet für Spaltungen in einer Glaubensgemeinschaft wie zwischen östlichem und westlichem Christentum (nicht verwendet bei Häresien)

scholai: *schola* hieß eigentlich Behörde; mit der Zeit wurden damit nur mehr die Palastgarden bezeichnet; ab dem 8. Jahrhundert bekamen sie wieder eine aktivere militärische Rolle

sebastokratōr: ab Alexios I. höchster Rangtitel, ab 1163 durch *despotēs* abgelöst

Silention: geheime Ratsversammlung, später auch kaiserliche Rede

Solidus s. Nomisma
stratēgos: Feldherr, General, dann auch Verwalter eines Themas mit ziviler Macht
Stylit: extreme Form der Askese auf einer Säule (besonders im spätantiken syrischen Raum anzutreffen)
Tetrarchie: „Viererherrschaft"; ein von Diocletianus eingeführtes Modell, bei dem 2 augusti und 2 caesares die Amtsgeschäfte führen; die caesares rücken den augusti nach, die ihre Macht nicht vererben und freiwillig zurücktreten
Thema: Verwaltungseinheit in der mittelbyzantinischen Zeit, in der zivile und militärische Macht von einem Strategos ausgeübt wurde
Theopaschismus: theologische Richtung in der 2. Hälfte des 5. Jh., die die Leidensfähigkeit der göttlichen Natur diskutiert
Theotokos: „Gottesgebärerin", in byzantinischen Quellen für die Mutter Gottes gebraucht
Zeloten: 1) eifrige Anhänger der Verehrung des Heiligen durch das Bild (besonders die Mönche des Studiuklosters); 2) eine „politische" Gruppierung, die im 14. Jahrhundert die Herrschaft in Thessalonike an sich riss

Literatur

* = empfohlene Einstiegslektüre

Quellen

In den 1960er Jahren wurde das *Corpus Fontium Historiae Byzantinae* ins Leben gerufen, in welcher Serie mittlerweile 50 byzantinische Historiografen ediert, kommentiert und zum Teil in moderne Sprachen übertragen wurden. Nützliche Hilfsmittel sind:

Schule, W., Bibliographie der Übersetzungen griechisch-byzantinischer Quellen (Glossar zur frühmittelalterlichen Geschichte im östlichen Europa: Beihefte 1), Wiesbaden 1982.
Hanawalt, E.A., An annotated bibliography of Byzantine sources in English translation, Brookline, Mass. 1988.

Besonders zwei deutsche Übersetzungsreihen (unter Angabe der Übersetzer) sollen hervorgehoben werden:

„Byzantinische Geschichtsschreiber" (BG) (Graz 1954 –): Eustathios von Thessalonike (BG 2, H. Hunger, ^{2}1967), Georgios Sphrantzes (BG 1, E. von Ivánka, ^{4}1973), Ioannes Kameniates (BG 12, G. Böhlig, 1975), Ioannes Skylitzes (BG 15, H. Thurn, 1983), Ioannes Zonaras (BG 16, E. Trapp, 1986), Ioseph Genesios (BG 18, A. Lesmüller-Werner, 1989), Kekaumenos (BG 5, H.-G. Beck, ^{2}1964), Konstantinos VII. (BG 4, E. Doblhofer, 1955; BG 14, L. Breyer, 1981; BG 19, K. Belke / P. Soustal, 1995), Leon Diakonos (BG 10, F. Loretto, 1961), Michael Kritopulos (BG 17, D.R. Reinsch, 1986), Niketas Choniates (BG 7–9, F. Grabler, ^{2}1971) und Theophanes Confessor (BG 6, L. Breyer, ^{2}1967).
„Bibliothek der griechischen Literatur" (BGL) (Stuttgart 1971–): Fürstenspiegel (BGL 14, W. Blum, 1981), Georgios Akropolites (BGL 28, W. Blum, 1989), Ioannes Malalas (BGL 69, H. Thurn †, 2009), Ioannes VI. Kantakuzenos (BGL 17, 21, 71, G. Fatouros – T. Krischer 1982–2011), Nikephoros Gregoras (BGL 4, 8, 9, 24, 39, 59, 66, J.-L. Van Dieten, F. Tinnefeld, 197–2007), Theophylaktos Simokattes (BGL 20, P. Schreiner, 1985).
Darüber hinaus liegen Anna Komnene, Alexias, übers. D.R. Reinsch (Berlin ^{2}2001) und Prokopios von Kaisareia, übers. O. Veh (Bde. 1–5, München 1970–1977 [teilweise neu aufgelegt], Bd. M. Meier) vor.

Überblicksdarstellungen

Angar, M./Sode, C., Byzanz, Köln 2010
* Angold, M., The Byzantine empire, 1025–1204. A political history, Harlow ^{2}1997
* Angold, M., Byzantium. The bridge between antiquity to the Middle Ages, London 2001. *Knappe Einführung, die bis ins 12. Jh. reicht.*
Beck, H.-G., Kirche und theologische Literatur im byzantinischen Reich, München ^{2}1977
Beck, H.-G., Vom Umgang mit Ketzern. Der Glaube der kleinen Leute und die Macht der Theologen, München 1993
* Brandt, H., Das Ende der Antike. Geschichte des spätrömischen Reiches, München 2001
Bruns, P. (Hrsg.), Vom Schisma zu den Kreuzzügen, 1054–1204, Paderborn/Wien 2005
Cameron, Av., The Mediterranean world in late antiquity 395–700 AD, London ^{2}2012
* Cheynet, D., Histoire de Byzance, Paris 2005
Demandt, A., Die Spätantike. Römische Geschichte von Diocletian bis Justinian, S. 284–565 n.Chr., München ^{2}2007
Döpmann, H.-D., Die Ostkirchen vom Bilderstreit bis zur Kirchenspaltung von 1054, Leipzig 1990
Fine, J.V.A., The late medieval Balkans: A critical survey from the late twelfth century to the Ottoman conquest, University of Michigan 1994
Gregory, T.E., A History of Byzantium, Malden, Mass. ^{2}2010
Grünbart, M., Die Fortdauer Roms im byzantinischen Kaisertum des früheren Mittelalters. In: Hartmut Leppin/Bernd Schneidmüller/Stefan Weinfurter (Hrsg.), Kaisertum im ersten Jahrtausend. Wissenschaftlicher Begleitband zur Landesausstellung „Otto der Große und das Römische Reich. Kaisertum von der Antike zum Mittelalter", Regensburg 2012, S. 191–210
Haldon, J.F., Byzantium in the seventh century. The transformation of a culture, Cambridge 1997
* Haldon, J.F., The Palgrave atlas of Byzantine history, Basingstoke 2005. *Übersichtliches Kartenwerk.*
* Haldon, J.F., Byzanz. Geschichte und Kultur eines Jahrtausends, Düsseldorf/Zürich 2006. *Kompakte Einführung.*
Haldon, J.F. (Hrsg.), A social history of Byzantium, Chichester 2009
Herrin, J., Women in purple. Rulers of medieval Byzantium, Princeton/Oxford 2001. – *Zu Eirene (797–802), Euphrosyne (820–829) und Theodora (842–858).*
* Herrin, J., Byzanz. Die erstaunliche Geschichte eines mittelalterlichen Imperiums, Stuttgart 2013
Howard-Johnston, J., Witnesses to a world crisis. Historians and histories of the Middle East in the seventh century, Oxford 2010. *Auswertung und Neubewertung vor allem syrischer Quellen.*
James, L. (Hrsg.), A companion to Byzantium, Chichester 2010
Jeffreys, E. (Hrsg.), The Oxford handbook of Byzantine studies, Oxford 2008
Karagiannopulos, I.E. / Weiß, G., Quellenkunde zur Geschichte von Byzanz (324–1453), Wiesbaden 1982
Kazhdan, A./Constable, G., People and power in Byzantium. An introduction to modern Byzantine studies, Washington, D.C., 1982
Kazhdan, A. (Hrsg.), The Oxford dictionary of Byzantium, Ox-

ford 1991. *Die bislang einzige abgeschlossene byzantinistische Enzyklopädie.*
Laiou, A.E./Maguire, H., Byzantium. A world civilization, Washington, D.C. 1992
Laiou, A.E./Morrisson, C., The Byzantine economy, Cambridge 2007. *Kompakte Einführung in die Wirtschaftsgeschichte.*
Lilie, R.-J., Byzantium and the Crusader States, 1096–1204, Oxford 1993
Lilie, R.-J., Byzanz. Das zweite Rom, Berlin 2003
* Lilie, R.-J., Einführung in die byzantinische Geschichte, Stuttgart 2007
* Lilie, R.-J., Byzanz: Geschichte des oströmischen Reiches 326–1453, München [5]2011
Nicol, D., The last centuries of Byzantium, Cambridge [2]1994
Norwich, J.J., Byzanz. Aufstieg und Fall eines Reiches, Berlin 2002. *Weit verbreitet, aber in manchem unscharf.*
Ostrogorsky, G., Geschichte des byzantinischen Staates, München [3]1963. *Zwar immer noch zu konsultieren, in vielem aber überholt.*
Schneidmüller, B., Die Kaiser des Mittelalters. Von Karl dem Großen bis Maximilian I., München 2006
* Schreiner, P., Konstantinopel. Geschichte und Archäologie, München 2007. *Kompakter Überblick zur Hauptstadt des Reiches.*
* Schreiner, P., Byzanz. 565–1453, München [4]2011. *Zugleich eine Einführung in das Fach Byzantinistik.*
Shepard, J. (Hrsg.), The Cambridge history of the Byzantine Empire, c. 500–1492, Cambridge 2008
Stephenson, P., Byzantium's Balkan frontier. A political study of the Northern Balkans, 900–1204, Cambridge 2000
Stephenson, P. (Hrsg.), The Byzantine world, London 2010
Treadgold, W., A concise history of Byzantium, New York 2001
Whittow, M., The making of orthodox Byzantium 600–1025, Basingstoke 1996
Wirth, P., Grundzüge der byzantinischen Geschichte, Darmstadt [3]1997. *Text von 1976 mit bibliografischen Ergänzungen.*

I. Konstantinos I. und seine Nachfolger (306–378)

Bardill, J., Constantine, divine emperor of the Christian golden age, Cambridge 2012
* Bleckmann, B., Konstantin der Große, Hamburg [5]2007
Corcoran, S., The empire of the tetrarchs. Imperial pronouncements and government AD 284–324, Oxford 2000
Demandt, A. (Hrsg.), Diokletian und die Tetrarchie: Aspekte einer Zeitenwende, Berlin 2004
Demandt, A./Engemann J. (Hrsg.), Konstantin der Große. Geschichte – Archäologie – Rezeption, Trier 2006
Ehling, K./Weber G. (Hrsg.), Konstantin der Große. Zwischen Sol und Christus, Darmstadt 2011. *Aufsatzsammlung.*
Girardet, K.M., Kaiser Konstantin der Große. Historische Leistung und Rezeption in Europa, Bonn 2007
Girardet, K.M., Der Kaiser und sein Gott. Das Christentum im Denken und in der Religionspolitik Konstantins des Großen, Berlin – New York 2010
Goltz, A./Schlange-Schöningen, H. (Hrsg.), Konstantin der Große. Das Bild des Kaisers im Wandel der Zeiten, Köln – Wien – Weimar 2008
Lenski, N. (Hrsg.), The Cambridge companion to the age of Constantine, Cambridge 2006
Piepenbrink, K., Konstantin der Große und seine Zeit, Darmstadt [3]2010
Winter, E./Dignas, B., Rom und das Perserreich. Zwei Weltmächte zwischen Konfrontation und Koexistenz, Berlin 2001

II. Die Dynastie Theodosios' I. (379–457)

Cameron, Al./Long, J., Barbarians and politics at the court of Arcadius, Berkeley, Cal. 1993
Leppin, H., Theodosius der Große. Auf dem Weg zum christlichen Imperium, Darmstadt 2003

III. Von Leon I. bis Anastasios I. (457–518)

Brandes, W., *Anastasios ho dikoros.* Endzeiterwartung und Kaiserkritik in Byzanz um 500 n.Chr., Byzantinische Zeitschrift 90 (1997), S. 24–63
Capizzi, C., L'imperatore Anastasio I (491–518). Studio sulla sua vita, la sua opera e la sua personalità, Rom 1969
* Meier, M., Anastasios I. Die Entstehung des byzantinischen Reiches, Stuttgart 2009

IV. Die Dynastie Iustinos' I. (518–602/610)

Greatrex, G., The Nika riot: A reappraisal, Journal of Hellenic Studies 117 (1997), S. 60–86
Maas, M. (Hrsg.), The Cambridge companion to the age of Justinian, Cambridge 2005
Meier, M., Das andere Zeitalter Justinians: Kontingenzerfahrung und Kontingenzbewältigung im 6. Jahrhundert n.Chr., Göttingen 2003
* Meier, M., Justinian. Herrschaft, Reich und Religion, München 2004
Rubin, B., Das Zeitalter Iustinians, Berlin 1960–1995. *Immer noch die detaillierteste, faktenorientierte Darstellung.*
Whitby, M., The emperor Maurice and his historian. Theophylact Simocatta on Persian and Balkan warfare, Oxford 1988

V. Herakleios und seine Nachfolger (610–717)

Kaegi, W.E., Heraclius, emperor of Byzantium, Cambridge 2003
Kaegi, W.E., Muslim expansion and Byzantine collapse in North Africa, Cambridge 2010
Lilie, R.-J., Die byzantinische Reaktion auf die Ausbreitung der Araber. Studien zur Strukturwandlung des byzantinischen Staates im 7. u. 8. Jh., München 1976
Reinink, G.J./Stolte, B.H. (Hrsg.), The reign of Heraclius (610–641). Crisis and confrontation, Leuven 2002

VI. Die syrische/isaurische Dynastie (717–802)

* Brubaker, L., Inventing Byzantine iconoclasm, London 2012. *Korrigiert das Bild vom Bilderstreit.*
Brubaker, L./Haldon, J., Byzantium in the iconoclast era c. 680–850. A history, Cambridge 2011
Krannich, T./Schubert, C./Sode, C., Die ikonoklastische Synode von Hiereia 754. Einleitung, Text, Übersetzung und Kommentar ihres Horos, Tübingen 2002
Lilie, R.-J., Byzanz unter Eirene und Konstantin VI. (780–802). Mit einem Kapitel über Leon IV. (775–780) von I. Rochow, Frankfurt/Main 1996
Rochow, I., Kaiser Konstantin V. (741–775). Materialien zu seinem Leben und Nachleben. Mit einem prosopographischen Anhang von C. Ludwig, I. Rochow und R.-J. Lilie, Frankfurt/Main 1994
Schieffer, R., Neues von der Kaiserkrönung Karls des Großen, München 2004

VII. Nikephoros I. und seine Dynastie (802–820) / VIII. Die amorische Dynastie (820–867)

Treadgold, W., The Byzantine revival 780–842, Stanford 1988

IX. Die makedonische Dynastie (867–1056/1059)

Holmes, C., Basil II and the government of Empire (976–1025), Cambridge 2005
Runciman, S., The emperor Romanus Lecapenus and his reign. A study in tenth-century Byzantium, Cambridge 1929
Stephenson, P., The legend of Basil the Bulgar-Slayer, Cambridge 2003
Strässle, P.M., Krieg und Kriegführung in Byzanz. Die Kriege Ba-

sileios' II., gegen die Bulgaren (976–1019), Köln – Weimar – Wien 2006
Tougher, S., The reign of Leo VI (886–912). Politics and people, Leiden 1997

X. Die Familie Dukas (1059–1081)

Angold, M., The Byzantine state on the eve of the battle of Manzikert, Byzantinische Forschungen 16 (1991), S. 9–34
Hillenbrand, C., Turkish myth and Muslim symbol. The battle of Manzikert, Edinburgh 2007
Polemis, D. I., The Doukai. A contribution to Byzantine prosopography, London 1968

XI. Die Familie Komnenos (1081–1185)

Angold, M., Church and society in Byzantium under the Comneni, 1081–1261, Cambridge 1995
Birkenmeier, J.W., The development of the Komnenian army: 1081–1180, Leiden 2002
Lilie, R.-J., Byzanz und die Kreuzzüge, Stuttgart 2004. *Kompakte Darstellung mit Diskussion aller zeitgenössischen Quellen.*
Magdalino, P., The empire of Manuel I Komnenos, 1143–1180, Cambridge 1993

XII. Die Familie Angelos (1185–1204)

Angold, M., The Fourth Crusade. Event and context, Harlow 2003
Laiou, A. (Hrsg.), Urbs capta. The Fourth Crusade and its consequences, Paris 2005

XIII. Die Familie Laskaris (1204–1261)

Angold, M., A Byzantine government in exile. Government and society under the Laskarids of Nicaea (1204–1261), London 1975
Nicol, D., The despotate of Epiros, 1267–1479, Cambridge 2010 (Reprint)

XIV. Die Familie Palaiologos (1261–1453)

Barker, J.W., Manuel II Palaeologus (1391–1425). A study in late Byzantine statesmanship, New Brunswick, NJ 1969
Bosch, U.V., Kaiser Andronikos III. Palaiologos. Versuch einer Darstellung der byzantinischen Geschichte in den Jahren 1321–1341, Amsterdam 1965
Geanakoplos, D.J., Emperor Michael Palaeologus and the West 1258–1282. A study in Byzantine-Latin relations, Cambridge, Mass. 1959
Matschke, K.-P., Die Schlacht bei Ankara und das Schicksal von Byzanz. Studien zur spätbyzantinischen Geschichte zwischen 1402 und 1422, Berlin 1981
Matschke, K.P./Tinnefeld, F., Die Gesellschaft im späten Byzanz. Gruppen, Strukturen und Lebensformen, Köln – Wien – Weimar 2001
Nicol, D.M., The immortal emperor. The life and legend of Constantine Palaiologos, last emperor of the Romans, Cambridge 1992
Nicol, D.M., The Byzantine lady. Ten portraits 1250–1500, Cambridge 1995
* Runciman, S., Die Eroberung von Konstantinopel 1453, München [5]2005. *Immer noch lesenswerte, packende Darstellung.*

Register

FSC
www.fsc.org
MIX
Papier | Fördert
gute Waldnutzung
FSC® C083411

Zeitfracht Medien GmbH
Ferdinand-Jühlke-Straße 7
99095 Erfurt, Deutschland
produktsicherheit@kolibri360.de

Druck:
CPI Druckdienstleistungen GmbH
im Auftrag der
Zeitfracht Medien GmbH
Ein Unternehmen der Zeitfracht - Gruppe
Ferdinand-Jühlke-Str. 7
99095 Erfurt